杭州研究

HANGZHOU RESEARCHES

2015年第1期

社会科学文献出版社
SOCIAL SCIENCES ACADEMIC PRESS (CHINA)

图书在版编目(CIP)数据

杭州研究.2015年.第1期/杭州市社会科学界联合会,杭州市社会科学院编.—北京:社会科学文献出版社,2015.3
 ISBN 978-7-5097-7242-3

Ⅰ.①杭⋯ Ⅱ.①杭⋯ ②杭⋯ Ⅲ.①杭州市-研究-文集 Ⅳ.①K925.51-53

中国版本图书馆 CIP 数据核字(2015)第052944号

杭州研究 2015年第1期

| 编　　者 / 杭州市社会科学界联合会
　　　　　　　杭州市社会科学院

| 出 版 人 / 谢寿光
| 项目统筹 / 恽　薇　冯咏梅
| 责任编辑 / 冯咏梅

| 出　　版 / 社会科学文献出版社·经济与管理出版分社(010)59367226
　　　　　　　地址:北京市北三环中路甲29号院华龙大厦　邮编:100029
　　　　　　　网址:www.ssap.com.cn
| 发　　行 / 市场营销中心(010)59367081　59367090
　　　　　　　读者服务中心(010)59367028
| 印　　装 / 北京季蜂印刷有限公司
| 规　　格 / 开　本:787mm×1092mm　1/16
　　　　　　　印　张:15　字　数:318千字
| 版　　次 / 2015年3月第1版　2015年3月第1次印刷
| 书　　号 / ISBN 978-7-5097-7242-3
| 定　　价 / 45.00元

本书如有破损、缺页、装订错误,请与本社读者服务中心联系更换

▲ 版权所有 翻印必究

目录 CONTENTS

杭州研究

2015年第1期（总第134期）
Vol. 134. No. 1. 2015

编辑委员会
主　任　沈　翔
副主任　周　膺　唐龙尧
　　　　黎青平　何利松
　　　　周建华　黄菊火
　　　　徐　植　徐　晖
　　　　许　航　吴　健
　　　　何　俊　许淑燕
　　　　张小红
委　员　周建富　朱宝华
　　　　方晨光　王立嘉

主　编　周　膺
副主编　方晨光（常务）
编　辑　王立嘉

时　间　每季末出版
地　址　杭州市延安路472号
　　　　市人民政府综合办
　　　　公楼3号楼920室
邮　编　310006
邮发代号　2-2982
电　话　(0571) 85811580
传　真　(0571) 85811580
网　址　http://www.hzsk.com
信　箱　hzyj85811580@163.com
QQ群　95723407

要论特刊

1　推动杭州职业教育与经济社会同步
　　发展的对策　　　　　　　课题组
12　以引资、引技、引智联动服务杭州智慧经济
　　发展　　　　　　　　　　陈　玮

专家视点

20　信息经济发展中推进政府数据率先共享开放
　　的建议——以杭州发展为例　　课题组
27　深圳信息经济演进及其对杭州的借鉴意义
　　　　　　　　　洪庆华/郑荣新/王理生
36　杭州智慧经济与智慧城市建设融合发展探析
　　　　　　　　　　　　　　朱文晶

杭州发展信息经济研究

50　电子商务背景下传统商业特色街区转型升级
　　探究——以杭州武林路为例　应联行/王　珏
57　互联网视域下杭州普惠金融发展路径探讨
　　　　　　　　　　　　　　吴金旺
68　杭州发展"智慧旅游"的实践与对策
　　　　　　　　　　　　　　毛燕武
81　杭州发展信息经济、智慧经济的路径探讨
　　　——基于杭州和深圳的比较　杜群飞
92　杭州中小企业电子商务模式与人才培养
　　对接策略　　　　　　沈蓓颖/张　杰

杭州智慧城市建设研究

98　大数据时代提升政府统计服务的思考
　　　——以杭州统计为例　　　陈小国
104　网络协同下网购食品安全风险监测模式
　　探究——以杭州市为例　　　课题组
118　移动互联网时代杭州动漫人才培养模式的
　　提升　　　　　　　　　　姜宾虹
128　杭州数字城管可持续发展的实践与探索
　　　　　　　　　　　　　　冯晔琳

134 杭州文化遗产数字化保护的技术演进与机制创新——基于智慧城市视角 赵智慧／颜 鹰
143 移动开放式平台下高校图书馆个性化服务创新模式与提升策略 张 真

经济经纬

155 杭州深化经济体制改革的任务与机制创新 课题组
168 杭州动漫COSPLAY文化的市场促进探究 杨 成
180 杭州市企业自主创新能力现状及提升对策 陈 娟／沈晓栋

城市发展

190 杭州环境污染损失及其外溢效应研究 殷宝庆／肖 文
202 杭州出租车运营管理改革的思考 羊芳芳
210 职业教育助推杭州特色产业发展探析 杨 强

社会文明

223 "西湖传说"的文化内涵与当代应用探析——基于浙江价值观的视角 陶 琳／吴一舟

《杭州研究》投稿须知

**汇聚全国研究智慧
构建杭州城市智库**

启 事

《杭州研究》是为中共杭州市委、杭州市政府提供决策参考咨询的平台，地方特色浓郁，理论与实践紧密结合，是基础性、应用性研究成果转化的重要阵地。《杭州研究》以注重研究杭州为特色，主要刊登哲学社会科学领域的学术论文和调研报告。

《杭州研究》热忱欢迎国内外高等院校师生、科研院所科研人员以及行政、企事业单位工作人员踊跃投稿，尤其欢迎具有创新价值和以往研究未涉及领域的优秀稿件。《杭州研究》向在杭高校、政府部门或个人征集"主题专栏"稿件，有项目的单位或个人可主动联系，并接受委托组稿。

根据《关于做好杭州市哲学社会科学规划课题结题管理工作的通知》精神，凡在本刊发表杭州市哲学社会科学规划课题、杭州市社会科学界联合会课题等学术论文和研究报告，可免于鉴定，并申请结题。

《杭州研究》已加入中国集刊，并同时加入了中国知网、中国集刊网等体系，其文章也将在以上数据库中收录，文章著作权使用费与本刊稿酬一次性给付。

《杭州研究》已加入中国集刊邮政发行运营体系，相关单位和个人将会陆续收到征订函。需要《杭州研究》的读者，可直接根据征订函的要求订阅。

下期专题
杭州水文化资源保护与利用研究
杭州人才培养与就业促进研究

拟出专题
旅游法治与旅游治理研究
杭州社会治理转型研究

CONTENTS

Key Issues

Countermeasures Research on Promoting the Synchronous Development of Vocational Education, Economic and Social in Hangzhou / *Research Group* / 1

Linking the Attraction of Investment, Technology and Talent to Serve the Development of Hangzhou's Wisdom Economy / *Chen Wei* / 12

Specialists' Views

Suggestion on Promoting to Share and Open Firstly Government Data in the Process of Information Economic Development: Taking the Development of Hangzhou as the Case / *Research Group* / 20

Information Economic Evolution in Shenzhen and Its Reference for Hangzhou / *Hong Qinghua, Zheng Rongxin and Wang Lisheng* / 27

Research on Integration and Development of Wisdom Economic and Intelligent Urban Construction in Hangzhou / *Zhu Wenjing* / 36

Research on Developing Information Economy in Hangzhou

Inquiry of Transformation and Upgrading Traditional Business Featured Block in the Context of E-commerce: Taking Wulin Road, Hangzhou as the Case / *Ying Lianhang and Wang Jue* / 50

Research on Development Path of Hangzhou's Inclusive Finance in the Field of Internet / *Wu Jinwang* / 57

Practices and Countermeasures for Developing Wisdom Tourism in Hangzhou / *Mao Yanwu* / 68

Path to Develop Information Economy and Wisdom Economy in Hangzhou: Based on the Compare between Hangzhou and Shenzhen / *Du Qunfei* / 81

Research on E-commerce Models of Small and Medium-sized Enterprises and Tactics for the Cultivation and Docking of Talents in Hangzhou / *Shen Beiying and Zhang Jie* / 92

Research on Hangzhou Constructing Wisdom City

Thinking to Enhance Government Statistical Services in the Big Data Era: Taking Hangzhou's Statistics as the Case / *Chen Xiaoguo* / 98

Research of Online Shopping Food Safety Risk Monitoring Mode in the Context of Network Coordination: Taking Hangzhou as the Case / *Research Group* / 104

Upgrade Training Mode of Animation Talent in the Mobile Internet Era / *Jiang Binhong* / 118

Practice and Exploration on Sustainable Development of the Digital Urban Management in Hangzhou / *Feng Yelin* / 128

Research on Technological Evolution and Mechanism Innovation of Digital Protection for Hangzhou's Cultural Heritage: Based on the Perspective of Wisdom City / *Zhao Zhihui and Yan Ying* / 134

Innovative Model and Upgrade Strategy of University Library Personalized Services on the Mobile Open Platform / *Zhang Zhen* / 143

Economic Views

Research on Tasks and Mechanism of Deepen Reform of the Economic System in Hangzhou / *Research Group* / 155

Research on Promote Hangzhou's Anime COSPLAY Cultural Market / *Yang Cheng* / 168

Research on Status Quo and Promotion Countermeasures of Enterprises' Independent Innovation Ability in Hangzhou / *Chen Juan and Shen Xiaodong* / 180

Urban Development

Research on the Cost of Pollution and Its Spillover Effect in Hangzhou / *Yin Baoqing and Xiao Wen* / 190

Thinking about Reform of Taxi Operations Management in Hangzhou / *Yang Fang Fang* / 202

Exploration and Analysis on Vocational Education Boosting Characteristic Industrial Development in Hangzhou / *Yang Qiang* / 210

Social Civilization

Exploration and Analysis on Cultural Meaning and Contemporary Application of "The Legend of West Lake": Based on the Values of Zhejiang / *Tao Lin and Wu Yizhou* / 223

Instructions for Submitting Papers in *Hangzhou Researches*

推动杭州职业教育与经济社会同步发展的对策

◎ 课题组

提　要：职业教育是提高劳动者素质的基础工程，关系到经济转型升级和地方产业竞争力提升，是重大的民生问题和经济问题。近年来，杭州市出台了一系列政策措施，促进了职业教育事业发展，培养培训了一大批高素质劳动者和技术技能人才，为促进就业和推动杭州经济社会发展做出了重要贡献。但是，还存在以下问题：重普通教育、轻职业教育；高素质劳动者和技术技能人才总量不足、结构不合理；产教融合、校企合作难以深度推进；职业院校教师队伍素质有待提升；部分职业院校办学条件较差、办学水平不高；等等。本文通过总结杭州市职业教育发展的主要做法、成效以及存在问题、困难和原因，提出了相应的对策建议。

关键词：职业教育　经济社会　人才结构　同步发展　杭州

课题组组长徐苏宾，杭州市人大常委会副主任。成员钟玮，杭州市人大常委会教科文卫工委主任；奚国强，杭州市人大常委会教科文卫工委副主任；陈伟民、王翔、来国祥，杭州市人大常委会教科文卫工委办公室工作人员（邮政编码　310006）。

　　加快发展现代职业教育是党中央、国务院做出的重大战略决策。为了进一步推动杭州职业教育与经济社会同步发展，杭州市人大常委会以问题为导向组织开展了专题调研，先后听取了教育、人力社保、交通、农业、财政等部门及3个开发区管委会、12所职业院校的情况汇报，实地考察了1所高职、2所职高、3所技校、1家企业，并召开有关部门、校长、教师、教育专家、企业负责人和员工座谈会11个。

共发放并收回调查问卷 1074 份，其中区、县（市）主管部门 11 份，职业院校 20 份，职校学生 271 份，职校学生家长 171 份，初二年级学生家长 536 份，校企合作企业员工 2 份，职校毕业的企业员工 63 份。

一 杭州市职业教育发展的主要做法和成效

近年来，杭州市出台了一系列政策措施，促进了职业教育事业发展。2013 年，全市共有中职、高职院校 79 所，在校学生 23.62 万人。其中，中职学校（职业中学、中等专业学校、技工学校）59 所，在校学生 10.52 万人；高职院校 20 所，在校学生 13.10 万人。在高职院校中，市属高职院校 4 所，在校学生 2.94 万人；省属高职院校 16 所，在校学生 10.16 万人（见表 1）。这些职业院校培养培训了一大批高素质劳动者和技术技能人才，为促进就业和推动杭州经济社会发展做出了重要贡献。

表 1 在杭职业院校基本情况汇总

单位：所，人

学校类型		隶属关系	学校数量	2013 年毕业生数	2013 年招生数	在校学生数	教职工数	
							合计	其中：专任教师数
中职学校	职业中学	市属	8	5006	4947	15026	1318	1020
		区县市属（其中：民办 5 所）	27	18292	17662	53865	3933	3388
	中等专业学校	部省属	3	991	813	2796	146	91
		市属	2	224	258	860	244	67
		成人中专（全日制）	3	3022	1617	6023	650	351
	技工学校	人力社保部门办	7	3319	3086	10629	748	566
		行业办	3	1723	3997	10930	797	450
		企业办	3	755	1082	3609	199	141
		民办	3	367	492	1465	72	72
	中职小计		59	33699	33954	105203	8107	6146
高职院校		市属	4	8417	10892	29410	1890	1266
		省属	16	30935	35672	101556	8058	5143
		高职小计	20	39352	46564	130966	9948	6409
中职及市属高职合计（不含省属高职）			63	42116	44846	134613	9997	7412
中职、高职总计			79	73051	80518	236169	18055	12555

注：表内数据截至 2013 年 12 月。
资料来源：杭州市教育局。

（一）经费投入不断增加，优质资源得到扩张

近年来，杭州市严格落实城市教育费附加安排用于职业教育的比例不低于30%的政策，逐步将中职生均专项经费预算标准提高到普通高中的1.5倍以上，将免学费政策扩大到公办中职学校全日制正式学籍一、二、三年级所有在校学生。据杭州市财政局统计，2013年全市财政投入职业教育26.21亿元，比上年增长20.2%。杭州市政府在杭州职业技术学院投入3亿元建成了市级公共实训基地，杭州职业技术学院还成为百所"国家骨干高职院校建设单位"；杭州科技职业技术学院、杭州万向职业技术学院分别建成了新校区并投入使用。杭州市教育局直属的中策职校、人民职校、旅游职校、开元商贸等学校新建了实训基地，改造了内部设施，淳安、桐庐、富阳等地投入上亿元资金新建或扩建了职业学校（职业教育中心），萧山、余杭等地也对区内职校进行了全面的改造或扩建。

（二）专业结构调整改善，技能教学得以强化

杭州市按照"做强骨干专业、拓展新兴专业、改造传统专业"的思路，启动了市属高职院校重点专业、特色专业、重点实训基地和精品课程建设项目，并对高职院校人才培养模式进行改革。持续推进中职教育专业现代化建设进程，建成国家级示范专业3个、实训基地5个、中央财政支持实训基地建设项目11个，建成省级示范专业46个、骨干专业9个、特色（新兴）专业5个、实训基地38个，初步形成了"品牌+特色"的专业建设格局。承担了省中职教育专业课程改革1/3的教学指导方案研发任务，在课程中注重强化技能教学，直接提升了学生的实际操作能力。杭州市中职学生在"2014年全省中职学校学生技能大赛"中拿到的金牌数量占总数的2/3。

（三）校企合作已有基础，人才互通得以推进

杭州市制定了《关于促进中等职业教育校企合作工作的若干意见》《市属高校产学对接工作实施意见》等一批含金量较高的文件，组建了21个行业性职业教育集团、16个专业指导委员会，评选出88家优秀职业教育校外实习基地，32家企业组成了"杭州市企业参与职业教育协作联盟"，并开通了"杭州市职业教育校企互通网络平台"。通过"学校教师进企业锻炼、企业技师进学校授课"等办法，促进校企人才互通，仅2013年全市职校就外聘兼职教师近500人，484名学校教师平均在企业挂职锻炼60天以上，"双师型"教师中涌现了一批在行业企业中有一定知名度的专业教师和省市技术能手。

（四）积极服务地方发展，职业教育形象得到改善

按照"学校对接地方产业、专业对接行业企业、教师对接企业岗位"的办学思路，大力提升人才培养与经济社会需求的吻合度，中职毕业生一次就业率多年保持在95%以上，对口就业率达80%以上。加强中职、高职人才一体化培养的研究和探索，2014年五年一贯制、"3+2"招生数达到5000余人。2013年全市职业中学、技工学校开展社会培训分别达到87415人次、96942人次。调查问卷显示，171名职校学生家长、63名职校毕业的企业员工、271名职校在读学生、536名初二年级学生

家长在对杭州市职业院校整体办学质量的评价选项中，选择"非常好"及"比较好"的分别占95.9%、88.9%、79.3%、56.2%。

二 杭州市职业教育发展存在的问题、困难及原因

杭州市的职业教育起步比较早、基础比较好，也非常注重内涵建设和质量提升，2002年还获得过"全国职业教育先进集体"称号。但是从当前的情况来看，横向与国内职业教育发达的城市相比，杭州的职业教育优势已经不太明显；纵向与义务教育、高中阶段教育相比，职业教育在杭州整个教育事业中仍处于薄弱环节。

（一）观念有偏差，待遇不公平，重普通教育、轻职业教育现象普遍存在

1. 从成才观念和招生制度来看

社会上占主导地位的成才观念和标准的成才路径仍是"初中—高中—大学"，往往将职业院校当成考不上普通高中和大学本科的"备胎"选择。"宁做低薪的办公室白领，不做高薪的车间蓝领""只愿在空调房里坐，不想在生产线上站"是不少"90后"及其家长的共同心态。536份对初二年级学生家长的调查问卷显示，在孩子可以考上普通高中的情况下，67.9%的家长不愿意让孩子就读中职学校，选择"愿意""无所谓"的分别只占19.2%、12.9%。在中考、高考招生时，职业院校的招生批次往往被排在最后，这使社会上认为职业院校只能录取成绩差、素质低的学生。

2. 从学历层次和人事待遇来看

我国前些年曾将从业人员划分为干部、工人，社会上普遍不将技术工人视为人才，职业院校毕业生似乎天生"低人一等"。受传统观念影响，各级机关、事业单位包括国企的招聘及薪酬制度都存在"唯学历"倾向，大多数部门招聘的门槛就是本科毕业，职校生无法参加招聘。浙政发〔2005〕41号文件关于"高级技工学校和技师学院的毕业生，并取得高级职业资格证书的，其学历与大学专科同等"的规定也未能得到有效落实。例如，杭州的几所技师学院，高级工学制5年，技师学制6年，职业能力相当于大专毕业，但学历还是中职。学校为解决学历问题，只能组织学生参加成人高考、套读大专。由于学历等原因，在工资分配制度方面，技能型人才的工资及福利待遇一般也不如智力型人才，人们学技术普遍缺乏动力。

3. 从主管部门和管理方式来看

职业院校政出多门，多头管理，资源缺乏整合。职高由教育部门管理，中专由主管部门和教育部门共同管理，技校由人力社保部门管理，高职院校由省教育厅管理。由于管理部门不同，经费标准、教师配备也不相同。例如，杭州市教育局直属的8所中职学校，2013年预算内教育事业费生均拨款达到19314元，而部分区、县（市）的中职学校生均拨款只有13000元左右，生均拨款最低的技工学校只有8400

元。再如，在教职工与学生的比率方面，市教育局直属的职业中学是1:11.4，而归口于人力社保部门的技工学校是1:14.7。同类学校不同政策，产生了许多矛盾，也出现了重复办学、学校难整合、教育资源浪费等问题。

(二) 高素质劳动者和技术技能人才总量不足，结构不合理

1. 人才总量不足

从存量来看，根据《杭州市"十二五"人才发展规划（2011～2015）》，杭州市"十一五"期末专业技术人才为59.4万人，高技能人才为18.1万人；到2015年，全市要达到专业技术人才85万人、高技能人才36万人的目标。但是据统计数据，截至2012年底，全市专业技术人才为68.63万人、高技能人才为23.43万人，距2015年目标差距较大。从增量来看，职业院校是高素质劳动者和技术技能人才的主要来源，但是在升学导向下，职校学生就业意愿不足。271份对职校学生的调查问卷显示，毕业后选择升学的占71.6%，选择就业和创业的只占28.4%。171份对职校学生家长的调查问卷显示，毕业后选择希望孩子升学的占66.1%，选择希望孩子就业和创业的只占33.9%。即便是在杭职业院校的毕业生，也有部分流动到外地就业，还有部分因家庭条件较好或觉得工作太辛苦而不愿就业，职校学生的供应量满足不了企业的用人需求。部分开发区管委会反映，企业目前最缺一线技术工人，但是在本地面临招聘不足甚至无人可招的局面。

2. 人才结构不尽合理

从调研情况来看，杭州市已有的技术技能人才大多集中于传统产业领域，在战略性新兴产业及现代服务业等领域集聚的技能人才较少。另外，职业院校的人才培养结构与当前经济社会的发展需求也不匹配。从全市职业中学68891名在校学生的分科情况来看，人数较多的是：财经商贸类17111人，占24.8%；旅游服务类10178名，占14.8%；加工制造类9957人，占14.5%；信息技术类9019人，占13.1%；交通运输类5064人，占7.4%；文化艺术类4444人，占6.5%。资源环境、休闲保健、体育健身、司法服务等专业人数都在500人以下，新能源、新材料、生物医药专业人数为0。这一分科组成，造成杭州市技术技能人才的结构性短缺。

3. 就业准入和职业资格证书制度执行不力

一些企业尤其是中小企业和民营企业，为了降低成本，将招工准入门槛降到最低。而流动人口的大量涌入，也提供了大量文化程度较低的廉价劳动力。据杭州市流动人口办提供的数据，目前全市流动人口约400万人，其中20～49岁的劳动力占82.03%；务工人员约326万人，占流动人口的81.5%。在400万名流动人口中，文化程度以初中为主，占63%，小学占10%，文盲半文盲占1%，高中（中职）占18%，大专以上只占8%。74%的流动人口文化程度在初中及以下，劳动技能缺失，只能"栖身"于技术含量较低、劳动密集型的低端产业，挤占了高技能人才的就业空间，也制约了企业乃至地方的经济转型升级。

(三）产教融合、校企合作难以深度推进

1. 企业参与职业教育积极性不高

调研中有20所职业院校反映，目前的校企合作中企业与学校的责、权、利不够明确，处于"学校热、企业冷"的境地。虽然《职业教育法》对企事业单位接纳职业院校师生实习有明确规定，但是在实际操作中，企事业单位要腾出岗位、配备专门的指导教师来接纳实习师生，工作的质和量可能会受影响。另外，还要承担学生因技术不熟练而生产出不合格产品、损坏机器设备、发生安全事故乃至技术外泄等风险。企业费人、费时、费设备、费耗材，而政府对企业支持职业教育的税收优惠、经费补偿和制度保障不够完善，企业在核算效益、成本后失去了积极性。虽然杭州市近年来制定了校企合作相关政策，但是据职业院校和企业反映，部分举措操作性不够强，难以落地。

2. 学校的实训设施设备使用效率较低

目前杭州的职业院校或多或少都有实训设施设备，部分职校的设施设备还比较先进。但是，设施设备的正常运转需要大量的耗材和水、电、油、气等能源，而这部分经费仅靠财政投入远远不够，要引企入校又面临国有资产使用等政策瓶颈。因为学校不得以赢利为目的，而企业的目标又是追求利润最大化，如何平衡校企双方的合理诉求，成为亟待研究的课题。

（四）职业院校教师队伍素质有待提升

1. 教师队伍结构不合理

职业院校教师主要从师范院校等普通高校招录，刚出校门又进校门，普遍缺乏企业工作经验和实际操作技能，存在"重学历轻技术、重理论轻实践"的现象。而企业里具有丰富实践经验的技术技能人才进入学校却受到制度的制约，校企之间人才互通因编制、学历、待遇等方面的差异而很难实现。

2. 教师积极性较难调动

绩效工资制度在贯彻执行中没有充分发挥激励导向作用，教师额外的劳动并不能得到相应的报酬。职业院校教师职称评定和收入分配没有单独的序列，往往是按普通学校的规定和标准执行，没有反映出职业教育的特点。部分学校虽有编制空缺，但是由于各种原因而未能满编。为了弥补教师不足，只能外聘教师，但是对于其工作经费，政府没有保障或按编外临时工的标准核拨，同工不同酬，影响了教师队伍的积极性。

（五）部分职业院校办学条件较差，办学水平不高

1. 场地不足制约学校发展

部分中职学校缺少场地、设备，严重制约了学校的发展。交通职高因为场地紧张，不得已把教师办公室、自行车棚改为基础实训室，部分教学设备也只能长期露天堆放。江滨、交通等职校新校区建设因征地拆迁问题进展缓慢。汽车高级技校主校区有35个教学班，占地仅40亩，生均教学场地面积远低于国家标准。因场地不

足，无法开设新专业，部分学生还需长期乘坐接送车到分校区参加实训教学，既增加成本，也不安全。

2. 经费不足影响学校运转

目前杭州市尚无统一的中职学校生均经费标准，举办者根据自身财力状况拨款，额度不一。部分区、县（市）还以免学费经费来抵消生均经费拨款。部分县（市）的技校和民办、企业办中职学校因为投入不足，基本处于停滞状态。

3. 少数职校办学水平有待提升

在升学率的导向下，少数中职学校并未以职业技能为重，而是效仿普通中学以文化知识学习为主，注重应试教育，目的是提高升学率，让学生考上高职或大学，违背了职业教育以就业为导向强化学生专业技能的初衷。

另外，根据目前的教育体制，中职学校由市级及以下教育部门管理，高职的管理权限在省教育厅，因此在中职、高职的衔接上还存在制度上的障碍，未能真正形成中职、高职人才一体化培养的有效模式。

三 杭州市职业教育发展的对策和建议

要以贯彻落实习近平总书记"对于职业教育，必须高度重视、加快发展"的重要指示和全国职业教育会议精神为契机，着力推动杭州职业教育与经济社会同步发展，当前重点做好以下四件事。

（一）各级政府要积极营造有利于职业教育发展的社会环境

加大宣传力度。各级政府要牢固确立职业教育在人才培养体系中的重要位置，大力宣传"抓职业教育就是抓经济、促发展，就是抓民生、促就业""大批量的高素质劳动者和技术技能人才主要依靠职业教育就地进行培养""在推进'四换三名'特别是'机器换人'过程中，重点是要推进'以人换人'"等理念。各行业主管部门要定期举办本行业的职业技能大赛，为各类技术能手提供展示自身精湛技艺的舞台，积极倡导"职业有分工，地位无高下""三百六十行，行行出状元"的社会风气，营造"人人皆可成才，人人尽展其才"的良好环境。各级媒体要大张旗鼓地宣传杭州市职业教育事业发展成就和技术技能人才在经济社会发展中的突出贡献，大力弘扬"劳动光荣、技能宝贵、创造伟大"的时代风尚，让社会各界了解到"技术技能同样可以改变命运"，从而形成"崇尚一技之长，不唯学历凭能力"的社会氛围。各级教育部门要打开职业院校大门，让中小学生提前接受职业体验教育，着力提升职业院校的吸引力。

强化组织领导。市政府要按照国务院文件要求，充分发挥职业教育工作部门联席会议制度的作用，强化教育、人力社保、发改、经信、国资、科技、财政、机构编制、交通、建设、旅游、贸易、农业、文化创意、金融及工青妇等相关部门责任，形成工作合力，克服目前政出多门、多头管理的体制机制弊端。联席会议要立足杭州实际，定期研究阶段性目标举措，统筹协调解决改革发展中的重大问题，让职业教育改革发展成为全市"一盘棋"。要定期对本地的产业结构和人才需求进行分析，编制和发布人才需求目录，建立行业人力资源需求预测和就业状况定期发布制度，为职业院校办学提供"风向标"。

落实有关政策。市和区、县（市）政府要根据自身财力状况，制定区域内职业院校生均经费标准和逐步增长机制。要求各级党政机关落实国务院文件规定，消除城乡、行业、身份、性别等一切影响平等就业的制度障碍和就业歧视，鼓励用人单位降低学历门槛。党政机关和企事业单位招用人员不得歧视职业院校毕业生。要求各类用人单位认真执行就业准入制度和职业资格证书制度，对从事涉及公共安全、人身健康、生命财产安全等特殊工种的劳动者，必须从取得相应学历证书或职业培训合格证书并获得相应职业资格证书的人员中录用。对其他岗位，采取先在国资企业、较大较强的民营企业试点，再逐步分类分层推进的办法，切实改变目前无证上岗和缺乏就业准入标准的状况。

（二）充分发挥企业在校企紧密合作、产教深度融合中的主体作用

要求企业积极履行社会责任。鼓励企业通过订单班、冠名班、捐资或出资等方式参与举办职业教育，引导企业主动在职业院校培养目标制定、专业设置、课程改革、实训基地建设、教师培养等方面发挥作用。有关主管部门要将企业开展职业教育的情况纳入企业社会责任报告，要求全市规模以上企业有机构或人员组织实施职工教育培训、对接职业院校，设立学生实习和教师实践岗位，主动接纳师生实习，主动参与校企合作。要求企业按规定提取职工教育培训经费，开展职业继续教育，建立制度化的岗位培训体系，更好地为企业职工适应产业转型升级、个人职业生涯发展创造条件。

加大力度支持企业参与职业教育。市和区、县（市）政府要研究制定促进校企合作办学的激励政策，通过补贴、减税、奖励等政策来激发企业兴办和支持职业教育的内生动力。各级财政要落实校企合作专项资金，财政投入向企业倾斜，通过政府购买服务、给予资金补助等方式支持企业参与校企合作。要在引企入校中打通政策瓶颈，鼓励企业租赁使用学校的实训设施设备，促成企业把实验室和生产线搬进校园。税务部门对企业因接受实习生所实际发生的与取得收入有关的、合理的支出，应按现行税收法律规定在计算应纳税所得额时扣除。发改、经信、科技、建设、旅游等部门在制定企业相关扶持政策的过程中，应将实训基地建设、接纳师生实习、技术技能人才占职工比重等作为享受政府扶持政策的必备认定条件。

充分发挥行业组织作用。各行业主管部门可以通过授权委托、购买服务等方式，把适宜行业组织承担的职责交给行业组织，给予政策支持并强化服务监管。由行业主管部门或行业组织牵头，分行业成立"校企合作指导委员会"，将职业教育和产教融合、校企合作列入本行业发展大局，对政府部门、行业协会、企业、职业院校的具体职责进行分工，为行业可持续发展提供技术技能人才支撑。要在职业院校和企业之间

搭建人才供需双方对接平台，企业提出详细准确的人才需求信息，学校提供人才培养的目录清单，定期举办行业人才专场招聘会，开设网上行业人才招聘平台。

（三）优化职业教育布局结构，以就业为导向提高职业院校办学质量

优化布局结构。市和区、县（市）政府要加强对职业教育发展的总体规划、统筹协调和分类指导，结合编制区域经济社会发展"十三五"规划纲要，同步规划职业教育发展。在各个产业规划和相关专项规划中，要将技术技能人才培养作为重要内容和支撑优先进行布局。鼓励优质职业院校通过兼并、托管、合作办学等形式，整合办学资源，优化布局结构，形成规模效应、品牌效应。根据资源集约利用要求，可按照"一个行业、部门及一个区、县（市）集中办好一所中职学校""推倒围墙搞调整，打破界限抓重组"的思路，借鉴杭州市中小学"名校集团化"的做法，将原先较分散、规模小、专业重复且薄弱、办学效益不高的中职学校按照合并同类项方式进行整合，调整完善区域布局，科学合理设置专业，形成"一校一特色"。例如，市和区、县（市）教育部门可对辖区内的中职学校进行资源整合，集中力量办好与本地区域经济结构匹配度较高的重点学科和特色专业；市交通运输局可对所属的杭州技师学院与杭州汽车高级技工学校进行整合；市人力社保局可对所属的杭州第一技师学院与杭州轻工高级技工学校进行整合。市和区、县（市）教育及相关主管部门要加快职业教育基础设施的标准化建设，在校园校舍面积、实训场所及设备等方面尽量缩小校际差距。要扩大职业院校的专业设置自主权，让学校根据社会需求自主设置专业目录外专业，及时淘汰就业形势不好、师资力量不强的专业。另外，市和有关区政府还要进一步加大征地拆迁工作力度，支持教育部门尽早建成江滨职校新校区、交通职高新校区并投入使用。

深化校企合作。大力推进校企一体化合作，积极探索并强化引校进厂、引厂进校、前店后校等形式，建工厂式学校、办产业式专业、开技能式课程，切实推动学校把实训实习基地建在企业，企业把人才培养和培训基地建在学校，保证校内外实训基地和实训设施设备的正常运转。可根据《职业教育法》规定，允许职业院校举办与职业教育有关的企业或者实习场所，尽量盘活职业院校目前已有的设施设备并加强使用效率的考核，使之最大化发挥作用。在场地允许的情况下，鼓励学校大规模地引进企业设施设备，并在校内设置这个行业所有的典型岗位。引导职业院校强化实习实训，真正以就业为导向，突出实战和应用，采取顶岗实习、现代学徒制等方式，加大实习实训在教学中的比重。可以推广杭州技师学院与企业建立的校企互动机制，要求职业院校坚持面向行业办学，将校企合作放在教学突出位置，积极拓展校企合作伙伴，开设校内实训基地、校企合作特色班，实行订单式培养。

建立人才培养"立交桥"。在杭中职学校、高职院校要以打通中职学生的升学通道为目标，主动贴近地方本科院校转型为应用技术型大学的实际，发挥好自身专业、师资、设施设备等优势，通过"3+2""3+2+2""3+4"等模式，建立中职、高职人才培养"立交桥"。努力探索职业教育国际交流合作途径，引进国际先进职

业教育资源和证书，促进职业教育人才培养与国际接轨。

（四）按照"双师型"要求优化职业院校教师队伍

打通政策瓶颈。可采取"一校一策"办法，在专职教师招聘中酌情放宽年龄、专业、学历条件，帮助学校及时录用教学急需的高技能人才和能工巧匠。职业院校要建立专家库，按照"不求所有，但求所用"的理念，积极从企业、行业、高校和科研院所聘用专业素质高、实践经验丰富、教学能力强的高级工程技术人员、管理人员作为兼职教师。要根据国务院文件要求，动态调整职业院校教职工编制，建立包括编制内专职教师、政府购买服务岗位的教师、企业兼职教师、社会聘用教师等多来源的教学队伍。

提升教师队伍的专业水平和积极性。职业院校要加强教师专业技能培养，遴选一定数量的企业作为职业院校教师实践基地，建立稳定的"双师型"教师校外实习、培训基地，尽可能安排专业教师到企业顶岗实践、挂职锻炼。相关主管部门要改革用普通中学教师职称评审标准来评价职业院校教师的做法，根据"双师型"要求建立健全教师专业技术职务（职称）评聘办法。要像资助企业重大研发机构一样，对职业院校中的名师工作室、技能大师工作室进行资助和奖励。完善体现职业院校办学和管理特点的绩效考核内部分配机制，为承担社会培训的职业院校教师提供相应报酬，提高院校和教师的积极性。

（五）职业院校应有效对接杭州当前及未来的重点产业

课题组认为，联席会议、有关主管部门及职业院校要围绕"十大产业"、现代产业集群等杭州经济转型升级的"路线图"，在专业设置、课程设计、实习实训等方面切实增强前瞻性、针对性和实用性，切实完善与杭州经济和产业特征相适应的职业教育结构。

对接信息经济和智慧经济。抓住杭州打造以"万亿级"智慧产业规模为核心的信息经济产业群契机，积极发展以云计算、大数据、物联网、移动互联网等为主要内容的专业及课程。

对接"千亿级"重点产业。针对文化创意、先进装备制造、电子商务和现代物流、信息软件、金融服务等最有希望打造成为"千亿级"的产业，开设专业和课程。如先进装备制造产业中的汽车与新能源汽车、成套装备、智能装备、装备制造服务业、轨道交通装备；文化创意产业中的动漫、游戏、影视、设计；电子商务和现代物流产业中的电子商务和快递业；信息软件产业中的信息服务、工业软件；金融服务产业中的中小企业服务、民间财富管理、私募金融、科技金融、互联网金融、消费金融等。

对接战略性新兴产业。紧盯国际技术前沿，把握世界产业发展新趋势，针对杭州实际，开设好生物医药、节能环保、新材料、3D打印、机器人等新兴产业，以及服务业的新兴领域（如信息消费、健康养老、高技术服务、会奖旅游等现代服务业）的专业课程。

对接传统优势产业。要针对用信息技术、高新技术改造提升纺织化纤、精细化工、服装、食品饮料等传统优势产业的要求，以及建筑业领域突出科技创新、节能环保、资源利用和绿色施工的要求，开设好专业课程。

对接现代农业。针对高效生态农业、都市农业和设施农业以及培育家庭农场、涉农网商等新型农业经营主体的要求，开设好专业课程。

（责任编辑　方晨光）

以引资、引技、引智联动服务杭州智慧经济发展

◎ 陈 玮

提 要：随着新兴技术的迅猛发展，新一轮产业革命正席卷而来，传统产业发展面临严峻挑战。当前，杭州市正加大产业转型升级力度，全力推进智慧经济"一号工程"建设。大力引进当前及今后一个时期契合杭州市经济社会发展的智慧项目、智慧技术和智慧人才，为杭州市智慧经济建设发展提供强有力的支撑，是当前杭州市面临的紧迫任务。本文通过对杭州市引资、引技、引智工作现状的分析，深入剖析加强"三引"联动的重大现实意义，提出在发展智慧经济条件下杭州市加强"三引"结合的对策建议。

关键词："三引"联动 智慧经济 招商引资 杭州

作者陈玮，杭州市人民政府副秘书长（邮政编码 310026）。

近年来，杭州市招商引资、引技、引智（以下简称"三引"）工作取得了长足发展，为推进杭州市经济社会发展做出了积极贡献。随着大数据、云计算、物联网、移动互联网等新一代信息技术的广泛应用，智慧经济时代正以蓬勃之势全面到来。在以发展信息经济、智慧经济为杭州市"一号工程"的新形势下，如何进一步加大杭州市"三引"结合力度，强化"三引"联动，推进杭州市"三引"工作发展，加快集聚资金、技术、人才等创新要素，为杭州市实现高起点上的新发展提供源源不断的动力，使杭州成为发展智慧经济的示范者、领跑者，确保杭州市继续走在全国重要城市的前列，是摆在我们面前的重要课题。

一 智慧经济时代杭州加强"三引"联动工作的重要意义

（一）技术变革时代的迅速到来对杭州市加强"三引"结合提出了新目标

近年来，随着新兴技术的迅猛发展，新一轮产业革命正席卷而来，传统产业发展面临严峻挑战。杭州市紧紧围绕"一基地四中心"的战略定位和"建设美丽中国先行区"的目标要求，提出到2020年，力争建成国际电子商务中心，基本建成全国云计算和大数据产业中心、物联网产业中心、互联网金融创新中心、智慧物流中心、数字内容产业中心的发展目标。大力引进当前及今后一个时期契合杭州市经济社会发展的智慧项目、智慧技术和智慧人才，为杭州市智慧经济建设发展提供强有力的支撑，是杭州市"三引"工作面临的新目标、新任务。

（二）杭州招商引资面临的困难与挑战对加强"三引"结合提出了新要求

当前杭州市招商引资工作遇到了一些困难和挑战，主要表现在以下几方面。一是招商引资后劲有待加强。从引进外资项目看，2014年1~10月已批总投资3000万美元以上项目77个，合计总投资为89.55亿美元，合同外资为36.95亿美元，同比分别下降6.52%和32.68%，在谈项目储备较2013年下降明显，且普遍存在投资金额偏小、成熟度不高等状况。二是引资结构有待优化。目前新增引资项目中，小项目偏多，而产业关联度高、带动性强的大项目偏少；房地产项目偏多，产业类项目偏少，尤其是智慧产业大项目偏少。三是引进项目质量有待提升。从引进外资项目看，杭州市引进世界500强企业数远远落后于成都、武汉等兄弟城市；从浙商回归类项目看，重大产业类项目与宁波等地相比也相对偏少。四是城市竞争缺乏优势。杭州城市发展空间有限，相比于苏州、南京、无锡等周边城市，杭州招引大型制造业项目缺少优势，亟须寻找新的着力点，以提升城市竞争力。为有效应对当前杭州市招商引资工作存在的问题和困难，必须聚焦"高亩产"的智慧经济产业，进一步强化招引高端资本、技术和人才的"三引"联动，形成更加强大的合力，推进"三引"工作新发展。

（三）人才要素在智慧经济发展中的首位作用更加凸显，为加强"三引"结合提供了新契机

创新驱动实质上是人才驱动，智慧经济本质上就是人才经济。智慧产业是"人脑+电脑""人才+资本"的产业，智慧产品更多地表现为无形的服务、解决方案或是软件、芯片，在生产这些产品所需要的生产要素中，第一要素就是智慧，也就是人才。美国硅谷之所以能够成为苹果、谷歌、Facebook等众多世界名企的发源地，大量人才的集聚是其最为重要的原因。杭州正是因为有马云带领的创新人才团队，才有了互联网企业巨头阿里巴巴。特别值得注意的是，与传统产业企业较长的成长期相比，谷歌、阿里巴巴等智慧产业企业从初始创业到成长为世界500强企业都只用了短短十几年的时间。杭州要在智慧经济时代获取发展先机，当务之急就是要集聚符合智慧经济发展需要的大量人才，这就要求我们在引进资金的同时必须更加注重人才的引进。

（四）"人才流"与"资金流"的流动趋势为加强"三引"结合提供了新途径

以"人才流"引进"资金流"的招引方式成为当前"三引"结合的有效方式。劳动密集型经济对人力资源的素质要求不高，引进模式为"资金流"先于"人才流"，引进资金创办企业就可以招聘到员工组织生产。在智慧经济时代，资金和人才流动的先后顺序快速发生变化。智慧经济对人才的管理水平、技术水平、创新能力等方面都提出了很高的要求，人才（团队）的重要性更加凸显。资本的趋利性总是促使投资人把资金投向具有广阔市场前景的创业团队。阿里巴巴在中国短时间通过创业创富的神话，为有眼光、能坚持的投资人带来了丰厚的回报，促使各类资本更多关注有创新意识的人才创业团队。在这一轮"人才+资本"的创业大潮中，杭州一定要通过抓住"人才流"来吸引"资金流"，不断增强"三引"效益。

二　杭州市"三引"联动工作的现状与存在问题

2006~2013年，杭州市实际利用外资和实际到位内资分别从22.55亿美元、324.89亿元上升到52.76亿美元和860.6亿元，2014年分别超过了60亿美元和1000亿元，达到63亿美元和1054亿元。杭州市在引进资金的同时注重引进人才和技术，实现了"三引"工作同步推进、协调发展。

（一）杭州市"三引"联动工作的现状

1. "招大引强"带动了人才和技术的快速集聚

大项目是集聚人才和技术的重要载体，引进大项目可以有效带动人才和技术的同步流入。近年来，杭州市加大对世界500强企业的招引力度。自2010年开始，每年新引进世界500强项目均超过10个，其中2013年达到15个。截至目前，杭州市引进世界500强企业103家，投资项目171个。通过引进世界500强等国际知名企业快速引进了一批优秀人才。例如，自2010年默沙东制药新厂项目落户杭州经济开发区以来，截至目前已经集聚了医药研发制造人才250余人，形成了数量可观、颇具实力的人才团队。再如，2014年3月思科中国总部成功落户杭州，成为杭州市引进的第一家世界500强企业总部，在思科致力于把杭州打造成为智慧城市样板和全球万物互联中国示范区的创新实践中，必将为杭州市集聚一大批智慧经济人才，带动杭州市智慧产业技术创新能力大幅提升。

2. 招才引智加快了产业技术的升级

人才是创造和掌握技术的主体，引进掌握先进技术的人才是引进技术的最有效手段。2009~2013年，杭州市实施引进国外智力项目872项，引进外国专家1600余名，通过实施引智项目，共产生市级以上科技成果奖92项、授权专利1770项（其中发明专利212项）、研发新产品或品种4923个；引智成果转化新增产值超过140

亿元,利润超过15亿元;举办各类培训班2017期,累计培训本地人才6.75万人次。其中,2012~2013年实施的引智项目中,超过55%为杭州市重点发展的十大产业项目,为十大产业技术水平的快速升级提供了有力的人才支撑。

3. 招才引智助推了招商引资工作的新发展

近年来,通过大力实施国家"千人计划"、浙江省"千人计划"、杭州市全球引才"521"计划,以及滨江"5050"计划等区县级引才政策,为杭州市集聚了一批创业创新人才。引进海外留学人员7500余人,其中自主申报入选"国千"专家67名、"省千"专家202名,入选省企业重点技术创新团队26家。其中一批引进人才创办的企业不仅实现了快速发展,还吸引了外资企业的投资合作,实现了以智引资。例如,从美国引进的李湘博士创办的中肽生化公司,2012年成功吸引了世界500强美国礼来公司的关注和投资;从美国引进的丁列明博士团队创办的浙江贝达药业有限公司,2011年研发成功国家1.1类抗癌新药盐酸埃克替尼正式获批上市,被喻为医学界的"两弹一星",2013年与全球领先的创新型生物医药研发和生产企业美国安进集团成功实现合作,在杭州设立了贝达安进制药项目,有力地推动了杭州市医药产业的发展。

4. 技术合作成为引资、引智的有效媒介

近年来,杭州市加强与国内外著名大学、研究机构和企业的合作,联合共建了一批研究机构和实验室,如浙江港科大先进制造研究所有限公司、日本千叶大学庭园设计研究实验基地、杭州爱的发-康恩贝中药研发中心、中挪国际(MEMS)联合开发中心等。这些共建创新平台不仅有效地提升了杭州市相关行业的技术创新能力,更为重要的是集聚了一大批高端人才,为杭州市后续引资、引智工作提供了有效媒介和渠道。

(二)杭州市"三引"联动工作中存在的主要问题

1. 招引模式需要进一步优化

当前的招引模式主要依赖传统的大会推荐招商、敲门招商、小分队招商等模式,这些传统模式在招引资金、人才过程中发挥了重要的作用,成为"三引"的成功模式。但是随着时代的发展,尤其是随着互联网对人们工作、生活影响的不断加剧,单纯依靠传统模式进行招引显然已滞后于时代发展,这些都要求我们充分运用互联网思维,发挥互联网独特优势,大力拓宽新的招引模式,使互联网成为"三引"工作的有力工具。

2. 招引层次需要进一步提升

从近年来杭州市"三引"工作的情况看,杭州市"三引"的层次还不够高,和杭州市"六大中心"建设的目标存在较大差距。主要表现为:从引进项目情况来看,世界500强、央企国企和重点浙商杭商中的国内外行业龙头企业投资项目偏少,研发总部、营销总部、产业基地和国际电子商务、云计算、大数据、物联网、互联网金融、智慧物流等行业的项目集聚度还不高,"大、好、高"等先进制造类项目偏少;从引进人才来看,引进国际顶尖人才尚为空白,引进国际学术、技术界享有一定声望的行业领军人才偏少;从引进技术来看,拥有重大技术发明专利、掌握智慧经济发展所需前沿核心技术的专业技术人才不多,以高端智力、技术项目和资本有效融合的项目偏少。

3. 招引资源需要进一步整合

一是发挥部门优势和积极性不够。当前,杭州市"三引"工作主要还是以招商部门为主,基本处于"单打一"状态,制约了"三引"工作的进一步发展。二是发挥"金名片"作用不够。需要进一步发挥知名企业、知名品牌、知名院校、知名技术人才和知名企业家在资源、渠道等方面的优势,使之成为杭州市"三引"工作的重要力量之一。三是发挥政策作用不够。要加大落实、兑现现有政策力度,同时要加快出台深化推进杭州市"三引"工作的政策措施,并加大政策的整合力度,发挥政策"组合拳"作用。

4. 招引机制需要进一步完善

对适合杭州发展、具有带动效应的"大、好、高"项目,要采取"一企一策"确保土地等核心要素切实保障到位;要继续加大对引进人才、企业高管在住房、安家、子女就学等问题上的解决力度,切实营造宜业宜居的良好环境。

三 加强杭州市"三引"联动工作的对策建议

在新形势下,杭州市招商引资工作亟须进一步加强与引技、引智工作结合的紧密度,进一步创新工作思路、改进工作方式,紧紧围绕"一号工程"建设,加快引进集聚智慧经济发展所需的资金、人才、技术等高端要素。

(一) 积极运用互联网思维创新"三引"思路

面对当前杭州市"三引"工作面临的困难与挑战,必须适应形势,主动有为,学习掌握互联网高开放性、高参与度与"用数据说话"的特质,积极创新"三引"工作思路,拓展新的工作模式,达成新的工作成效。

1. 以更加开放的工作模式推进"三引"工作

随着互联网时代的到来,尤其是传媒快速发展和营销新技术的运用,以政府购买服务的方式开展招引工作凸显了市场的能量和运作效益。以"2014首届杭商大会"为例,通过采取政府购买服务的方式,充分发挥中标单位文广集团的优势,大会取得了圆满成功,签约资金达到184亿元。又如,"2014全球投资峰会"充分利用欧洲货币集团的资源优势,实现合同外资10.45亿美元。实践证明,由政府购买服务,与企业实现优势互补,是提升"三引"工作的趋势性选择,在目前引资实践的基础上,应在以后引智、引技工作中大力推广和运用。

2. 以更加开放的招引平台开展"三引"工作

移动互联网建立了开放透明的信息交流平台,打破了信息流通障碍。在资金、技术、人才等要素的流通中，要充分运用互联网平台开展"三引"工作，以实现各类要素的快速合理搭配。在目前阶段，虽然政府部门运用互联网平台开展"三引"工作尚不能完全取代现场推介、敲门招商等传统招引模式，但要考虑建立更加便于企业、专业人士参与的互联网招引平台，以实现对传统招引模式的有效延伸。

3. 以更加开放的数据运用助力"三引"工作

随着大数据时代的到来，数据的搜集和获取更加便捷，数据分析预测对提升"三引"工作效率有非常重要的价值。要积极拓展传统思维方式方法，学习掌握和善于运用大数据分析的方法，加强与毕马威、德勤、戴德梁行等全球知名商务、人才中介机构及国际知名行业协会的合作，探索建立全球高端产业、人才、技术搜索引擎，提升招引工作的主动性、针对性和有效性。

（二）瞄准高端要素提升"三引"层次

杭州市"三引"工作必须瞄准全球高端要素，努力为"一号工程"提供资金、人才和技术支撑。

1. 制定高端要素的"三引"工作规划

围绕"一基地四中心"战略定位和2020年打造"六大中心"、培育"万亿级"智慧产业规模为核心的信息经济产业群的发展目标要求，在《杭州市发展智慧经济总体规划》的指导下，制定"十三五""三引"工作规划，规划引进项目、人才、技术的数量、质量、承载区域及保障方式等，努力形成布局合理、特色鲜明、功能互动和项目、人才、技术协调发展的智慧经济发展结构。

2. 明确高端要素的重点招引对象

紧盯世界500强、央企国企和重点浙商杭商中的国内外行业龙头企业，争取在杭设立研发总部、营销总部和产业基地；着力招引国际电子商务、云计算、大数据、物联网、互联网金融、智慧物流等行业领军企业；深化实施全球引才"521"计划、钱江特聘专家计划、"115"引进国外智力计划，积极引进海外优秀创业创新团队和海外高层次创业创新人才，尤其是在国际学术、技术界享有一定声望的国内外顶尖人才、行业领军人才，或拥有重大技术发明专利、掌握智慧经济发展所需前沿核心技术的专业技术人才到杭州创业创新；进一步以高端智力、技术项目和资本的合作实效，将"浙江·杭州国际人才交流与项目合作大会"打造成为高端要素洽谈合作的知名品牌，实现全球化融资融技融智。

3. 把招引智慧产业大项目摆在突出位置

智慧产业大项目是杭州在高起点上实现新发展的最直接、最有效、最关键的途径，应举全市之力，汇聚资源，着力引进有利于促进产业集聚、形成"产业链"的龙头项目，并通过大项目的带动作用，实现产业链的全覆盖，打造"大项目—产业链—产业集群"的发展模式，以规模效应加快推进产业转型升级，为实现高起点上的新发展奠定坚实的产业基础。

4. 着力培育本土领军企业和高端人才

要将"三引"与培育本土企业与人才结合起来，选择具备潜力、适应智慧经济发展的骨干企业和人才进行重点培育，根据其成长需求，为其完成"三引"工作创造便利条件，力争在大数据、云计算、物联网和移动互联网等领域培育一批具有国际竞争力的领军企业和杰出人才，催生本土高端要素的形成与发展，使之成为杭州智慧经济发展的活水之源。

（三）充分整合资源，增强"三引"合力

要通过整合招引资源配置，提高全市招引实效，全面提升招引工作竞争力。

1. 要优化部门资源

充分发挥产业发展协调委员会、市对外开放工作协调小组和市委人才工作领导小组的统筹协调作用，整合"三引"机构，统筹各方力量，共同推进全市"三引"工作。建立若干产业招商组，由市领导分别担任组长，相关职能部门为成员，推进重点招商。与国家外国专家局进行战略合作，借助国家引智系统驻外机构和渠道拓宽杭州市"三引"工作境外渠道；对市外办、台办、侨办、侨联、贸促会和市政府驻外机构以及市驻海外招才引智工作站的渠道资源进行梳理汇总，并建立经常性联系机制，逐步实现渠道资源共享，帮助做好产业政策、招商项目、人才、技术需求信息以及各类招引活动信息发布和需求对接。

2. 要借力"五名"资源

要借助知名企业、知名品牌、知名院校、知名技术人才、知名企业家"金名片"和"领头雁"的示范带动作用，进一步推进杭州市与中国工程院、中国科学院、北京大学、清华大学、浙江大学战略合作协议的落实，助力杭州市打造一批主营业务收入超百亿元的行业领先企业、有一定国际影响的知名品牌，以及具有全球视野的高水平现代企业家队伍和具有较强自主创新能力的技术团队，进一步提升杭州市自我"造血"功能。

3. 要整合政策资源

梳理整合全市现行"三引"政策以及产业扶持政策，形成系统政策文本，以简明形式编印成册并加强宣传，努力提升政策知晓度和影响力。同时，要加大财政政策支持力度，重点支持、鼓励智慧经济的项目建设和人才引进，将财力聚焦智慧经济发展。

4. 要共享信息资源

对外要建立杭州智慧产业项目需求指引库、智慧人才需求指引库、智慧技术需求指引库，明确杭州市智慧经济建设在项目、人才、技术方面的需求，通过互联网平台实现全球发布，并在后台由专业招引团队进行沟通、洽谈。对内要建立世界500强企业信息库、中国企业500强信息库、中国民营企业500强信息库、全球行业领军企业信息库、知名高校和知名技术人才信息库，并搭载政务云实现部门间共享和有效管理。

（四）健全工作机制，强化"三引"保障

建立促进"三引"工作快速发展的工作体系，确保杭州市"三引"工作有机结合，快速推进。

1. 要强化要素保障

要切实加强规划、土地、资金等核心要素的保障力度，确保大项目、好项目的落地空间和资金到位；要加强医院（国际化医院）、学校（国际化学校）及国际化社区建设，为国外引进人才提供良好的生活环境。

2. 要强化人才保障

要将党政干部智慧经济素质培训纳入党校培训、干部学习新干线等培训内容，切实提升素质能力，以适应新的工作要求；要进一步完善人才政策，妥善解决人才住房、子女入学等实际问题，营造"拴心留人"的良好环境；要强化"三引"队伍建设，进一步加强招商人员的业务培训，提升智慧经济建设背景条件下工作能力水平。

3. 要强化考核激励

要进一步完善招商选资综合评价工作，在招商选资时要将企业集聚高端人才特别是智慧经济人才的数量和层次作为重要的筛选条件。要优化招商引资考核项目及分值设置，将考核重点从以数量为主向以质量为主转变，重点突出"招大引强、招新引优、招才引智"，同时要提高招商引资对引进人才和技术创新贡献度的分值比重。要强化"三引"单项考核，修订完善相关考核办法，重点突出对"三引"主管部门以及市外办、台办、侨办、侨联、贸促会和市政府驻外机构等单位在"三引"贡献度方面的考核和激励，充分调动各方积极性，提升工作合力。

（责任编辑　方晨光）

信息经济发展中推进政府数据率先共享开放的建议

——以杭州发展为例

◎ 课题组

提　要：政府部门率先开展数据共享和开放，是关系到杭州市推动信息经济和智慧城市发展的大事。本文在阐述政府数据共享开放意义与国内外借鉴的基础上，对杭州市政府数据共享开放的基本情况与存在问题进行了梳理，并就推动政府数据共享开放提出了对策建议。

关键词：政府数据　信息共享开放　信息经济　杭州

课题组组长杨福颂，杭州市经济与信息化委员会原副主任。成员包环玉，杭州市经济与信息化委员会信息化推进处副处长；车海翔，杭州市经济与信息化委员会信息化推进处主任科员（邮政编码　310026）。

中共杭州市委十一届七次全体（扩大）会议明确指出，推进信息经济和智慧城市建设，政府要发挥示范带动作用，政府部门要率先统一思想和行动，大力推动政务数据的共享和开放。

一　政府数据共享开放的意义与国内外借鉴

（一）政府数据共享开放的意义与共识

1. 意义

数据共享指的是政府部门、公用事业部门根据业务需求，通过系统对接实现跨部门的数据交换和利用,避免数据的重复采集,以提升治理能力和服务水平。

数据开放指的是政府数据向相关机构和单位开放,相关研究机构、企事业单位对数据进行整合和挖掘,弥补公共服务的不足,并开发出新的增值服务产品以服务群众。

在大数据时代,数据开放的意义在于让最重要的生产资料——数据,在互联网上适时、自由地流动起来,并在流动中产生价值,推动政府治理体系的完善和治理能力的提升,提高政府公共服务能力,满足人民群众对高品质生活的迫切需求,催生知识和商业模式的创新,形成全新的信息经济和信息经济产业体系。

2. 共识

政府数据开放不同于政府信息公开。政府信息公开属于信息层面,是被动式的,面向社会有诉求必回应;政府数据开放属于数据库层面,是主动式的,面向相关机构单位主动推送。

政府信息公开面向社会是免费的,政府数据开放面向机构和单位不一定全部免费,可以通过一定的形式进行有偿推送,以提高数据使用价值。

政府数据开放安全是有保障的。数据和信息的安全,主要通过技术、制度两个方面来保障。政府数据统一的共享和开放,建立在统一的平台和专业运维队伍上,在一定程度上数据的安全可控性大于政府各部门数据中心。

(二)数据共享开放国内外借鉴

1. 国外借鉴

数据开放作为提升政府透明度、提高国家创新竞争力、提升社会民主程度的重要措施,在世界各国受到越来越多的关注和重视。2013年6月,八国集团首脑在北爱尔兰峰会上签署了《开放数据宪章》,法国、美国、英国、德国、日本、意大利、加拿大和俄罗斯承诺,最迟在2015年末,按照宪章和技术附件要求进一步向公众开放可机读的政府数据。截至2014年4月,全球已有63个国家或地区制订了开放政府数据计划(见表1)。

表1 主要国家有关云计算和大数据战略

国家或地区	云计算和大数据战略
美国	美国联邦政府于2011年2月正式发布了首份关于云计算的战略报告《联邦政府云计算战略》。2013年5月,奥巴马政府宣布了"大数据的研究和发展计划"。白宫科技政策办公室要求年度研发开支1亿美元以上的每个联邦机构都要制订计划,推动政府资助的研究成果更多地实现开放获取
英国	英国于2006年启动"数据权"运动;2013年商业、创新的技能部宣布,将注资6亿英镑发展8类高新技术,其中大数据独揽1.89亿英镑。 2011年11月,英国政府宣布启动政府云服务G-CLOUD
法国	在《数字化路线图》中列出五项大力支持的战略性高新技术,"大数据"是其中一项,将投入1150万欧元研发7个大数据市场项目。 2012年9月,欧盟委员会发布了《在欧洲释放云计算潜能》的报告,提出欧洲要启动云计算战略

续表

国家或地区	云计算和大数据战略
日本	2010年8月,日本经济产业省发布了《云计算与日本竞争力研究》。2013年正式公布以大数据为核心的新IT国家战略——《创建最尖端IT国家宣言》,明确2013~2020年以发展开放公共数据和大数据为核心的日本新IT国家战略
韩国	2009年12月公布《云计算全面振兴计划》,并于2010年开始执行。2011年提出打造"首尔开放数据广场";2013年科学、通信和未来规划部表示,将与国家信息社会局(NIA)共建大数据中心
澳大利亚	政府信息管理办公室发布《公共服务大数据战略》,以六条"大数据原则"为支撑,即"数据属于国有资产,从设计着手保护隐私,数据完整性与程序透明度,技巧、资源共享,与业界和学界合作,强化开放数据",推动公共行业利用大数据分析进行服务改革,制定更好的公共政策,保护公民隐私,使澳大利亚在大数据领域达到全球领先水平
联合国	联合国2012年推出"数据脉动"计划

美国。2009年,美国联邦政府各部门通过"一站式"政府数据下载网站向社会公开各类非保密的数据库,涵盖农业、气象、金融、就业、人口等近50个门类,累计开放88137个数据集。GPS数据开放后,带动了一连串的生产和生活服务创新,包括汽车导航、精准农业、通信等,同时创造了大量就业岗位,仅美国国内就有约300万个就业岗位依赖于GPS。在数据开放和保护方面,美国有完善的法律制度。

欧洲。在英国的数据开放门户网站(data.gov.uk)上,共开放了13670个公开的数据集以及4170个非公开的数据集。英国成立专门的数据开放研究所以支持对开放数据的商业应用,并由政府提供创新资金专门用于帮助企业利用开放数据进行创新应用。法国政府承诺,要朝着默认公开发布数据的目标前进,通过征求公众和社会意见完善开放数据政策。

新加坡。开放数据共8733个,围绕经济发展和民生需求的数据在开放数据中占比最大,公众关注的热点与经济发展和民生需求密切相关。

(三)国内数据共享开放情况

我国已有部分城市在政府数据开放上先行一步,但总体上还面临法规政策不健全、公众参与度不高、部门积极性欠缺、信息公开代替数据开放等问题。

北京。2012年10月开通政府数据资源网,为政府信息资源的社会化开发利用提供数据支撑。截至目前,36个部门发布了306个数据集,主要包括各类管理和服务机构名录等信息。数据开放两年多来,下载量超过100次的不到8%。

上海。建设了政府数据服务网,29个部门发布了多类数据产品可供下载,累计访问量已达到35万人次,也存在着缺乏法律法规、民生数据偏少等问题。

广州。2014年1月,广州首次提出建立大数据局,统筹推进政府部门的信息采集、整理、共享和应用,消除信息孤岛,建立公共数据开放机制。

青岛。已启动政府数据开放的一系列准备工作,借"信息共享目录采集"之机,获取各部门可对公众开放的数据资源,并初步设计了青岛市政府数据开放服务平台。

二 杭州市数据共享开放情况与存在问题

（一）数据共享开放基本情况

2007年以来，杭州市按照国家和省关于开发信息资源、推进信息共享的要求，开展了一系列工作。

建立了机制。建立了以杭州市信息化工作领导小组统一领导、市经济和信息化委员会（原信息办）牵头组织、全市各部门共同配合的信息共享推进机制，开展的"信息共享和业务协同试点"工作通过了原国信办验收。

出台了文件。2008年，杭州市政府办公厅印发了由原信息办起草的《关于加强杭州市政务信息共享工作的若干意见》，对信息共享的范围、重点、分类、总体目标、职责分工、审核制度、工作要求提出框架性意见。

探索了模式。在路径选择上，建成了全市政务信息交换平台，实现了部门间点对点的信息共享。同时，试点开展政务信息目录体系与交换体系建设，编制试点单位的政务信息目录，探索全市政务信息目录库的建设。

1. 政府数据交换

政府数据部门间共享方面。杭州市政务信息交换平台已覆盖市本级42个部门和13个区、县（市），全市已实现34个跨部门信息共享和业务协同应用。

市民卡交换数据。实现了杭州市公安局、人社局、地税局、民政局、公积金中心等部门间的数据交换。截至2014年7月15日，2014年度累计实时交换数据2935382条。为杭州市社保、医保的核心系统提供了支撑。

企业互联交换数据。实现了杭州市税务局、地税局、工商局、质监局、统计局间的数据交换。截至2014年7月15日，2014年度累计实时交换数据248218条。通过企业基础信息的比对和交换工作，及时发现了大量漏管户，并进行了有效的监管。

联合征信交换数据。实现了杭州市公安局、质监局、工商局、民政局、国税局、人社局等部门间的数据交换。截至2014年7月15日，2014年度累计实时交换数据362950条，每月交换一次共75462943条。征信系统已经实际归集到全市3亿多条个人信用信息和400多万条企业信用信息。

权力阳光交换数据。实现了市本级42个部门和13个区、县（市）行政权力事项运行数据交换到市网上政务大厅，纳入市监察局"数字监察"系统的实时监察。2014年度累计实时交换数据21629130条，实现了杭州市行政权力事项的全过程阳光运行。

另外，还包括低收入家庭核查、就业再就业的协查、残疾人申请时的低保核查、社会保障金的代征代缴等部门间的信息共享应用。杭州市信息共享走在全国同类城市前列。自2007年杭州市信息共享和业务协同试点工作通过国家验收以来，已有27个省、市按照杭州模式进行建设。

2. 政府数据社会开放

杭州市只有极少的数据开放案例。例如，面向杭州电信开放了交通、气象、城管等部分数据；面向市民卡公司开放了市民户籍等部分数据。目前，大量企业承担了政府部门的信息化建设，因无法定的依据和授权，只能开展政府数据的采集和运维，暂时不能开发运用数据。

（二）数据共享开放中存在的主要问题

1. 共享开放认识不到位

主要是理念、原则、管理上的错位认识。当前，对政府数据的所有权、使用权、管理权未做界定。各部门将政府数据视作部门资产，未能树立"政府数据本是一种公共资源，应该与全民共享"的意识，缺乏共享开放的自觉性；未能树立"政府越是开放，越是容易产生好思想，才会更有效率"的意识，缺乏共享开放的责任性；未能树立"政府开放数据是不断创新的重要来源，将提升政府的透明度和效率，促进城市创新，创造更多就业"的意识，缺乏共享开放的主动性。

2. 共享开放机制不完备

杭州市信息共享开放工作未形成完善的机制，缺乏相关组织机构统筹领导、协调推进，缺乏专业机构和技术团队的有效支撑，缺乏政府相关部门的高效协同配合，缺乏社会的普遍参与。

3. 共享开放模式有待创新

由于财政资金的局限性，部门信息化建设全部依赖政府投入，无法满足各部门进一步开发信息资源、提升服务水平的需要，不能有效地可持续发展。要探索引进社会资金，创新建设模式。由于建设模式的局限性，传统的基础设施已经越来越难以满足大文本、视频流以及快速增长的数据交换需求，利用云计算实现大数据级的信息共享成为现实需要和必然选择。

4. 数据归集程度不高

目前，杭州市四大基础数据库实现了牵头单位建设、全市共享的集约化模式，但长久以来传统的独立建设模式已经形成了业务数据在全市各部门分散部署的格局。数据重复采集造成的不一致、数据格式多样化造成的不匹配，都是数据共享、建立政务大数据库的难题。2007年试点开展的政务数据目录体系和交换体系也未能推行，各部门普遍存在数据家底不清的问题，没有足够的力量进行数据梳理以及目录编制、维护和更新。通过目录导向促进部门间信息共享不具备可操作性。当前，亟须通过技术创新，建成融合的政府大数据，提高政府数据的使用效益。

5. 政策法规不配套

当前，没有相应的文件政策支持政府数据面向社会开放。对数据开放持积极态度的部门由于缺乏依据，也会存在顾虑。对部门间的信息共享也缺乏强制约束力，信息共享更多地靠信息化专项资金的安排倾斜和部门间协商推进。

三 推进政府数据共享开放的对策建议

推动政府数据共享开放,要抓住发展机遇,紧紧围绕"发展导向和问题导向",在抓好方向的同时,更要抓好对策的落实。

(一)创新理念

理念的推进是个原则问题、根本问题。只有政府部门充分认识到数据共享开放的重要意义,确立"数据所有权为纳税人、数据管理权为政府、数据使用权为部门""以共享开放为原则,不共享开放为例外"等理念,政府数据共享开放才有可能实现质的飞跃。否则,数据共享开放就会流于形式。

(二)健全机制

政府数据共享开放涉及各部门、各行业,涉及理念创新、机制创新、模式创新,要整合全市力量,建立上下联动、左右齐动、里外互动的工作机制共同推进。可组建"大数据局"、成立"大数据运营中心",形成专业的管理部门和支撑机构,全力推进政府数据的共享开放;可建立各部门协同推进机制,对内强力推动数据共享,对外逐步推进数据开放。

(三)突出云计算平台

2013年,杭州市启动杭州政务云项目,中共杭州市委、杭州市人民政府《关于进一步加快信息化建设推进信息产业发展的实施意见》明确要求新建的政府部门非涉密信息系统原则上应在云平台部署,老项目逐步向云平台迁移,政府部门的信息化项目统一向华数购买云平台的计算能力和存储能力,不再独立采购软硬件基础设施。截至目前,已实现26个部门52个系统在云平台运行。杭州政务云项目为全市信息系统的集中部署、政务数据的归集提供技术保障,完全能够突破物理交换平台的容量局限。要加大政务云平台信息共享技术研究,力争建成基于大杭州(市、区、街道三级)的政务云平台和政务大数据平台。

(四)推进跨部门数据库建设

自2014年起,杭州市试点开展跨部门综合数据库建设,率先启动了与民生密切相关的交通出行综合数据库(由杭州市交通局牵头,会同市交警、建委、城管委共同建设)、企业服务综合数据库(由杭州市工商局牵头,会同市经信委、科委、安监局、环保局、质监局共同建设)、健康服务综合数据库(由杭州市卫生局牵头,会同市计生委、教育局、人社局、民政局、残联共同推进)。综合数据库是全市性数据库,不属于某个政府部门,可以作为数据开放的试点探索。民生项目也是企业最有积极性带资建设的领域,如健康项目,既能使老百姓得到更多的健康咨询和服务,也能通过和众多医疗机构、医疗企业的合作,推动创新,带动健康产业发展,必将成为信息经济的一大亮点。

(五)确立引入社会资金机制

要发挥好财政资金"四两拨千斤"的作用,可将信息化专项资金和部门预算中用于信息化的资金做好整合，两类合一，形成合力，引导社会资金参与。对有利于数据共享开放的项目给予倾斜，对无正当理由不共享开放数据的部门，可减少或暂缓安排信息化项目资金。要允许通过授权、战略合作的形式，向企业开放数据，鼓励企业带资金建设，对政府数据进行挖掘和再利用，开发各类民生应用。对企业投资建设应用良好的项目，可在产业资金中给予一定比例的资助。

（六）出台相关政府数据共享开放政策

为了破除体制机制弊端，确立数据共享开放的政策依据，使各部门能据此提供政务数据的共享开放，更加有利于吸引社会资金参与政务数据的开发应用，可制定政府数据共享开放的相关政策文件，主要解决对政务数据认识、共享原则和方法、开放流程和责任等问题，作为全市政府部门和公用事业单位数据共享开放的政策依据。

政府数据共享开放是一项全新的工作，没有现成的政策文本可借鉴，没有现成的案例可遵循，要有"快鱼吃慢鱼""抢喝头口水""边实践边完善"的精神，才能更好地助力信息经济发展，为杭州未来争先进位奠定坚实的基础。

（责任编辑　方晨光）

深圳信息经济演进及其对杭州的借鉴意义

◎ 洪庆华 郑荣新 王理生

提　要：改革开放以来，深圳围绕发展信息产业，通过加强自主创新，提升产业体系，成为全国创新型试点城市和自主创新示范区，率先迈入信息经济时代。杭州作为国内少数几个具备优先发展信息经济的城市，正在按照杭州市委、市政府的决策部署，瞄准国内领先目标，全力发展信息（智慧）经济。本文深入剖析深圳的产业格局和演进历程，并借鉴其信息产业的成功经验，对于重新思考杭州产业新优势、实现高起点上的新发展具有重要的现实意义。

关键词：信息经济　区域借鉴　产业格局　深圳与杭州

作者洪庆华，杭州市经济和信息化委员会主任；郑荣新，杭州市经济和信息化委员会副主任；王理生，杭州市经济和信息化委员会综合处副处长（邮政编码　310026）。

近年来，杭州市经济和信息化委员会专程赴深圳就产业结构问题进行了调研，对其信息经济演进进行了深入剖析，对于厘清杭州在推进信息（智慧）经济发展上的思路和举措、实现产业赶超和城市再定位具有重要意义。

一　深圳产业格局的特点与成功经验

（一）深圳产业格局的演进历程

深圳在30多年的产业格局演进中，有一条主线始终贯穿其中，即抓住信息产业在不同工业发展阶段的主要表现形式,实现城市产业形态的更新和提升。

1. 适应消费需求,家电制造业引领发展

20世纪80年代以来,得益于居民消费的集中释放,深圳承接于港台的电子和家电制造业急剧扩张,到1986年电子产业的产值已占深圳工业总产值的37.9%,并形成了康佳、创维、艾美特、联创、安吉儿等一批行业品牌企业。

2. 适应城市化建设,通信制造业独领风骚

20世纪90年代中后期,深圳的信息产业抓住城市化浪潮,涌现了华为、中兴两大公司。2013年,华为的销售收入达到2390亿元,中兴的销售收入达752亿元。从图1可以看出,2000~2013年,深圳电子通信业产值一直占据高新技术产值的85%以上,占规模以上工业销售产值的50%以上。2013年仅华为、中兴、富士康三家的产值就占到深圳电子通信业总产值的44%,行业集中度可见一斑。

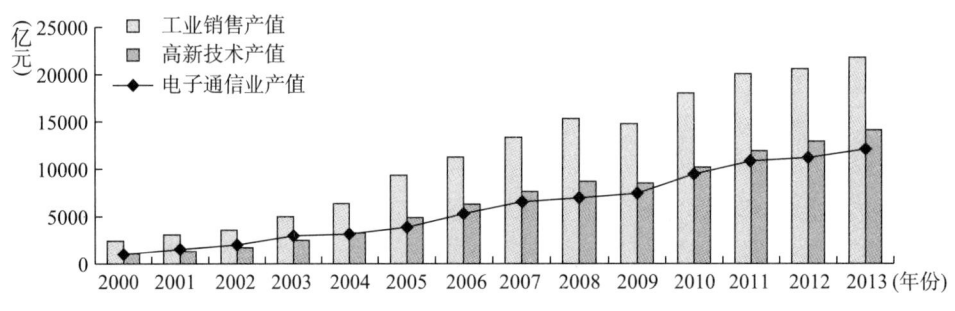

图1 2000~2013年深圳工业产业产值发展情况

3. 适应信息化需求,系统服务商和智能制造业异军突起

2008年以来,信息经济和信息消费再掀风潮,深圳的信息产业重获发展,并向两方面拓展。一是系统服务商。华为、中兴等企业从设备供应商向系统解决方案服务商转变,同时壮大了腾讯、迅雷等互联网企业,拓宽了信息经济内涵。二是智能制造业。比亚迪从创立时的电池和零部件加工商,发展成为全国电动汽车和新能源行业的标杆企业,公司产业链布局映射美国特斯拉模式,发展潜力大。

4. 适应人的更高需求,互联网经济和个性化创业风起云涌

2012年起,随着互联网经济的再爆发,扎根于互联网平台的草根创业热潮兴起,深圳信息经济再次华丽转身。一是移动终端发展领先全国。借助移动终端需求猛增,以"中华酷联"为首的深圳智能设备制造业再现辉煌,并吸引了英特尔、高通、三星等来深圳投资,成为全国智能设备创新中心。二是个性化创业兴起。不仅依托互联网平台的软件应用型创业风起云涌,而且吸引了来自世界各地的"创客"集聚,创意生产各种个性化硬件,促使深圳从"山寨工厂"向"硬件之都"转变。目前位于华侨城创业园的Seeed Studio已成为国内规模最大、全球前三的新硬件孵化平台。

(二)深圳产业格局的演进特点

深圳产业格局演进中有自身鲜明的特点,概括起来就是实现了四个跨越。

一是重化工业的跨越。改革开放之后，深圳进入以轻型和外向型加工模式为主的工业化初期阶段。直到1998年，重工业的比重才开始超过轻工业。截至2002年，深圳工业实现的增加值中重工业的比例为63%（同年杭州的比例为50%左右），与发达国家同类比例（60%~65%）相比，深圳已处于工业化后期。深圳的重工业化主要建立在信息通信制造业基础之上，跨越了以"大钢铁、大石化、大机械"等为主体的重化工业。据统计，深圳重化工业占同期工业总产值的比重在1986年、1995年、2002年分别为10.1%、4.6%、2.2%，与日本、韩国等重化工业占比最高达50%以上的发展模式形成了明显的反差。

二是原材料工业的跨越。从工业化初期以"三来一补"的初加工、低附加值生产方式为主，到1998年深圳市委明确提出大力发展高新技术产业，深圳产业进程摒弃了发展本地原材料工业阶段，逐渐进入了以科技为内涵的深加工、精加工和高附加值的稳步增长期，呈现"买全国、卖世界"的格局。2013年深圳外贸进出口总额达5373.59亿美元，外贸出口总额连续21年居国内城市首位。

三是主导产业的跨越。深圳在开放之后建立和发展了以电子、纺织、饲料、机械、饮料为主的传统产业体系，这五个主导行业的产值在1986年占工业总产值的57.8%。到2002年，高新技术密集型的优势产业占主导地位，电子及通信设备制造业、仪器仪表及文化办公用机械、电气机械及器材制造业三个行业的产值之和占工业总产值的68%。到2013年，深圳已形成以金融业、物流业、文化产业、高新技术产业为主导的四大支柱产业。其中以电子及通信设备制造等为主体的高新技术产品实现增加值4652亿元，占规模以上工业增加值的比重达78.02%，其增加值为其他三大支柱产业增加值之和。

四是模仿创新的跨越。深圳的技术进步长期存在由外来技术引进带动创新现象。1998年深圳提出发展高新技术产业后，本土创新快速增长。到2013年，深圳研究开发经费占GDP的比重达到3.66%，仅次于北京（同年杭州的比重为2.95%）；有自主知识产权的高新技术产品产值占全市高新技术产品产值的61.20%；本土高新技术企业（包括民营、国有、集体）占全市高新技术企业总数的比例超过75%。目前华为、中兴、比亚迪三家企业的专利申请量占深圳专利申请量的60%。基本实现从外来加工制造型向本地研究开发型、从引进创新向自主创新的过渡。

基于深圳的区位条件、资源禀赋、发展基础，在进入工业化中期阶段后，深圳就把产业结构重点向高新技术产业和生产性服务业转变，通过四个跨越，最终形成以自主创新型信息经济为特色的产业体系和城市定位。

（三）深圳发展信息经济的成功经验

深圳率先建成信息经济强市，有其独特的区位优势和发展机遇，更重要的是政府因势而为，充分发挥了导向和推动作用。

经验之一：坚定目标，一以贯之。深圳最宝贵的发展经验，就是十余载保持坚定、清晰、延续的发展目标不动摇。自1998年深圳明确提出大力发展高新技术产业以来，历届政府围绕这个发展目标，持之以恒、常抓不懈，从破解不同时期高新技术产业发展的体制机制障碍着手，切实推进产业扩张和提升，真正把高新技术产业作为深圳城市品牌加以打造。

经验之二：整合资源，聚焦创新。深圳在发展信息经济中，把增强自主创新能力作为首要目标，突出"四个明确"。

一是目标明确。2006年，深圳市委、市政府出台了一号文件，把自主创新确定为城市发展的主导战略，确立了建设国家创新型城市的目标；2008年，实施了《深圳经济特区科技创新促进条例》和加快高新技术产业发展的33条措施等，从地方法规层面保障创新；2014年，国家批准深圳成为首个以城市为单元的国家级自主创新示范区。

二是路径明确。深圳的创新体系呈现企业为主体、成果为导向、高新区为依托的鲜明特征。深圳有"4个90%"的说法，即研发机构90%以上在企业、研发资金投入90%以上在企业、研发人才90%以上在企业、研发成果90%以上在企业。以企业为主体的创新导向，使得整个创新过程从一开始就针对市场需求，大大提高了创新的成功率。2013年，面积仅11.5平方公里的深圳高新区实现产值超过5000亿元，产值仅次于中关村，居全国第二位。2014年国家自主创新示范区获批后，深圳自主创新发展平台由11.5平方公里增加到397平方公里，高新园区的平台作用进一步显现。

三是体系明确。深圳结合实际，提出官、产、学、研、介五位一体的全过程创新体系。深圳市科技创新委员会、深圳市经济贸易和信息化委员会每年分别有近50亿元、56亿元资金用于支持创新研究和产业发展；针对深圳研究资源少的问题，深圳推出虚拟大学城和实体大学城模式，政府投资兴建虚拟大学园，引进北京大学、清华大学、香港科技大学等54所高校在深圳设立研究院。同时，建设10幢楼的产业化基地，开展产学研成果就地产业化。引进北京大学、清华大学、哈尔滨工业大学、香港中文大学等建设深圳研究生院，实行招生计划单列，为深圳提供高素质人才；搭建深圳国际科技商务平台等公共载体，引进国外非营利机构40家，作为窗口机构向国际推广深圳产业化成果；建设创业投资广场等融资载体，聚焦中小微企业融资担保服务和新三板上市培训。

四是导向明确。坚持市场化机制，如实施差别水价、电价、气价、地价等政策，促进产业转型。如鼓励专业团队对市区旧厂房、旧园区实行专业招商运作，建成南山云谷、深港青年创业基地；通过对厂房出租方进行租金补贴等形式，鼓励腾退落后产业，引进新兴经济。

经验之三：审时度势，转变职能。深圳着力厘清政府与市场的边界，积极探索适应经济和产业发展需求的政府管理模式。一是大部制改革。2004年，深圳率先启动大部制改革；2009年，对39个政府部门进行大部制改革，厘清政府在经济调节、市场监管、社会管理和公共服务四大领域的职责；2012年2月，对科工贸信委进行调整，分设出市科技创新委员会，将市农业和渔业局撤销并入新组建的市经济贸易和信息化委员会。从合到分，展示了深圳碰到问题就改的理念。二是政府精细化管理。深圳在促进信息经济发展中，注重发挥产业部门的主导作用，如在深圳的项目用地上，实行两个合同模式，由国土部门与项目用地方签订土地出让合同，由产业部门与用地方签订产业投资的细化条款。由产业部门牵头城市更新工作，推动产业与城市功能更新结合。三是积极因势而谋、应势而动。如结合产业发展思路，市经济贸易和信息化委员会调整设立海洋经济处、新兴产业处、生产性服务业处等，实施对口引导和服务；结合深圳所处的工业化发展阶段，适时调整甚至取消政府对工业经济的相关考核指标，如工业投资，取而代之的是包括工业企业投资、互联网投资、知识产权投入等以空间改造提升为主的更新改造投入。

通过打造主导产业、增强创新和理顺关系，深圳率先寻求到一条经济与科技、产业与企业、政府与市场的融合发展之路，走在全国前列。

二 当前深圳与杭州产业格局的比较分析

深圳目前已进入后工业化的知识经济时代。杭州正处于工业化后期，即将进入后工业化时期，亟须寻求发展以智慧经济为主要特征的知识经济新模式。深圳无疑是杭州最值得学习的城市。以两地2013年相关统计数据进行分析。

（一）总量情况和产业集中度

深圳。GDP为14500亿元，工业增加值为5695亿元，以金融业、物流业、文化产业、高新技术为支柱的四大产业为共实现增加值9192亿元，占GDP的比重为63.4%，实现财政收入4818亿元。

杭州。GDP为8344亿元，工业增加值为3247亿元，文化创意、旅游休闲、金融服务、电子商务、信息软件、先进装备制造、物联网、生物医药、节能环保、新能源十大产业实现增加值3909亿元，占GDP的比重为46.8%，实现财政收入1735亿元。

（二）工业经济和高新技术产业情况

深圳。规模以上工业销售产值为21775亿元，高技术产品产值为14133亿元，出口交货值为10765亿元，专利授权量为49756件。

杭州。规模以上工业销售产值为13505亿元，高技术产品产值为3836亿元，出口交货值为1981亿元，专利授权量为41518件。

（三）产品结构和企业实力比较

深圳与杭州产品结构和企业实力比较见表1、表2。

表1　深圳与杭州前十大出口商品比较

深圳		杭州	
商品名称	金额（亿美元）	商品名称	金额（亿美元）
集成电路	379.16	纺织纱线、织物及制品	56.84
自动数据处理设备及部件	337.06	服装及衣着附件	46.78

续表

深圳		杭州	
商品名称	金额（亿美元）	商品名称	金额（亿美元）
电话机	242.17	家具及其零件	13.34
服装及衣着附件	82.12	自动数据处理设备及部件	11.10
液晶显示板	78.53	钢材	11.08
自动数据处理设备零件	73.58	农产品	10.31
家具及其零件	45.15	新的充气橡胶轮胎	9.29
打印机	44.88	床垫、寝具及类似品	7.93
鞋类	42.46	电线和电缆	7.71
纺织纱线、织物及制品	33.18	汽车零件	6.53
合计	1358.29	合计	180.91

表2 深圳与杭州工业和信息产业类百亿元企业比较

序号	深圳		杭州	
	企业名称	销售收入（亿元）	企业名称	销售收入（亿元）
1	华为技术有限公司	2390.0	浙江吉利控股集团公司	1549.0
2	富士康（深圳区域）	2100.0	万向集团公司	1186.0
3	中国长城计算机深圳股份公司	778.6	杭州钢铁集团公司	829.3
4	中兴通讯股份有限公司	752.8	浙江恒逸集团有限公司	785.6
5	腾讯控股有限公司	604.4	杭州娃哈哈集团有限公司	782.8
6	中国国际海运集装箱股份有限公司	578.7	浙江荣盛控股集团有限公司	650.4
7	中海石油（中国）有限公司深圳分公司	550.0	杭州汽轮动力集团有限公司	595.5
8	比亚迪股份有限公司	528.6	阿里巴巴集团	493.0
9	联想信息产品（深圳）有限公司	350.0	浙江中烟工业有限责任公司	390.1
10	创维集团	309.0	杭州橡胶（集团）有限公司	338.7
11	天音通信有限公司	298.5	传化集团有限公司	249.0
12	周大福珠宝金行（深圳）有限公司	239.4	西子联合控股有限公司	205.8
13	深圳中金岭南有色金属股份有限公司	211.2	杭州锦江集团有限公司	201.6
14	康佳集团股份公司	200.1	杭州华东医药集团有限公司	201.4
15	深圳市华星光电技术有限公司	155.3	农夫山泉股份有限公司	174.4
16	深圳长城开发科技股份有限公司	150.4	富通集团有限公司	147.5
17	宇龙计算机通信科技有限公司	150.0	浙江万马集团有限公司	143.7
18	业成光电（深圳）有限公司	130.0	浙江翔盛集团有限公司	138.3
19	腾邦投资控股有限公司	125.2	华立集团股份有限公司	136.2
20	富士施乐高科技（深圳）公司	125.0	杭州金鱼电器集团有限公司	123.6
21	中国烟草总公司深圳市公司	124.2	浙江航民实业集团有限公司	119.3

续表

序号	深圳		杭州	
	企业名称	销售收入（亿元）	企业名称	销售收入（亿元）
22	深圳市中汽南方投资集团公司	116.4	浙江富春江通信集团公司	110.8
23	高先电子（深圳）有限公司	104.4	杭州华三通信技术有限公司	108.2
24	深圳华强集团有限公司	101.5	杭州海康威视数字技术股份有限公司	103.7
25			杭叉集团股份有限公司	103.4

注：部分深圳企业未公开2013年度相关数据，其对应的数据根据行业增幅推算得出。根据相关公开数据，2013年度深圳与杭州工业和信息产业类百亿元企业对照情况剔除商贸、房地产和银行业。

总体而言，深圳无论是国内生产总值、工业总量、财政收入还是产业结构、产业聚集度、百强企业结构分布等方面都走在杭州的前面，尤其是深圳的税收收入占一般预算收入的比重达86%，更凸显深圳实体经济的基石和支撑作用。可喜的是，杭州在紧追深圳的步伐，不断加大自主创新，产业发展上进一步向信息技术、文化创意、互联网等集聚，力求赶超。

三　深圳发展对杭州的借鉴意义

杭州目前面对的发展环境和产业格局，深圳同样遭遇过。借鉴深圳的信息经济突破之道，关键是做好"一三五"，实现信息（智慧）经济后发先至。

（一）"一"即聚焦"一号工程"

学习深圳确定一个发展目标不动摇的精神，以功成不必在我的信念和不达目标不收兵的决心，按照深圳市委发展智慧经济"一号工程"的要求，抓紧出台各项工作举措，加快建成智慧经济"六大中心"。

（二）"三"即发挥三大优势

优势之一：突出的资源禀赋。以信息技术和互联网应用为支撑的智慧经济，说到底是环境经济和人才经济。杭州拥有"双世界遗产"的国际品牌，具有强大的环境吸引力；汇聚包括浙江大学、中国美术学院在内的30余所高校，具备发展智慧经济突出的人才储备和科技支撑；与深圳缺乏成片可开发土地不同，杭州尽管土地要素也很紧张，但仅中心城区就有可规划的工业用地105平方公里，加上大江东、大城西产业集聚区和五县市可用于工业的土地用地，杭州的产业智慧化发展空间数倍于深圳。

优势之二：齐全的产业门类。杭州产业门类较为齐全，拥有汽车整车及零部件、纺织化纤、精细化工、食品饮料等"千亿级"产业集群，其催生的"两化"融合应用需求广阔；杭州在嵌入式软件、工业控制、传感监控等方面具有较强的实力，能推动传统产业数字化、网络化、智能化发展；依托中国电子商务之都、中国软件名城和网络交易平台优势，杭州具备发展"六大中心"的扎实基础。

优势之三：适合的城市基础。与国家对深圳的"经济特区、全国性经济中心城市和国际化城市"定位相比较，杭州"一基地四中心"的城市定位，更具发展智慧经济的城市优势。目前深圳已经进入后工业化时代，城市化率接近100%，杭州的总体城市化率为74.3%，完全可利用发展智慧经济的撬动杠杆，加快提升城镇化发展质量。

（三）"五"即强化五项举措

举措之一：优化政府管理。坚持"小政府"和底线管理思维，加快"两单一改"进程，把对企业的管理转移到对环境的营造上；实行精细化管理和市场化运作，通过大力发展中介机构和行业组织，把政府直接管理企业变身为政府扶持行业机构、行业机构服务企业发展；转变政府职能，理顺部门职责，鼓励部门结合经济和产业发展需求，在总量控制下，开展内设机构调整；加快调整统计考核和产业专项资金管理，研究制定适应智慧经济发展特点的政策体系和扶持方式。

举措之二：完善创新体系。杭州目前处于有创新能力但缺乏创新精神、有创新成果但缺乏创新企业、有创新人才但缺乏创业人才的困境。突破这种现象的关键在于以下几方面。一是要完善人才体系。在吸引创新人才集聚的同时，加大各类商业推广人才的引进和培育，加快创新产品转化为商品。二是要激活中小企业创新动力。互联网经济实质上是草根经济，中小企业一抓住机遇就能成长为"斑马"甚至"大象"。三是要重视产业前瞻研发。目前深圳已将生命健康、海洋经济、军工航天、智能制造等作为今后重点发展的"未来产业"，并在2014～2020年，每年设立10亿元未来产业发展专项资金。杭州也需要紧盯产业发展趋势和突破点，提前开展研究。

举措之三：培育产业集群。产业集群是自主创新的脊梁，骨干企业是产业集群的核心。参考深圳形成以华为、中兴、酷派为代表的通信技术领域产业集群，以腾讯、A8音乐、迅雷为代表的下一代互联网产业集群，以华大基因、华因康为代表的生物技术产业集群，以华强文化、华视传媒为代表的文化创意产业集群模式，杭州要抓紧在网络经济、信息技术、人工智能等领域，加快培育主导产业和骨干企业，塑造杭州新产业集群。

举措之四：突出推广应用。尽管目前杭州智慧经济发展总体上低于深圳，但在部分智慧应用和推广领域，杭州具有国内独特性。要强化三种手段，推进以应用带动产业。一是政府推动，企业运作。依托阿里云的先发优势和技术优势，引导政府政务应用和智慧杭州各项建设在阿里云计算架构上展开，破除信息孤岛，实现资源共享和降低行政成本。二是政府购买服务或投资建设。推动智慧医疗、智慧养老、智慧城管等应用项目建设，加大杭州本地信息产品的使用、采购和应用，力争成为智慧产业发展的"目的地"和智慧应用项目的"输出地"。三是政府引导，市场化运作。鼓励企业开展智慧应用，通过"两化"深度融合，借助电子商务、互联网、物联网等技术手段提高智慧化水平。

举措之五：加强政企互动。2000年以后，华为积极实施"走出去"拓展国际市场,在深圳市政府的全力协助下,先后从银行获得超过百亿美元授信,为产品出口和研发积聚资金保障;2005年,深圳成立由市长挂帅的华为服务领导小组。深圳市还采取"一对多"式扶持,每位领导"承包"若干家中小企业,帮助解决发展中的难题。杭州要在梳理企业发展情况的基础上,加强与阿里巴巴、华三、海康、华数等企业的互动与交流,实现城市品牌与企业品牌的互动提升。

(责任编辑 方晨光)

杭州智慧经济与智慧城市建设融合发展探析

◎ 朱文晶

提　要：杭州市委十一届七次全会做出加快发展信息经济和智慧经济的总体部署和全力推进"一号工程"落地建设的重大战略决策。本文梳理了20世纪末以来杭州城市信息化发展的历程，分析了杭州智慧城市建设和智慧经济发展的优势和难点，构建了杭州智慧城市建设和智慧经济发展战略模型，基于系统集成的理念和视角提出打造智慧经济促进城市转型升级的对策建议。

关键词：智慧城市　智慧经济　融合发展　杭州

作者朱文晶，杭州国际城市学研究中心、浙江省城市治理研究中心助理研究员，中国（杭州）智慧城市研究院副秘书长（邮政编码　310002）。

1980～2030年是世界经济的第五个康德拉季耶夫长周期[1]，以信息化为基础的现代服务业将成为全球经济的主要增长引擎。通过对信息技术的充分利用，促进信息交流和知识共享，提高经济增长质量，推动社会经济发展，已经成为全球共识。党的十八大报告提出到2020年全面建成小康社会的奋斗目标，并指出走中国特色新型工业化、信息化、城镇化、农业现代化的道路，促进我国经济持续健康发展。党的十八大以后，以习近平同志为总书记的党中央在中央经济工作会议上提出"要把生态文明理念和原则全面融入城镇化全过程，走集约、智能、绿色、低碳的新型城镇化道路"。为规范和推动智慧城市的健康发展，构筑创新2.0时代的城市新形态，引领创新2.0时代中国特色的新型城市化之路，2014年8月，国家发改委、工信部、科技部等八部委印发《关于促进智慧城市健康发展的指导意见》,提出到2020年建成一批特色鲜明的智慧城市。

目前,我国有超过80%的城市在"十二五"期间将智慧城市建设作为加快经济发展转型的战略举措。智慧城市的兴起与发展不仅成为历史进程中不可逆转的大趋势,也终将成为未来城市的核心形态。智慧城市不仅是贯彻落实党中央、国务院新型城镇化战略部署的具体任务,更是扩大内需、启动投资、促进产业升级和城市转型的新要求。

一 杭州智慧城市建设与智慧经济发展现状

杭州是长江三角洲城市群的核心城市,是我国著名的历史文化名城,以电子商务、物联网、云计算、大数据、信息系统集成等为核心服务内容的信息产业高度发达。20世纪末以来,杭州在城市信息化方面始终走在了全国的前列。早在1990年10月,原国务委员、国家科委主任宋健就提出杭州国家高新区要打造"天堂硅谷"的愿景和定位。从此以后,杭州始终坚持以打造"天堂硅谷"为目标,着力建设杭州高新技术产业开发区,在钱塘江南岸打造杭州高新软件园,以电子商务、软件、微电子、通信企业为代表的高新技术产业群迅速崛起。通过20世纪末以来杭州在城市信息化和智慧城市建设上的发展历程,我们可以清楚地洞悉杭州建设智慧城市、打造城市2.0版的优良"基因和血统"。

杭州智慧城市建设发展历程见表1。

表1 杭州智慧城市建设发展历程

时间	内容	来源
1999年8月	提出撤销江干区、拱墅区、西湖区、滨江区有线广播电视台,4个区有线网络统一并入市有线网,并成立杭州市有线广播电视网络中心。为杭州建设"网络城市"打下坚实的基础	杭州市委、市政府办公厅:《关于有线广播电视"一城一网"建设的实施意见》
2001年5月	杭州市委、市政府组建杭州网通信息港有限公司。用8个月时间建成了国内第一张有线宽带城域网,创造了全球有线宽带网络建设的速度之最,在全国省会城市中率先实现了宽带"全程全网"	《杭州日报》:《引领数字城市建设的先行军》
2003年5月	实现了从模拟电视向数字电视的转变,杭州成为我国首批实现"模转数"的城市和整体转换率先突破百万用户大关的城市,成为全国广播电视数字化发展示范城市	人民网:《杭州:走向数字城市》
2008年8月	无线宽带城域网完成市区各交通道路、背街小巷等网络的道路覆盖以及广场、景区等热点网络覆盖;移动电视网络和移动多媒体网络覆盖主要公共场所,已安装无线基站2900多个,是国内无线覆盖基站数量最多的网络	人民网:《杭州成为全国首个"无线数字城市"》
2011年10月	浙江省政府办公厅正式发布《关于开展智慧城市建设试点工作的通知》,将杭州列为全省智慧城市建设示范试点城市之一	浙江省人民政府办公厅:《关于开展智慧城市建设试点工作的通知》

续表

时间	内容	来源
2012年2月	杭州市第十一次党代会明确提出要加强"三城三区"建设，推进"三网融合"，深化"无线城市"建设，打造"智慧杭州"	杭州网：《深化无线城市，打造智慧杭州》
2012年4月	中国工程院确立"中国智慧城市"试点城市名单，包括北京、西安、杭州、武汉、宁波五大城市	国脉物联网：《我国五大智慧城市试点建设背景分析与趋势点评》
2012年4月	浙江省智慧城市建设试点工作启动大会召开，研究制定开展智慧城市建设试点，推出《2012年智慧城市建设试点工作方案》，杭州、宁波、嘉兴、绍兴、台州、丽水6个试点城市将进行智慧城市试点示范。杭州主要推进智慧城管、智慧安监的建设	浙江省人民政府办公厅：《2012年智慧城市建设试点工作方案》
2012年9月	2012年9月，市政府批复同意《"智慧杭州"建设总体规划（2012~2015）》，这是"智慧杭州"建设的规范性、指导性文件，明确了许多具体目标。明确提出了"构建智慧创新城市、打造东方品质之城、建设幸福和谐杭州"的智慧城市建设目标	杭州市政府：《"智慧杭州"建设总体规划（2012~2015）》
2012年10月	初期接入终端以手机、传感器、物联网等接入服务为主。首期开放接入点2000个，全面覆盖杭州主城区220平方公里。WiFi网络在公共区域的免费开放工作，是杭州在建设全国第一个"无线城市"基础上的第二次跨越	新华网：《杭州成为全国首个免费开放WiFi城市》
2014年3月	提出要要"以智慧城市建设为载体，大力推进杭州第四次产业革命"，要建设智慧城市3.0版，一手抓产业的智慧化，一手抓智慧的产业化，大力发展智慧城市经济，实现城市2.0版带动经济2.0版升级	杭州国际城市学研究中心：《以智慧城市经济为载体，推动杭州智慧城市建设》
2014年3月	杭州市政府与中国工程院在北京正式签订建设智能城市战略合作框架协议，共同推进建设全国一流、国际先进的"智能杭州"	新华网：《杭州与中国工程院携手打造"智能杭州"》
2014年3月	杭州引进的第一家世界500强企业——思科中国总部落户杭州暨思科参与智慧城市建设发布会隆重召开	《杭州日报》：《思科中国总部落户杭州》
2014年7月	杭州市委召开十一届七次全会，做出加快发展信息经济和智慧经济的总体部署，全力推进"一号工程"落地建设	《杭州日报》：《市委十一届七次全体（扩大）会议召开》

（一）杭州智慧城市建设和智慧经济发展的优势

1. 信息化和网络基础设施全国领先

高度发达的信息基础设施是杭州智慧城市建设的基石。杭州的信息化基础设施处于全国领先地位，城市全网综合通信能力在全国名列前茅。杭州的"天堂硅谷"称号名扬海内外，拥有大容量程控交换、光纤通信、数据通信、卫星通信、无线通信等多种技术手段的立体化现代通信网络，被列为"三网融合"首批试点城市。早在2012年，杭州就成为全国首个免费开放WiFi的城市。杭州现代化的广播电视、综合信息覆盖网络体系已经建成，发展水平居全国前列；第三代通信网络建设加快推进，国产自主创新技术TD-SCDMA得到广泛使用，3G网络实现全覆盖；传输网"光进铜退"工程逐步实施，提升了宽带传输与接入的速率和容量，满足了新业务发展的需求。以无线传感网、射频识别、信息技术应用等为基础的物联网技术应用快速推进，建成了一批智能电网、综合交通、安防监控、智能楼宇、工业控制等方面的智慧基础设施。特别是在电子商务、物流、安防监控等领域中，云计算"运营"和"运维"两大核心管理系统开发取得了重大进展。

2. 信息产业规模结构效益协调发展

进入21世纪以来，杭州信息产业快速发展，已拥有国家软件产业基地、集成电路设计产业化基地、电子信息产业基地、动画产业基地、数字娱乐业示范基地、云计算服务示范城市、服务外包基地示范城市、中国电子商务之都、中国快递示范城市等多个国家级荣誉称号，信息产业已成为杭州市重要的支柱产业。2013年，杭州市信息传输、计算机服务和软件业实现增加值599.80亿元，增长23.6%；电子商务产业实现增加值393.80亿元，增长55.7%；文化创意产业和信息软件业分别实现增加值1359.51亿元和678.72亿元，增长18.0%和23.5%，同比提高2.4个和5个百分点。信息产业发展质量也不断提高。电子信息制造高端化，高端芯片及面向数字电视、物联网、4G通信、云计算、信息安全、汽车电子、工业控制等领域的专用集成电路设计开发和应用水平大幅提升。涌现出的阿里巴巴、华数传媒、海康威视、网易、华为、华三、大华、银江、网新、中控等相关企业都处于业内领先地位。根据2014年8月科技部火炬中心公布的全国106家国家高新区综合排名，杭州国家高新区（滨江）继上期评价超越西安高新区而进入第一方阵之后，本次评价又超越上海张江科技园，列北京中关村、深圳、武汉、成都四个高新区之后居第五位，进一步稳固了在国家高新区第一方阵的位置。

3. 公共服务和管理信息化深入推进

"十一五"期间，杭州市市民卡、数字城管、96345服务信息化统一平台、权力阳光电子政务系统、政务信息资源共享和业务协同等一批应用项目相继在全国率先建成。基本建成人口基础数据库、法人单位基础数据库、空间地理基础数据库和社会经济统计指标基础数据库，形成了全市统一的电子政务综合交换平台。城市自然地理空间全面数字化，教育、科技、医疗、社会保障等方面的信息化应用水平，以及城市运行管理等功能的智能化程度不断提高。交通物流信息化深入推进，物流公共信息平台建设取得突破性进展。公交出行系统、售票系统、出租车管理系统等交通公共服务系统建设全面展开。教育信息化公共服务体系建设工程、数字校园示范工程等建设成果显著。文化信息资源共享工程建设稳步推进，文化市场数字化监管系统初步建成；城乡社区卫生服务信息系统基本建立，县级以上医院全部实现了信息化管理，远程会诊系统覆盖面不断扩大。

4. "两化融合"不断深化

杭州市作为国家"三网融合"和"云计算"首批试点城市，信息化与工业化融合不断深化，电子商务快速发展，城乡信息化应用水平不断提高，公共信息服务体系不断健全，信息化带动工业化成效显著。特别是以商务信息化为代表的电子商务产业居于全国领先地位,浙江省形成了千余家电子商务网站集群,中小企业上网比重、行业网站数量、B2B 和 C2C 综合交易平台交易额均居全国第一位,并涌现了一批知名电子商务企业。电子商务产业的不断发展直接带动了传统工业化生产、运营和营销模式的转型升级,直接推动了工业的信息化和信息的工业化发展水平。传统安防产业向数字化、网络化、智能化方向不断发展,培育形成了海康威视等一批生产物联网传感设备的龙头信息化企业。

5. 信息技术研发力量聚集

浙江大学、杭州电子科技大学、浙江工业大学等省部属高校集聚了浙江省重要的信息技术研发力量,拥有信息、通信、计算机、软件专业学科和人才资源优势。以大院名校共建载体战略引进的中国科学院微电子所杭州分支机构等已成为全省乃至全国信息行业的重要基地。浙江省计算所、中国电子科技集团公司第52研究所、中船重工第715所等一大批科研院所,中控集团、浙大网新等一大批创新型企业,阿里巴巴电子商务高新技术研发中心等一大批企业研发中心,有线数字电视网络技术重点实验室等 11 个省级以上重点实验室,在信息技术研发领域异军突起,实力雄厚。

6. 信息化发展制度环境良好

"十一五"和"十二五"期间,杭州努力优化适应信息产业发展、信息技术推广应用、信息资源开发利用的制度环境,先后制定出台了《杭州市信息化条例》《杭州市市民卡管理办法》《杭州市政府信息公开规定》《中共杭州市委、杭州市人民政府关于加快发展信息产业推进信息化与工业化融合的意见》《杭州市人民政府关于进一步推进信息服务业发展的若干意见》《"智慧杭州"建设总体规划(2012~2015)》等地方性法规、制度和政策,在信息产业扶持、电子商务发展、"两化"融合、政府投资信息化建设项目管理、电子政务建设及应用等方面制定了一系列切合实际、行之有效的政策措施。特别是 2014 年 7 月通过的《关于加快发展信息经济的若干意见》,明确提出到 2020 年率先成为特色鲜明、全国领先的信息经济强市和智慧经济创新城市。杭州城市信息化建设与"智慧杭州"建设相辅相成,为当前的"一号工程"打下了坚实的基础,支撑了城市品质的提升。

(二)杭州智慧城市建设和智慧经济发展的难点

智慧城市的提出绝不是噱头,更不是盲目跟风,而是时代发展的产物,是人们追求美好生活的产物。智慧城市建设的热潮在很大程度上源于政府的推动,智慧城市的营造正成为全球城市竞争的基础动力之一,是证明一个城市信息化水平的"名片",是保持城市竞争力的重要手段。智慧城市的建设在国外都是发端于小区和社区,而在我国从一开始就被置于整个城市层面。

1. 认识水平、体制机制和商业模式有待提升

由于缺乏顶层设计和统一规范,对现代信息网络技术、对智慧城市建设的认识

水平不足，各行业自行其是，注重部门利益，条块分割现象普遍存在，这使智慧城市的快速复制和规模推进受到了影响。在这种情况下，各地、各部门、各行业分别建设各自的信息化系统，形成了大量的"信息孤岛"，城市基础数据难以共享，无法发挥信息融合的综合效应。同时，适合智慧应用和智慧经济发展的商业模式缺乏，市场在智慧城市建设中的基础作用不明显。

2. 缺乏统筹规划，重复建设严重

智慧城市建设离不开政府强有力的领导。政府是智慧城市的倡导者、管理者和应用者，倡导智慧城市建设，把握智慧城市的发展方向。目前国内信息化全局工作缺乏有效的统筹规划，导致出现了大量低水平重复建设情况，造成资源的严重浪费。当前，杭州缺乏科学合理、行之有效的智慧城市建设顶层设计，缺乏统一协调的组织领导，整体推进速度较为迟缓，政策、资金支持也较为缺乏。我们发现，随着"一号工程"战略的明确，杭州市已经形成了强有力的智慧城市建设和智慧经济的领导力、聚合力，呈现良好的发展态势。

3. 地区、行业和企业间信息化应用不平衡

目前，杭州地区、行业、企业间的信息化发展程度总体上还不平衡。部分城市化水平较高的城区信息化发展水平较高，如上城区、西湖区等。而像余杭区、萧山区等则受体制机制、产业转型升级等因素限制，信息化水平还有较大提升空间。行业和企业信息化应用也不均衡，信息科技、高端装备等高新技术企业普遍采用了信息化的平台和工具进行生产、销售和运营管理，在不少传统行业和领域，信息技术应用的深度和广度有限，有些中小企业仅仅满足于办公自动化、财会电算化等基本应用。此外，农村信息化发展水平明显滞后，农业信息资源开发利用明显较弱。

4. 信息技术和信息产业发展后劲不足

信息技术创新能力有待进一步提升，国家级大型、骨干研发机构缺乏，世界级国家级信息龙头企业数量不多，政府扶持的公共研发平台发展不快，企业研发能力不强。信息产业发展所需人才总量不足，结构不合理，难以满足信息技术和信息产业的长期快速发展。由于缺少政府强有力的扶持和引导，民间资本对电子信息产业的投资，尤其是投资规模在10亿元及以上的重特大项目意愿不强。因此，近年来已鲜有电子信息行业重特大项目落户。但是令人欣慰的是，2014年春天以来，市委、市政府对杭州发展智慧经济已经达成共识，陆续招引了一些重大项目，如思科中国区总部项目、京东电商产业园、腾讯创业基地、百度百付宝支付业务平台等，这些重大项目的引入将会给杭州智慧经济发展注入强劲的动力。

5. 法规不完善和网络信息安全面临挑战

网络社会蕴藏着对现实社会管理的冲击和挑战。随着网络社会影响的日益扩大，信息安全、舆情冲突、网络袭击等风险压力日渐加大。必须切实提高网络时代的社会管理能力和水平。目前，对网络与信息安全管理尚缺乏较完善的法律法规和统一

的安全标准。"垃圾信息""邮件炸弹""电脑病毒""黑客攻击"等行为越来越威胁网络安全。例如，杭州优势的电子商务产业涉及大量的用户数据，如果网络安全保障工作不到位，那么损失是无法估量的；杭州具有全球领先的视频监控产业，杭州的视频监控产业提供了全国绝大部分市场份额的设备，数以亿计的视频探头时刻都在采集各个角落的数据，这些系统一旦被不法分子掌握，那么不仅安全得不到保障，更会处于一种危险的境地。

6. 缺乏统一科学的标准体系和合适的运营模式

目前国家层面很多部委在进行智慧城市的研究和试点工作，但是由于缺少一致的统筹，一直难以形成统一的城市信息化标准体系，并且会出现不同部门组织制定的信息化标准不协调的情况。同时，中国的智慧城市建设于 2000 年后开始提出并进入实际建设中，到目前为止依然缺乏科学、实用的城市信息化建设的总体框架和总体规划，也缺乏适合不同类型城市自身实际的建设与运营模式，如物联网覆盖、智慧家庭建设标准等问题还没有得到妥善的解决。对杭州来说，这是一个需要不断探索和协同创新整合的过程。

二 杭州智慧经济发展中智慧城市建设大运营模式构建

杭州市委十一届七次全体会议审议通过了《关于加快发展信息经济的若干意见》，提出要围绕"一基地四中心"战略定位和建设美丽中国先行区目标要求，以全面深化改革为动力，深入实施创新驱动发展战略，以智慧产业化和产业智慧化为重点，坚持"基础设施、应用服务、产业发展"三位一体，加快发展信息经济、智慧经济，着力提升经济增长质效、生态环境质量、群众生活品质和社会治理水平，全面推动生产美、生态美、生活美的"美丽杭州"建设，努力建成美丽中国先行区。基于 2014 年上半年围绕"杭州智慧城市建设战略研究"项目开展的一系列调查研究活动[2]，以及对杭州智慧城市建设和智慧经济发展现状的分析，笔者构建了杭州智慧城市建设和智慧经济发展战略模型（见图1）。

杭州智慧城市建设与智慧经济发展战略模型的总体思路是以"基础设施、应用服务、产业发展"三位一体为整体布局，以"党政机关、企事业单位、城乡居民家庭/中外游客"三位一体为用户需求，以"规划设计、解决方案、设备供应、基础建设、运营维护、管理咨询"整体系统输出为内容，通过杭州智慧城市建设，按照以用促建的原则打造智慧经济。我们认为，智慧经济发展和智慧城市建设是相辅相成、互相促进的。整个智慧城市建设产业链条的发展直接作用于杭州智慧城市建设。杭州智慧城市建设产业门类齐全，基本实现了全产业链覆盖，可以按照系统集成的理念对外输出整体智慧城市建设解决方案。

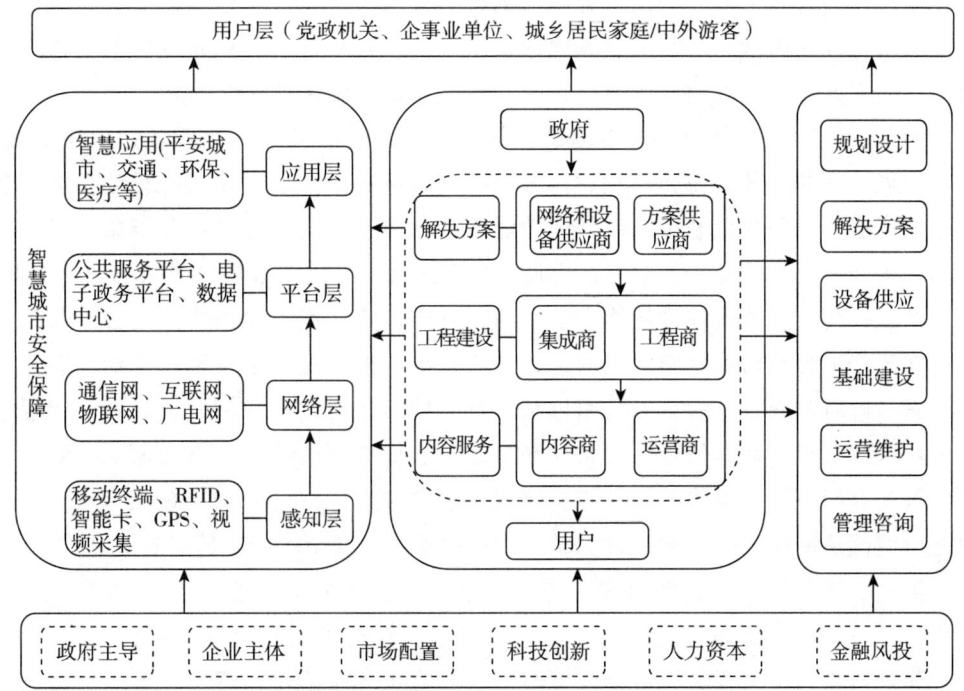

图1 杭州智慧城市建设与智慧经济发展战略模型

(一)杭州智慧城市建设总体架构

智慧城市建设的模式和架构有很多种。在顶层设计、总体规划、框架结构等方面不同的城市有不同的视角和解读。我们认为在底层的技术内核上,所有的智慧城市建设都离不开物联网、云计算、大数据等核心的技术体系,最终都是要通过信息化的手段,以物联网、云计算、大数据等技术工具体系实现城市的智慧化治理、人民的安居乐业和经济的转型升级。基于这样的底层技术体系,智慧城市建设架构目前一般都分成四个层次,分别是感知层、网络层、平台层和应用层。

感知层,即"端",它主要侧重于信息的感知和监测,通过全面覆盖的感知网络如各类光、电、声、热、湿度感应器、GPS终端、RFID设备、摄像头视频采集终端等实现对各类信息的透明、全面获取。网络层,即"管",它由覆盖整个城市范围的互联网、通信网、广电网和物联网融合构成,实现各类信息的广泛、安全传递。平台层,即"云",它由各类应用支撑公共平台和数据中心构成,利用云计算、数据仓库等技术实现信息的有效、科学处理,主要包括数据集成管理与数据信息服务两个方面。应用层,即"受众应用",它涵盖城市生活、城市管理各个领域的综合应用和融合应用。应用层是智慧城市建设和运营的核心,主要进行数据处理、信息集成、服务发现及服务呈现等,为智慧城市的发展运营提供最直接的服务。它会以不同的形式与我们的生活发生关系,甚至可以说应用层涵盖了我们的生活。

感知层、网络层、平台层和应用层四个层次的架构符合互联网和信息技术的搭建规律,作为智慧城市建设的基本架构,我们认为它是通用的,没有必要在底层技术体系统一的背景下再去争论智慧城市的核心架构。但是基于这样的架构体系，不同的城市可以在内涵和外延上有不同的顶层设计和规划部署。杭州的智慧城市建设总体架构在这四个层次的基础上，在内涵和外延方面都有了新的拓展。

第一，对四个层次的架构内涵做了新的补充。根据以"基础设施、应用服务、产业发展"三位一体为整体布局，感知层、网络层和平台层属于基础设施，应用层属于应用服务，而智慧城市建设整体产业链条则属于产业发展。产业链条既是三位一体中的产业发展，也是智慧经济发展的核心内容，它居于战略模型图中心的位置。

第二，将智慧城市建设网络安全保障提升到新的高度。城市智能运行与管理是建立在智能平台和信息基础之上的，并在此基础上形成融合市民数字生活、企业网络运营、政府整合服务的智能应用体系。智慧城市建设以物联网、云计算等大数据技术体系为支撑，数据信息巨大，并涉及政务、商业、生活等方方面面，一旦出现泄密等安全问题，后果将不堪设想。因此，智慧城市的信息安全问题尤为重要，这也是由我国从网络大国向网络强国转变过程中信息化安全引申出的应有之义。

第三，明确了以"党政机关、企事业单位、城乡居民家庭/中外游客"三位一体作为智慧城市建设和智慧经济发展的用户层。党政机关和企事业单位需求很大，特别是现阶段，中国智慧城市建设更多的是政府主导型建设，资金来源、最终用户甚至规划方案都是由政府主导的。但是我们不能忽视智慧城市最大的需求必定是城乡居民家庭这个事实。因为党政机关、企事业单位的需求最终都要转化到居民家庭的需求才能落地和实现赢利。这也是智慧城市建设商业模式的难点所在。"党政机关、企事业单位、城乡居民家庭/中外游客"这个三位一体的用户层解决好了，智慧城市建设的商业模式难题也就迎刃而解。特别是包含游客在内的城乡居民家庭将会产生大量的智慧家庭和智慧旅游应用服务需求，不仅会大大减轻智慧城市建设的资金投入，而且能催生无穷的智慧应用服务，形成良好的商业模式。

第四，提出了智慧城市建设和智慧经济发展融合的要素禀赋。主要包括政府主导、企业主体、市场配置以及科技创新、人力资本、金融风投。其中，政府主导、企业主体、市场配置作为基础性力量作用于杭州智慧城市建设和智慧经济发展；科技创新、人力资本、金融风投是重要的生产要素，它们在基础设施、应用服务和产业发展方面能起到"四两拨千斤"的催化作用。上述六者相结合能够为杭州智慧城市建设和智慧经济发展提供有力的支撑与保障。

(二) 杭州智慧城市建设产业链条

智慧城市建设的产业链条包含了智慧经济产业发展的全部内容。杭州智慧经济打造的关键在于智慧城市建设产业链条的发展与融合，而智慧城市建设产业链条发展与融合的关键在于行业协作、协同与创新，通过信息、技术、资源的交叉、渗透与重组，重构城市系统，并推动智慧产业集聚发展，形成智慧经济。杭州智慧城市建设产业链条一般包括以下环节。

第一，处于产业链上游的解决方案供应商和设备供应商。在智慧城市的建设过程中，上游主要是基础设施提供商、硬件提供商、软件提供商。解决方案供应商利用自身的经验优势能够提供完整的行业应用解决方案、提供政府行业咨询和规划、提供项目建设方案及技术支持。同时，他们往往拥有非常丰富的系统集成经验，能够提供本地定制和服务的团队。设备供应商一般包含设备设计者、设备生产者、设备安装者。大型的设备厂商一般能够提供全面的设备设计和生产服务，这些设备是构成智慧城市建设的最基本的物质基础，也是物联网建设的基础。目前大型的设备供应商一般具备大型和个性化解决方案供应的能力。系统集成的特征已经越来越明显。例如，杭州的华三通信、海康威视等企业均为全国领先的设备供应和系统解决方案供应商。

第二，处于产业链中游的信息服务提供者。主要包括各种信息科技公司和网络运营提供商。信息服务提供者具有软件与应用开发、信息集成及传输、大型计算和云计算等功能。网络运营提供商主要承担项目投资、承建、运维，进而转售或租赁给政府使用，提供基础通信、宽带网络运营等功能。运营及服务提供商作为产业链的纽带，是重要一环，为客户提供统一的终端设备鉴权、计费等服务，实现终端接入控制、终端管理、行业应用管理、业务运营管理、平台管理等服务。如果说方案供应商和设备供应商提供的产品构成了智慧城市的"骨骼"，那么信息服务提供商就构成了智慧城市的精神脉络。目前，中游的智慧城市系统集成商出现一种趋势，它们开始从智慧应用领域走向智慧城市顶层设计，从部分应用小集成走向智慧城市大集成，试图建立标准和抢占智慧城市运营权，从而成为运营平台，实现数据变现。例如，杭州的银江股份、浙大网新等企业就是典型的规模型信息服务提供者，它们都已经涉足智慧城市顶层设计的业务。

第三，处于产业链下游的内容和业务提供商。这些内容和业务提供商主要提供行业化、本地化的内容信息，以及提供定制化业务服务等功能。它们是直接面对用户的一个环节，是智慧城市价值的最终实现者，主要提供外部信息导入、数据传输、数据处理与分析、日常运营与系统升级等服务。不同应用的运营商往往仅在自身所在领域利用专业优势积极参与运营，但不同业务和不同区域之间少有连通，运营高度分散。同时，现在运营赢利模式模糊，数据的挖掘和变现能力差。杭州在文化创意经济的发展和"天堂硅谷"的打造过程中，培育引进了一批有竞争力的内容和业务服务商。例如，华数传媒和网易科技等均有着面向全国提供大型复杂数字交换内容和解决方案的能力。

智慧城市建设的产业链条不是静止和绝对的。产业融合的发展和智慧城市建设的需求使得越来越多的企业开始拓展其业务领域，特别是出现沿着产业链向两端延伸的趋势。这使得杭州的很多信息企业，特别是某一领域的龙头企业往往在产业链条上的各个环节都能找到位置。例如，海康威视是传统意义上视频监控领域的全球龙头企业，为智慧城市建设的感知层提供视频监控整套解决方案。伴随着智慧城市建设"红海"的扩大，它也在不断拓展其业务和技术领域，开始利用它的行业积累和技术能力涉足智慧城市整体解决方案。它根据市场的特征，敏锐地捕捉到智慧城市用户层中的最大需求必然是"城乡居民家庭"这一趋势，推出了智慧家庭解决方案子品牌"萤石"，在市场上"一石激起千层浪"，收到了意想不到的良好效果，迅速抢占了视频监控等物联网传感业务民用化市场的桥头堡和主阵地。像海康威视这样的龙头企业，我们认为它已经成为触及智慧城市全产业链的企业，具备了全产业链系统解决方案的供应能力。

（三）智慧城市建设与智慧经济发展融合

2011年12月，第三届智慧城市高峰建设论坛在北京举办，会议提出了"分享智慧城市建设经验，谋划智慧产业发展蓝图"的主题，正式提出智慧城市建设与智慧产业协同发展的宏伟目标。我们认为，智慧城市建设与智慧产业或者智慧经济融合过程是一个资源自由配置、交互、结合的过程，核心是通过IT创新技术、信息整合能力和管理模式创新，将传统城市资源与城市建设和新型智慧产业交叉、渗透或重组，从而开创一种适合新型城市管理需求和经济发展，进而促进城市转型升级的融合性创新服务模式。

在智慧城市与智慧经济融合发展过程中，需要坚持开放、合作与自主创新相结合的原则，突破海量数据处理、智能终端系统和智慧经济支撑平台等关键技术。政府职能部门要转变城市建设与产业发展观念，制定智慧城市发展规划，出台智慧经济扶持政策，形成二者相互融合、相互促进的发展局面。智慧城市与智慧经济融合会产生众多创新成果，并会接受来自市场与实践的检验，广大城乡居民和中外游客既是智慧经济发展融合的最终受益者，又是智慧城市建设成果的评判者。在智慧城市建设和智慧经济打造的基础导向上，我们认为特别要坚持推进网络、终端、内容、平台、产业的"五大融合"。

一是坚持变"网络分隔"为"网络融合"。要加快实现宽带通信网、数字电视网、下一代互联网的"三网融合"，以及有线与无线网络的"天地合一"。集合无线技术、射频技术、通信技术、IT技术和网络安全技术，打破行业壁垒，实现三网或多网合一，构建城市多维度、立体化、虚拟化的融合型传输网络系统，以实现无缝链接的网络融合。二是坚持变"终端分隔"为"终端融合"。要打破手机、电脑、电视、城市信息显示屏之间的界限，实现以手机为基础的手持信息终端、以电视机为基础的家庭信息终端、以城市电视为基础的城市公共信息终端的融合。包括遥感设备、视频探头、无线设备、射频采集工具和手机等，将感知、采集、传输有机结合，采用高集成度、模块化设计，综合运用有线无线感知、智能化处理、有线无线传输等技术，实现智慧城市终端充分融合，达到无所不在、全面、透彻的感知效果。三是坚持变"内容分隔"为"内容融合"。要打破部门之间的壁垒，实现通信类、互联网类、广播电视类及其他内容的共享。四是坚持变"平台分隔"为"平台融合"。采用云计算、海量数据存储、安全控制和信息呈现等技术，运用面向对象、面向服务、面向模块的系统架构方法，实现系统管理、身份认证、隐私保护、安全控制等强大的平台管理功能，以达到智慧城市统一、强大、安全、可控的系统平台融合要求。五是坚持变"产业分隔"为"产业融合"。要通过合并、整合等途径，推动电信和广电两大行业携手并进。在其他几项融合的基础上进行服务模式创新，实现政府管理、城市资源配置、文化创意产业、商贸服务业、金融、物流等一体化运营服务，并通过融合创新驱动，推动智慧产业快速发展。

三 促进杭州智慧经济与智慧城市建设融合发展的对策建议

基于以上的分析，结合杭州智慧城市建设与智慧经济融合发展路径，以及市场需求、自身条件、产业基础与资源优势，合理进行城市功能定位，在有效整合与创新的基础上，将新型城市化道路与智慧经济发展和谐、高效地结合起来，并基于系统集成的视角，我们提出杭州打造智慧经济促进转型升级的对策建议。

（一）系统梳理智慧经济产业门类

21世纪以来，杭州以"天堂硅谷"建设为重点，大力发展以信息产业与互联网经济为特色的高新技术产业，打造了"高新技术产业基地"和"电子商务中心"。在全市上下集中力量发展信息经济和智慧经济的大背景下，建议对以信息产业与互联网经济为主体内容的智慧经济产业门类进行系统的梳理。既要从硬件设备制造、软件和信息服务、系统集成、运营服务的产业链角度进行分类，又要按照智慧城市建设感知层、网络层、平台层、应用层、用户层的系统框架角度进行分类。同时要有针对性地制定发展政策和招引政策。对于处于全国领先地位的产业门类继续加强政策支持，鼓励其打造世界级的产业高地；对于较为薄弱甚至缺乏的产业门类，加强扶持和招引力度。力争在现有智慧经济产业门类的基础上，实现"强者恒强、弱者变强、无中生有"的智慧经济产业全覆盖格局。

（二）推动搭建智慧经济发展平台

加快推进以智慧城市经济为载体的智慧城市建设，打造全国智慧城市规划、设计、技术、设备、服务、管理、营运的系统供应商，使杭州成为基础设施最先进、技术水平最高、城市数据最开放、信息服务创新能力最强、智慧城市应用最普及、智慧产业最集聚的城市，为其他城市的智慧城市建设提供整体解决方案，从而形成中国智慧城市建设的杭州模式，特别是智慧城市运营的商业模式，为最终在中国实现智慧城市可持续发展奠定最坚实的基础。建议由市委、市政府组建专门企业，推动建立智慧城市建设系统集成平台，主要承担杭州智慧城市建设的投资、融资、建设、运营和智慧城市基础设施国有资产管理以及对外系统输出杭州整体智慧城市解决方案等职能。

（三）编制系统供应整体解决方案

按照智慧城市建设网络层、感知层、平台层、应用层、用户层的系统框架，并根据不同城市规模进行相应的顶层设计，分别编制通用版本《智慧城市建设系统供应整体解决方案》，应用于不同规模城市的整体智慧城市建设。为具体城市做具体智慧城市建设顶层设计时可以结合该城市的人口规模、空间布局、财政实力等实际情况做调整。同时，通用方案既要有智慧城市顶层的设计，又要凸显杭州智慧产业的要素以及杭州智慧城市建设的特点。相应层次和产业链条的位置可以有针对性地展示列举杭州的相关企业。通过这样的整体解决方案，不仅有利于对外宣传和业务拓展，体现杭州智慧产业系统输出的说服力和可行性，而且可以使杭州对自身智慧产业发展和智慧经济打造有更加全面而清晰的认识。

（四）加强智慧产业技术协同创新

围绕智慧城市建设的发展需求，鼓励创新主体开展关键技术的研发，强化物联网和云计算等重点技术领域自主研发，重点突破传感器、海量数据存储与处理、智能信息处理、超大规模并行计算、透明计算、海量数据智能搜索与分析、音视频智能识别与分析等关键技术。支持高校、科研院所、企业在杭州设立智能设备研发和检测机构，鼓励它们开展联合技术攻关，吸纳国外智慧产业领域的机构共同合作，实现技术溢出效应。通过重大成果项目带动和市场化利益共享机制建立技术创新联盟，实现企业之间的创新优势互补，力争掌握共性技术。

（五）加快推行一区多园发展模式

吸收借鉴杭州发展文化创意产业的模式，特别是十大文化创意产业园区发展的经验，解决智慧城市经济产业园区的用地问题，使园区成为杭州发展智慧城市经济的"孵化器"和主战场。在杭州智慧城市建设先行区试点方面，建议形成杭州城区层面"1+3"的试点模式，即滨江区和上城区、拱墅区、江干区。其中，高新区（滨江）作为智慧城市的新城区试点和重中之重，结合创建"新一代网络技术与产业国家自主创新示范区"，突出智慧城市经济的产业特色。上城区作为智慧城市建设的老城区试点，依托思科公司中国总部，开展智慧城市应用服务进党政机关、企事业单位和居民家庭的全面试点；拱墅区作为物联网进楼宇的试点，依托中国（杭州）智慧产业园和物联网产业园，开展智慧楼宇、智慧园区建设试点；江干区作为智慧楼宇、智慧社区、智慧家庭的应用服务试点，江干区丁兰街道作为智慧城市建设的试点街道，推动智慧城市建设的全方位探索。

（六）建设市、区两级创业孵化器

在杭州智慧城市孵化器建设上，要进一步扩大创业孵化基地规模，加快创业孵化基地建设步伐，引导社会力量投资举办创业孵化基地，鼓励广大创业者自主创业，集聚创新创业人才，将杭州打造成创业活力竞相迸发的创新创业之城。要加强杭州高新技术开发区的智慧经济孵化器建设。充分利用滨江区在全国名列前茅的比较优势、竞争优势和产业优势，打造孵化规模大、孵化效率高的市一级孵化基地。抓紧建设区、县（市）级孵化器。各区、县（市）要结合杭州大力发展信息经济和智慧经济的契机，利用本地优势打造各具特色的信息经济专业化创业孵化基地，为各类创业人才提供发展平台。充分利用现有闲置腾空房产或商务楼宇等资源，建设一批孵化条件好、承载力强，以及融创业、指导、服务为一体，涵盖各类创业群体的创业载体。此外，还要继续坚持大力鼓励企业创办孵化器。

（七）发展风险投资和交易平台

近年来，我国风险投资得到了较快的发展，但是与发达国家相比还有很大差距。风险投资大大加速了企业的成长和科技成果的转化，培育出了一批像IBM、英特尔、微软、思科这样的世界级高科技企业。随着资金退出和套现渠道的不断拓宽，拥有强大实力的社会资本真正成为高新科技成果转化、科技企业发展的动力源泉，诸如信息科技这样的高新技术必然成为风险投资追逐的对象。可以说，风险投资是智慧经济发展的助推器和催化剂。杭州要更好地发展信息经济和智慧经济，促进城市转型，就必须重视和鼓励发展技术风投和交易平台，出台有利于风险投资发展的政策措施。同时要加强风险投资人才的培养和引进，建立健全风险投资中介服务体系。

注　释

[1] 在20世纪20年代，苏联经济学家及统计学家尼古拉·康德拉季耶夫（1892～1941年）用大量经验统计数据检验了长周期的设想，从而使之成为一种比较系统的周期理论。该理论主要论证了在资本主义经济生活中存在着45～60年的长期波动。这种长期波动被人们称为康德拉季耶夫长周期。

[2] 2014年上半年，杭州国际城市学研究中心以王国平主任为组长的杭州智慧城市建设课题组开展了"杭州智慧城市建设战略研究"项目，课题组广泛收集梳理了中国工程院和国内相关城市关于智慧城市建设的资料，先后深入高新区（滨江）、上城、江干、拱墅等代表性城区座谈，走访杭州滨江物联网产业园、东部软件园、北部软件园等相关园区，以及阿里巴巴、华三通信、海康威视、大华股份等重点企业和宁波市智慧城市规划标准发展研究院、浙江省杭电智慧城市研究中心等研究单位，并与中国电子科技集团等进行交流。课题组多次召开会议研讨交流，特别是于3月5日和3月19日分别召开了两次课题座谈会，中国工程院常务副院长潘云鹤等近百位专家学者、部门领导、企业负责人围绕杭州智慧城市建设进行了交流研讨，撰写形成了"以智慧城市经济为载体，推动杭州智慧城市建设"的课题研究报告，得到了浙江省委、省政府和杭州市委、市政府主要领导的重要批示。笔者作为课题组成员全程参与了"杭州智慧城市建设战略研究"项目。

参考文献

王国平：《城市怎么办》，人民出版社，2009。

王国平：《以智慧城市经济为载体，推动杭州智慧城市建设》，研究报告，2014年3月。

许庆瑞、吴志岩、陈力田：《智慧城市的愿景与架构》，《管理工程学报》2012年第4期。

吴标兵、林承亮、许为民：《智慧城市发展模式：一个综合逻辑架构》，《科技进步与对策》2013年第5期。

邬贺铨：《智慧城市、数字城市与智能城市》，《创新视点》2011年第5期。

毛光烈：《加快建设智慧城市，全面提升社会经济发展水平》，《宁波经济》2010年第1期。

（责任编辑　方晨光）

电子商务背景下传统商业特色街区转型升级探究

——以杭州武林路为例

◎ 应联行　王　珏

提　要：随着互联网时代的到来与互联网思维的日渐普及，电子商务使许多人的消费习惯有了突破性的转变，从而使传统商业模式受到极大的冲击，发展空间受到挑战。本文通过对武林路商业特色街区现阶段面临的问题、转型升级的目标效应分析，探讨了武林路商业特色街区转型升级的工作思路、可行路径与操作策略。

关键词：特色商业街区　电子商务　转型升级　武林路

作者应联行，杭州市城市规划编制中心教授级高级工程师、副总工程师；王珏，杭州市城市规划设计研究院工程师（邮政编码　310012）。

近年来，随着信息技术的不断进步和互联网思维的不断深入，电子商务异军突起。由于网上购物从订货、购买到货物上门无须亲临现场，不受实体店的营业时间限制，具有选择性更大、更省钱以及省时、省力等传统实体店铺所不可比拟的优势，因此电子商务在各地各行业迅猛崛起。据统计，2012年我国网络零售市场交易规模达13205亿元，网购用户规模达2.47亿人，使用网上支付的用户规模达2.3亿人。在2013年"双十一"网购狂欢节，天猫网更是创下了单日销售超350亿元的纪录。杭州作为"中国电子商务之都"，拥有全球最大的C2C电子商务服务平台——淘宝，拥有全国最大的B2C网站——天猫，拥有全国最大的民营网络支付平台——支付宝，集聚了全国1/3以上的综合性电子商务网站和专业网站，有B2B行业电子商务网站1200余家、网店20多万家，全国电子商务的成交额有2/3是在杭州完成的。统计数据显示，2012年杭州市电子商务平台成交额突破1.2万亿元，高于广州市（1.0万亿元）、上海市（0.7万亿元）、深圳市（0.6万亿元）和北京市（0.55万亿元），位列全国第一；杭州本地网购市场交易额达到了953亿元，也在全国处于领先位置。据统计，2013年杭州市实现网络零售额1524.12亿元，杭州市居民网络消费额与社会消费品零售总额的比重也已经达到了18.9%。这就意味着，杭州人每花出去100元钱，就有近19元是通过网络消费完成的，杭州已成为名副其实的全国电子商务的先行区。

笔者认为，电子商务的崛起，对于个人来说是生活质量的提升，而对于一个城市来说则是产业转型升级的"倒逼元素"。锐不可当的电子商务带来了全新的经济社会转型升级机遇和无限的产业发展空间，探索电子商务背景下传统商业特色街区如何转型升级，已成为杭州城市规划决策和建设部门亟待研究的新课题与新视角。本文以武林路商业特色街区的现状及未来转型升级的思路为样本，进行研究与探讨。

一 武林路商业特色街区的现状与面临的问题

（一）武林路商业特色街区的现状

武林路商业特色街区南起庆春路口，北至体育场路口，全长1650米，它是武林商圈与湖滨商圈联系的纽带，也是城市与杭州西湖风景名胜区沟通的门户。因为形成时间较早、地理位置优越而得到本地市民和外地游客的普遍认可，经过十多年的发展，武林路业已成为杭州商业特色街区的一张"名片"，也是迄今杭州城区最具影响力的特色街区之一，被誉为"中国时尚女装第一街""中国特色商业街"。

在过去几年里，武林路的发展势头迅猛，街区汇集上千家品牌女装和个性女装门店，"女性产业"在街区内占有85%以上的比重，女性产品经营形成了系列化、多元化的业态发展格局。据统计，在平均每天10多万人次的人流中，女性占70%以上，其中年轻女性的比例占90%左右，凸显了街区以年轻、时尚、前卫女性为主的顾客群体特征。

目前，武林路的业态尽管已从单一的女装街向女性产品经营系列化、多元化的业态发展，但服装、鞋、箱包类仍占84%，而餐饮娱乐类仅占3%。近年来电子商务的快速崛起，受冲击最大的是服装行业。有数据显示，在全国600万家左右的淘宝卖家中，约有65%在做服装。如今打开淘宝女装，我们就能看到许多知名杭派女装品牌展示，杭州品牌女装纷纷从租金昂贵的实体店离场，把营销的重心移到了无门店成本的电子商务上。曾是杭派女装争相进驻的武林路，马路两边时常可见"转让"的字样，也能见到许多"空巢"的商铺。随着商铺空置率的提高，武林路商铺的租金也从2012年的35元/（天·平方米）跌至现在的25元/（天·平方米）。

(二) 武林路商业特色街区面临的主要问题

武林路商业特色街区经历了由自发向自觉、由粗放式管理向精细化引导提升的历程，虽然具有一定的先发优势，但是随着杭州城市整体的发展、周边商圈的升级、城市大型商业综合体的兴起，尤其是面临电商的夹击，武林路正在日益失去其往日的影响力而出现一系列问题与"不适"。

从公共空间来看。武林路现状公共空间主要以街道空间为主，各项活动还停留在街道及一层临街店铺上，30平方米左右的精品个性店构成了武林路沿街业态的主流。大量的内向封闭建筑，阻隔了开放空间的连续度和街区的开发性，因此临街商业空间往往各自独立发展，没有形成连续、有机的商业氛围。此外，尽管武林路紧临西湖，但与西湖旅游的联系存在联络空间不清晰、入口不明确等问题，使游客无法从西湖边获得武林路的吸引，无法形成城市旅游的纵深连续线路。

从街区功能来看。武林路商业结构特色比较鲜明，目前尽管已从单一的女装街向女性产品经营系列化，进而再向商业、旅游、文化等多元化业态转型升级之中，但是武林路特定的区位限制，使其依然是一些女性品牌服装代理商所青睐的开实体门店首选地，但其功能已经从原先的"赚钱店堂"转为"形象展示"和"线下体验"。从业态来看，武林路的商业比重较大，"女人产业"在街区内还占有相当的比重，显得过于单一。

从交通组织来看。武林路作为次干路承担着较为重要的交通功能，而街区内支路和小巷作为城市的毛细血管也是街区机动车交通的重要组成部分。但是，区域内公共停车设施不足，路边停车侵占道路空间和公共空间现象较为严重。过多的机动车引入进一步增加街区机动车和步行活动之间的冲突，影响了公共空间的品质。

从电商服务配套来看。近年来电商快速崛起，尤其是移动商务市场加速形成并成倍增长。2010年登录过手机淘宝的用户仅有1000万人，2012年无线淘宝的累计访问用户突破3亿人，两年时间手机淘宝用户量增长了29倍，平均每天有928万人在手机淘宝搜索商品。可以预见，移动商务的发展将成为带动电子商务高速发展的引擎和快速成长点，但与之配套的"智能武林路"的建设刚刚开始起步，各类为电商服务的配套工程尚需进一步加强。

二 武林路商业特色街区转型升级的目标效应分析

一方面，互联网时代的到来使得传统商业模式受到极大的冲击，发展空间受到挑战，亟须寻找新的商业模式与经营思维；另一方面，随着生活水平的提高和闲暇时间的增加，人们对旅游期望值也随之提高，以西湖为核心的传统旅游及单一的观光型旅游已逐渐满足不了人们的需要。武林路紧临西湖风景名胜区，把武林路特色街区的转型升级与杭州城市旅游资源的深度开发结合起来，不失为一个"两全其美"的思路。其实，特色街区的有机改造及转型升级作为杭州城市旅游资源开发的一种创新思路与工作探索,也是杭州城市旅游深化发展的重要载体。可以相信,武林路的转型升级将从一个新的视角、新的形象成为杭州城市旅游未来的新亮点。综观各类实例,特色街区在城市旅游中的效应主要体现在以下三个方面。

(一) 品牌效应

特色街区是城市的标志和象征,它浓缩了城市历史,彰显了城市特色,展示了城市物产,集中体现了城市生活品质。因此,特色街区的打造不但凸显了城市的形象,充实了城市文化的内容,也丰富了城市旅游的内涵。从功能上讲,特色街区是城市文化、商业与旅游的黄金结合点,是满足市民与游客消费需求的重要场所,同时也是塑造城市特色、提升城市品位和竞争力的重要平台,如北京的王府井、上海的南京路就是各自城市的形象窗口和特色景点。

(二) 链动效应

特色街区作为游客和市民共享的城市公共空间,随着其形成和知名度的提升,首先对商业布局起到了聚集作用。它引导商家发展特色经营,以商家的品牌带动特色街的知名度,进而以特色街的知名度吸引人气,并促进街区内商业服务业渐趋繁荣。特色街区具有综合性商业、休闲、娱乐等多种功能,最大限度地满足了消费者(旅游者)的多元化需求,它也将带动周边地区诸多产业的繁荣,形成特色街区与周边区域的互动消费链。

(三) 传播效应

北京的王府井、上海的南京路等之所以有名,除了因为它们的特色与繁华,在很大程度上也得益于其传播效应,使人们一想到"王府井"就会想到北京,一提到"南京路"就会想起上海。商业特色街如何吸引各方游客,并让游客乐而忘返,除了要在创新内涵、调整业态、形成特色上下功夫外,还要在传播知名度与美誉度上做文章,以增强特色街的影响力与吸引力,真正发挥特色商业街的多重作用,从而带动城市旅游等产业链的进一步延伸发展。

三 武林路商业特色街区转型升级的思路与策略

综合分析现阶段面临问题和转型升级的目标,武林路特色街区转型升级的核心任务是:以公共空间为主要切入点,以街区的空间资源整合为重点,以空间消费为指引,营造良好的公共空间环境,在吸引游客的同时为城市增添富有创意和活力的崭新空间,以满足多样性的城市活动在使用时间和使用对象上不断变化的需求。

以武林路南段(凤起路以南段)为例,提出武林路商业特色街区转型升级的思路与策略,一方面对目前发生变化的外部条件进行积极响应,在街区规划中进行相应的整改落实;另一方面对商业特色街区的规划愿景进行分解,转化为分期分步实施的渐进式有机更新,为武林路下一步的发展提升提供空间资源的支撑和分步实施的引导,从而推动街区整体品质和活力的提升,使其成为未来杭州城市旅游的新亮点。

(一) 区域融合与产业提升策略

时下，武林路在区域层面需要着重解决好纵向和横向的沟通与融合。在纵向上，由于武林路是武林商圈和湖滨商圈两大商圈重要的联系纽带，从功能定位上看武林商圈更偏重商业商务功能，而湖滨商圈则更偏重商业休闲功能，因此武林路也是城市商务商业中心向休闲商业中心过渡的重要节点；在横向上，武林路处于西湖风景名胜区与延安路繁华商业大街之间，这里每天集聚了大量的外地游客和本地市民，是城市旅游的最佳区域。因此，通过重点引导武林路两侧区域东西向道路及街巷的公共空间品质和可识别性，搭建西湖风景名胜区与延安路繁华商业大街之间的桥梁，进而带动武林路的人气有效提升。

未来武林路应当以"时尚、休闲"为特色，进行多元化的产业体系营建，成为时尚消费中心、城市旅游纽带、创意文化基地、魅力休闲街区。以女装设计、展示、零售、交易为主导，拓展女人消费和服务相关行业，增强特色餐饮和休闲娱乐产业，引入文化创意、设计展示、商务休闲、教育培训等产业，淘汰低端批发零售业以及娱乐产业。针对武林路商业特色街区的定位及武林路周边区域的功能，对其产业空间提出优化思路：向西通过横向城市主次干路庆春路、凤起路和城市支路教场路、龙游路、电政街与西湖景区对接。因此，除现有沿庆春路、凤起路的宾馆酒店业以外，上述支路两侧可发展旅游休闲功能，并依托历史街区打造临安里休闲商业街区，以吸引更多的旅游者。向东通过横向城市主次干路庆春路、凤起路，以及城市支路孩儿巷、横长寿街和未来大型商业综合体嘉里中心的公共空间对接延安路两侧的复合型商业，将作为延安路沿街商业的组成部分，更多地强调街道商业活动空间的营造，有效沟通西湖至延安路的商业联系。

(二) 公共空间的挖掘与提升策略

武林路街区的公共空间是杭州商业中心区内时尚消费、休闲活动的重要载体，也是杭州城市旅游的重要体验场所。针对武林路街区公共空间以街道空间为主、建筑外部的大量空间没有得到挖掘和发挥作用以及武林路与西湖景区旅游的联系存在联络空间不清晰、入口不明确等实际问题，围绕武林路未来以时尚消费、城市旅游、休闲游憩、历史文化、综合生活为主要职能的定位特点，通过从寻找空间、挖掘空间、利用空间等方面入手，对可挖掘的公共空间进行重点整理，并对不同类型的公共空间，如街巷空间的打通、边角空间的再利用、内部空间的公共化和道路空间的再分配等措施，为街区的消费、休闲活动提供尽可能多的公共空间载体，并通过重点引导横向街巷的公共空间品质和可识别性，使西湖风景旅游与武林路城市旅游融为一体。

1. 强化面向西湖的入口设计

武林路通过东西向道路与西湖风景名胜区相接，因此入口形象需要进一步提升和彰显。笔者建议，应考虑将教场路、龙游路和电政街以及沿环城西路部分界面统一进行设计和利用，形成连续的入口吸引界面，尽可能多地增加开放空间，并通过设置广告、标识及地面铺装、街道家具等进行强化的方式，吸引西湖景区的游客进入武林路。目前教场路两侧业态以办公、酒店、文化为主，商业较少，不会引入过多活动人流，因此比较适合私密环境的打造。可以结合西部保留建筑所形成的文化休闲广场和临安里历史保护建筑群，沿教场路两侧进行绿化活动空间的整治，增加临街公共活动空间，打造休闲的空间，营造和谐的氛围，并通过半私密空间和街道家具的设置，形成武林路街区一个商务休闲的新节点。

2. 打通街区内部空间

打通南北向建德路，使望湖宾馆内街、临安里地块商业与龙游路商业街连通，打通东西向嘉里至武林路再至建德路的东西小巷，增加东西向联系，使武林路商业街向商业特色街区发展；打通电政街与龙游路之间的南北巷空间，增加两条街道的联系，增加龙游路的"厚度"；结合望湖改造和教场路断面设计，北侧绿地内增加室外（半室外）休闲设施，改善教场路街道空间尺度并增加吸引人气的内容。同时对重点的节点，如龙游路面向西湖的入口、龙游路与武林路交汇处的开敞空间、武林路南部的广场等进行重点设计。通过寻找空间、挖掘空间、利用空间来为街区内部的休闲、消费活动提供尽可能多的公共空间。随着公共空间系统的形成，未来将为时尚消费和城市旅游提供足够的空间支撑。

（三）交通引导与优化策略

武林路作为城市次干路承担着较为重要的交通功能，但目前武林路及周边区域浓厚的商业氛围使人流、车流均相当密集，而路边停车侵占道路空间和公共空间现象较为严重。为避免因过多的机动车流入而增加街区机动车和步行活动之间的冲突，进而影响公共空间品质，需要对机动车交通和慢行交通提出优化策略。

1. 交通控制

按照只允许公交车和片区内的办公及部分居住车流进入武林路的思路，通过外围道路构建过境交通保护环，减少穿行交通对街区的影响，并通过片区外围的停车空间引导外部车流在片区外围停留，以此来减少外来车流通过或进入街区的数量，减少机动车交通对步行的干扰，以便于公共活动氛围的形成。

2. 交通空间分配

根据不同的交通需求，从合理安排交通空间的角度出发，应对道路空间根据其所需的交通功能进行空间的精细化分配，通过设置机动车和步行专用道，并对"机非混行"的主要交通道路进行机动车空间和步行空间的划分和隔离，对"机非混行"的次要交通道路进行曲线化设计，通过断面的变化降低机动车车速，增加临街公共活动空间。

3. 停车空间安排

根据测算，本区域规划配建停车位与现有建设能够提供的停车位之间尚有600个停车位的缺口，规划将以仅满足本区域居民、宾馆、办公等配置的停车为主，依托发达的公交条件，并通过利用外围大型综合体的停车设施、错时停车、限制公共空间地面停车等手段，以减少外来机动车进入本区域，避免因区域内停车位增加而吸引更多车辆进入，进而导致诱增交通量的情况出现。

4. 慢行交通组织

以街区为整体，打造步行优先区域，将片区内部分街道设置为全天候或时段性步行街，并通过步行商业街和步行优先道进行沟通和联系，完善区内道路两侧步行体系，降低其他因素对人行空间的隔断。鼓励沿街商业设施将街道网络和慢行系统有机联系起来，为慢行系统增添乐趣，最终成为吸引行人的目的地，成为街道空间的辅助空间。从远期来看，随着地铁站点和嘉里中心的建设完成，逐步构建地面、地上、地下分层的慢行系统。

（四）公共空间更新与优化时序

根据整体发展条件与契机，可以将片区公共空间的更新分为两个阶段。

近期（2014~2015年）。以鞋城的改造、电政街和锦绣天地休闲风情街的整治以及地铁1号线的通车为契机，进行"龙游路-电政街"步行商业街区的更新，并带动武林路北段和孩儿巷的整治，打通片区北段的"城-湖"大通道。以嘉里中心的建成和开业、望湖宾馆及临安里的整治为契机，整治嘉里中心周边区块，对教场路-临安里进行街区更新和改造，并构建武林路中段的空间联系网络，实现片区东西向的空间联系，进一步呈现时尚特色街区的活力和氛围。

远期（2015年以后）。随着地铁2号线的投入运营，重点整治2号线凤起路站附近的街道景观和建筑风貌，对武林路北段沿凤起路片区以及凤起路沿线进行新一轮的改造升级，建设地铁上盖物业，以适应轨道交通的人流特征，提升商业活力。与此同时，借助片区的发展推动片区南北的均衡发展。

参考文献

赵航：《基于消费需求特性的城市商业街功能规划——以湖南路商业街为例》，《现代城市研究》2005年第11期。

周志平：《杭州特色街区的发展对策研究》，《中共杭州市委党校学报》2006年第6期。

侯国林、黄震方、赵志霞：《城市商业游憩区的形成及其空间结构分析》，《人文地理》2002年第5期。

顾倩：《受电商冲击，杭州服装商铺租金下降》，《杭州日报》2013年11月13日。

涂玥：《杭州开启"电商换市"新篇章》，《杭州日报》2013年12月13日。

（责任编辑　方晨光）

互联网视域下杭州普惠金融发展路径探讨[*]

◎ 吴金旺

提　要：普惠金融的目标对象，是几千万家小微企业主、几亿名农户和城市普通工薪阶层。发展普惠金融，具有丰富的市场需求和广泛的群众基础。普惠金融发展面临的难点，主要在于信息不对称、交易成本过高和回报率较低。如何发展普惠金融，至今仍是一个世界性难题。以普惠为核心的互联网，突破我国长期的"金融压抑"现象，成为普惠金融发展的重要载体，推动商业可持续性普惠金融稳步发展。互联网发达的杭州，具有发展普惠金融的独特优势。本文在探析互联网对普惠金融具体影响的基础上，分析了杭州普惠金融发展的现状，提出了杭州普惠金融发展的可行路径。

关键词：普惠金融　互联网　发展路径　杭州

作者吴金旺，浙江金融职业学院副教授（邮政编码　310018）。

普惠金融是使社会各阶层特别是普通民众能充分受益的金融模式。我国历来高度重视经济社会发展薄弱环节金融服务的可获得性。《中共中央关于全面深化改革若干重大问题的决定》（2013年）第一次将"发展普惠金融"写入党的纲领性文件，并迅速成为2014年度的主题。发展普惠金融，让普通民众充分共享金融发展带来的好处，具有丰富的市场需求和广泛的群众基础，契合和谐社会、包容性增长对金融的基本要求。

---

* 本文为2014年度杭州市哲学社会科学规划重点课题（A14YJ05）。

普惠金融的目标对象是几千万家小微企业主、几亿名农户和城市普通工薪阶层。普惠金融不是政策性金融，是指在金融机构成本可负担的前提下，通过不断的竞争和创新，保证金融服务排斥对象逐步获得其需求的相关服务。我国在改革开放之前，就有了农村信用社等形式的普惠金融初级萌芽。自20世纪90年代以来，互联网技术在感知性、移动性、普适性、数据累积性等方面的快速发展和移动金融领域应用的不断深入，互联网时代的金融新业态——互联网金融正式诞生。

随着传统金融机构不断涉足互联网和互联网企业纷纷介入金融业，我国的金融体系进入全民互联网金融时代。"普惠"是互联网金融的核心之一，通过互联网平台，更多的用户享受到支付、借贷以及财富管理的便捷。互联网金融不仅对传统金融体系带来了"鲇鱼效应"，推动了传统金融机构的改革创新，更为普惠金融体系建设提供了新的发展机遇，成为普惠金融在互联网以及移动互联网环境下进一步发展的范式。杭州作为长三角南翼金融中心，金融机构种类齐全，金融生态环境良好。借助阿里巴巴等互联网企业金融创新，形成杭州构建普惠金融体系的独特优势，在服务对象的包容性、服务产品的全面性、服务方式的便捷性以及商业的可持续性等方面，取得一定进展和有益经验。同时，杭州金融机构开展普惠金融的时间尚短，金融服务覆盖面不广，渗透率不高，产品创新能力亟须提高，普惠金融的商业可持续性需要重点关注。本文旨在探索互联网时代杭州普惠金融发展的可行路径，并建立必要的保障措施。

一 互联网对普惠金融的影响

普惠金融业务的半径较大，但回报率较低，成本较高，风险较大，缺乏有效的载体。如何发展可持续性普惠金融，至今仍是一个世界性难题。而我国个人与企业信用基础信息数据库还不完善，发展普惠金融缺乏坚实的基础。中国互联网信息中心发布的第34次调查报告显示，截至2014年6月，我国网民规模达6.32亿人，互联网普及率为46.9%。我国互联网网民超过世界上任何一个国家，稳居世界第一。互联网应用的大众化和金融服务的普惠功能提升，已经呈现深度融合、相互促进的大趋势。发展普惠金融，离不开覆盖城乡的金融服务网络。互联网能突破时空局限，于任何时间、任何地点更灵活地服务更广大的消费者。大数据信息集散处理将大大提升金融服务的风险控制能力，使得金融服务在商业上具有可持续性，以符合普惠金融发展潮流。

（一）创新信贷技术，降低信息不对称程度

普惠金融发展面临的难点，主要在于信息不对称和交易成本过高。因为社会的弱势群体，如农户和小微企业等，普遍在央行征信系统缺乏信用记录，没有有效的抵质押品来缓释风险，传统的信贷技术对其根本不适用。由于信贷相关信息严重不足，金融机构难以运用有效的信息甄别机制来解决信息不对称问题。于是便会征收较高的利率，进而导致逆向选择，使普惠金融风险堆积，最终社会弱势群体的金融排斥问题仍得不到有效解决。普惠金融服务对象的信息，大多是非标准化信息，只有互联网才能将这些大量的、杂乱无章的信息迅速地加以搜集、处理和运用。"大数据、云计算"是互联网企业的优势。其通过技术手段对客户历史交易数据进行全面分析，识别客户的有效需求和交易行为习惯，评估客户的资信状况，有助于改善传统金融信息不对称的问题，提升风险控制能力，推出个性化金融产品。例如，阿里金融小微信贷技术，依靠电子商务平台上所掌握的贷款客户过去的商品交易记录、产品市场销售能力、还款情况以及行为习惯等，进行信用风险的识别和计量，可解决传统银行难以解决的小微企业、弱势群体的信用评估问题，充分发掘数据的商业价值。

(二) 降低交易成本，体现开放性

借助互联网，无须设立实体网点，普惠金融交易过程可以在网络上完成，降低了运营实体网点的人力成本和业务运行成本，创造了成本低廉的投融资模式，提供金融服务的主体也获得了更大的服务定价空间。互联网企业参与金融业务的目的，除了获得暂时性的金融业务收入，还可以获得更多的用户、账户和数据，为其今后的业务创新和拓展延伸领域赢得更多的机会。基于长远打算，互联网金融服务的主体会主动让利给投资者和融资者，使投资者获得更高的收益；融资者以更低的成本获得资金，从而形成忠实的用户群体，有效地减少了资金融通的中间费用。同时，通过对积累的数据进行分析和处理，可以形成时间连续、动态变化的信息序列，进而进行风险评估与产品定价。阿里金融小额贷款是国内第一家服务于电子商务领域小微企业融资需求的小额贷款公司，申贷、支用、还贷等都在网上进行，通过支付宝发放，基本不涉及线下审核，最短放贷时间仅需 3 分钟，单笔操作成本仅为 2.3 元，远远低于银行的操作成本。截至 2013 年末，阿里小额贷款公司累计发放网络贷款 1585 亿元，服务小微企业 65 万家，户均贷款余额小于 4 万元，不良贷款率仅为 1.12%，充分体现了互联网的开放性和普惠性。

(三) 拓展金融服务边界，实现平等性

互联网金融依托全天候覆盖全球的虚拟网络，可突破时间、空间限制，延伸金融服务的边界，7×24 小时为客户提供个性化金融服务。当前在农村地区，互联网普及应用速度很快，这为扩大金融服务覆盖面提供了可能。只要会使用互联网，可以随时随地参与金融活动，实现金融服务的平等性。通过互联网信息技术，金融机构和类金融机构可以进行金融产品创新，将网民的"碎片化资金"有效整合利用，降低金融服务门槛，为更广泛的人群提供金融服务。在融资服务对象方面，阿里小额贷款、P2P 网贷和众筹等，满足了许多无法服务的小微企业、个体工商户和农户等的融资需求。在投资服务对象方面，P2P 网贷、众筹和线上理财产品等投资渠道是零门槛，极大地吸引了广大草根投资者。互联网必将推动人人平等参与的普惠金融的形成和发展。以余额宝为例，截至 2014 年 6 月 30 日，余额宝规模已达 5741.6 亿元，为国内最大、全球第四大货币基金，客户数超过 1 亿人，引起百姓投资理财意识的大爆炸，形成广泛参与体验的良好氛围，在一定程度上填补了传统金融服务网络的空白，推进了普惠金融发展。

（四）复制推广快，操作更便捷

在金融互联网化后，通过网络电子平台，金融产品可以直接面向大众客户，缩短了销售链，实现客户和金融机构以及客户和客户的点对点交易。金融产品研发推广时，可以通过互联网、电子渠道、移动金融、物理渠道等多种渠道直接销售给广大客户，提高客户服务的可得性、针对性，达到精准营销和成功营销。由于金融压抑以及传统金融服务不能满足普通客户的需求，这一领域的市场存在较大的空间和良好的发展前景。当前互联网金融行业竞争激烈，各平台与公司有很强的推广欲望。以P2P为例，从2013年开始呈现野蛮爆发式增长，2013年规模达到927.6亿元，已经超越了网贷发源地英、美而一跃成为全球最大的P2P交易市场。

二 杭州普惠金融发展现状

普惠金融最早是在2005年国际小额信贷年期间由联合国系统在全球推广的，其前身可以追溯至"小额信贷""微型金融""民间金融"。我国学者焦瑾璞于2006年在亚太地区小额信贷论坛上率先提出了"普惠制金融体系"的概念。普惠金融体系的提出，是现代金融理论的创新和突破，对于完善现代金融服务体系，健全金融服务网络，运用金融手段促进经济持续发展，帮助城市低收入群体和农村居民提高生活水平、实现脱贫致富，具有重要的意义。杭州致力于建设成为经济繁荣、社会和谐、具有地方特色的现代化城市，发展普惠金融，提高城乡生活水平是一条必由之路。杭州紧抓互联网发展的机遇，持续推进普惠金融产品和服务创新，普惠金融取得一系列成效，但也存在一些不足，亟须改进。

（一）发展迅猛，但普惠程度不高

进入21世纪后，杭州金融发展势头强劲，全力打造长三角南翼金融中心，创建满足中小微等创新型企业融资需求的良好环境。近年来，杭州普惠金融发展逐渐提速，实践进入大发展阶段，呈现正规金融机构拓展普惠金融业务、新兴金融机构创新普惠金融业务的特点。杭州除了发展大型商业银行、股份制商业银行外，积极培育面向中小企业和"三农"的小型金融机构，如农村信用合作社、小型商业银行、商业型小额贷款公司等，社区银行、村镇银行也陆续开业，全面践行普惠金融。以杭州联合银行为例，其服务对象主要为社区、中小企业、小微企业，通过优化网点功能、推广社区银行服务模式、探索设立金融便利店、推行"金融服务便民服务中心"工作等方式，为客户提供全方位、全天候的服务。同时，杭州市以其良好的政策环境、完备的信息化基础设施、完善的产业配套服务和优美的人文环境，吸引了一大批网商创业，使得杭州的电子商务产业发展走在全国前列，2008年就成为国际知名的"中国电子商务之都"。阿里巴巴将淘宝、支付宝、余额宝、招财宝、娱乐宝、小额信贷等融为一体，构筑起电子商务生态圈，形成广大的客户群体和大量的信用记录，创造了互联网公司发展的奇迹。阿里巴巴等互联网企业，代表着一个新的普惠金融时代的开始，更倒逼传统金融机构改革创新，即如果银行不改变，互联网企业就来改变银行。与此同时，杭州普惠金融体系还有很大的提升空间：金融体系的普惠程度仍显不足，金融机构开展普惠金融的时间尚短，赢利前景不太乐观。要真正打通服务的"最后一公里"，仍然受到多重制约，尚未完全实现"普惠金融"理念所要求的基本目标。特别是信贷的基本权利不能得到有效保证，小型社区类金融机构发展亟待加快。

（二）金融产品和服务日趋丰富，但创新能力不足

发展普惠金融，就是要进一步扩大金融服务的广度和深度，增强金融服务实体经济的能力。经过多年的改革发展，杭州金融业总体服务能力大大增强，金融服务的可获得性大幅提高。以银行业为例，杭州银行业的发展效益、速度、稳定性及辐射力，在中国国内同类城市中首屈一指，其总量远远超过西部一些省份，仅杭州下城区就有金融机构200余家。依托自身优势，杭州各金融机构纷纷开发出独具特色的金融产品和商业模式，形成了第三方支付、P2P、众筹、互联网银行、证券、基金、保险等金融服务均包含其中的普惠金融。除了全国最大的互联网企业阿里巴巴，杭州还有一批上市企业如恒生电子、网盛科技、同花顺，大举进军互联网金融领域。此外，还有一大批中小科技企业也积极从事互联网金融产业，如捷蓝信息、财米科技等。可以说，杭州已具备了发展互联网金融的产业环境。借助互联网金融"东风"，可有效解决小微企业融资难问题，焕发实体经济活力，加速杭州产业结构转型升级。但杭州金融服务体系的结构和层次仍不平衡，传统上银行业主导的金融结构依然没有发生根本改变，金融服务覆盖面和渗透率不高；农村金融基础弱、网点少、成本高、赢利性差，涉农金融机构定位不准确，农村产权改革、资源信息登记、信用环境建设等配套条件不成熟，农村小微贷款便利性还不够，难以满足农民的潜在需求，中小企业"融资难、融资贵"现象依然广泛存在。杭州普惠金融仍处于初期阶段，在提升金融服务的覆盖率和可获得性方面还有很大的提升空间，普惠金融赢利模式和创新能力亟待实现新的突破。

（三）参与主体日趋多元，潜在风险不断提高

对于金融机构来说，发展普惠金融服务弱势群体是其社会责任。况且目前金融竞争愈发激烈，部分金融机构将触角延伸至农村等新的领域，有利于开拓新的市场。随着社会主义市场经济体制的不断完善，杭州市场自由化、开放化程度比以往任何时候都要高。杭州金融体系的参与主体逐渐多元化，外资金融机构大量进入杭州金融市场参与竞争，使得市场竞争国际化。大量民间资本不断参与金融行业，如发展小额贷款公司、村镇银行、资金互助社等地方小型金融组织以及开办网络银行、P2P公司等。参与主体的日趋多元化，也使得潜在风险不断提高。普惠金融服务要覆盖城乡县域的最基层，满足农户生产、加工、运输、销售、消费、教育、农业产业化发展等全方位的贷款需求，需要金融机构服务到偏远地区的客户。这不仅面临

区域经济金融环境较差的威胁，同时需要扩大服务领域并增强服务能力，极易引发风险。普惠金融服务的客户数量庞大、覆盖面广，即使发生风险的概率小，风险事件发生的绝对数也会比较大。另外，普惠金融的业务种类丰富，不同类型的业务风险控制要点差异较大，这需要金融机构有较高的风险防控能力。在缺乏制度保障的前提下，普惠金融可能引发市场风险失控或者投资者保护缺失。

（四）普惠金融的商业可持续性有待增强

普惠金融绝不是指人人享受金融服务，也绝不意味着金融服务的供给者在决定提供服务时不顾成本和风险。普惠金融需要重点关注商业可持续性，确保金融机构服务收入能够覆盖运营成本和资金成本，实现自我生存和持续发展，这是保持普惠金融体系运行效率的基本条件。国际上那些运行有效的普惠金融体系，基本上能够实现商业上的可持续，如孟加拉国的乡村银行、玻利维亚的小额信贷体系等。2013年，浙江省一行三局的各家机构在全省分别开展了以"支农支小、扶贫扶弱、普惠金融惠及民生"为主题的普惠金融服务年活动，计划经过5年时间，在浙江省构建广覆盖、高效率、可持续的普惠金融服务体系。浙江省农村信用社联合社在杭州有8家成员，包括杭州联合农商银行、萧山农村合作银行等，积极探索普惠金融实践之道。截至2014年9月末，浙江农信系统各项存款余额达12883亿元，各项贷款余额为9107亿元，承担了浙江省1/2的农户贷款和1/5的小企业贷款，成果显著。当前，杭州普惠金融不仅要解决金融服务的可获得性问题，而且要解决可持续性问题。这是重点和难点，目前国内还没有成熟的可借鉴模式，需要在摸索中不断完善。

三 互联网促进杭州普惠金融发展的路径

近年来，杭州抓住互联网发展先机，鼓励互联网企业和金融机构利用互联网技术来创新金融服务方式，为社会各阶层提供良好的金融服务。《杭州市人民政府关于推进互联网金融创新发展的指导意见》（2014年）提出："互联网金融是基于互联网产业、借助现代信息技术实现资金融通等金融服务功能的新兴金融业态，是我市金融改革创新的重点领域和突破方向，是现代金融服务体系的重要内容和组成部分，是发展普惠金融的重要载体和有效方式。"互联网金融主要是从工具角度，依托互联网平台进行的金融工具的创新。而普惠金融主要是从客户视角，提出应向小微企业、工薪阶层和农户普及金融服务和金融支持。杭州明确将互联网作为杭州发展普惠金融的重要载体。在实践中，互联网已渗透至杭州十多个金融细分领域，包括贷款、支付、保险、理财记账、股票基金、信用卡、众筹、虚拟货币、外汇期货、贵金属等，形成多样化的发展路径。

（一）以第三方支付为主，提供便捷的支付清算服务

2014年4月20日，国务院办公厅发布《关于金融服务"三农"发展的若干意见》，要求继续深化农村金融体制改革和机制创新，增加农村金融产品和服务形式，

大力发展普惠金融。农村支付服务是农村金融服务的基础。利用互联网技术，建立一个由手机银行、电子支付、POS机、ATM机等组成的立体化支付系统，能够极大地改善农村支付环境，为农民提供便捷的支付清算服务。阿里研究院《农村电子商务消费报告》显示，淘宝在农村的消费占比从2012年第二季度的7.11%上升到2014年第一季度的9.11%，第三方支付在农村拥有广阔的发展前景和发展空间。通过互联网，可形成客户、第三方支付公司和银行之间的紧密联系，帮助客户快速实现货币支付、资金结算、信用第三方担保以及技术保障等功能，同时可以提高资金运转效率，推动信息化发展，支持经济转型。第三方支付业务的应用范围从传统的网上购物、缴费，逐步渗透到证券期货投资、保险、基金理财、教育、医疗卫生、社区服务、航空旅游等。以交通领域为例，支付宝和财付通依托打车软件培养了一大批忠实用户，构成了完整的O2O闭环，形成线下的用户消费体验的反馈、线下用户引到线上交流、线上体验等良性循环机制。2013年，我国第三方移动支付市场交易规模达12197.4亿元，其中远程支付占93.1%，进场移动支付占0.8%，互联网支付成为第三方支付的主要发展方向。在第三方支付中，电子商务可以起到担保作用，集成众多银行，不用开通网络银行和手机银行也能支付。杭州是副省级城市，是电子商务普及率最高的城市之一，是全国首家通过人民银行支付清算中心实现电力及支付宝公司联网缴费的城市，第三方支付在杭州的生活和经济中均扮演着重要的角色。当前，应以支付系统建设作为发展普惠金融的重点，线下支付仍以传统的银行卡支付为主，稳妥推进互联网支付、移动支付等新兴电子支付模式，努力为电子商务发展服务，坚持为社会提供小额、快捷、便民的小微支付服务，提升杭州金融服务水平。

（二）以手机银行为新渠道，推进银行改革创新

互联网是无边界的，可把银行庞大的线下网络优势和线上无限延伸的优势融合在一起，给客户提供天罗地网式的立体化普惠金融服务。作为传统金融机构，杭州商业银行应综合利用多种服务渠道，充分利用互联网，建立物理网点、自助银行、手机银行、网上银行、微信银行等相互补充并覆盖城乡的金融服务网络。我国农村金融机构网点还远远不能满足农村金融服务日益增长的需求。2011年，银监会在《关于继续做好空白乡镇基础金融服务全覆盖工作的通知》中指出，要积极发展电话银行、手机银行等现代金融服务方式，提高空白乡镇金融服务的充分性与多样性。截至2014年6月，我国手机网民规模达5.27亿人，手机网民占整体网民的比例为83.4%，手机网民规模首次超越传统PC网民规模，而且继续保持迅速增长态势，可见我国发展手机移动金融的基础条件已经具备。当前，杭州可以以手机银行为新渠道，推进银行改革创新。手机银行依靠较少的基础设施投入，促进"三农"和小微企业金融服务模式的多样化发展，一方面能扩大金融服务的覆盖范围和受众群体，契合小微企业和农村地区信贷"短、小、频、急"的需求，是降低金融服务成本、扩展融资渠道、提高服务效率的有益尝试；另一方面缓解了银行客户日益增长的金

融需求与金融物理网点有限的矛盾，对于解决农村地区金融服务不足问题具有示范效应，具有很好的社会效益和可观的经济效益。由于金融基础设施建设较差，非洲国家另辟新径，出现了大量的手机银行。肯尼亚有62%的成年人使用手机银行金融业务，坦桑尼亚有47%的家庭参加，乌干达有26%的成年人使用手机银行业务。当前，随着3G、4G的开启和智能手机的普及，手机上网慢的瓶颈基本消除，杭州手机银行业务量出现井喷，工、农、中、建、交等大型国有商业银行，全国性股份制银行，部分城商行和农商行以及极少数农合行、新型农村金融机构和农信社，都在开展手机银行业务；有特色且与农村金融相关的手机银行，包括无卡取现、手机银行 - 农户小额贷款以及邮政储蓄的手机银行按地址汇款和手机金融等。手机银行在不断提高使用安全性并增加丰富的功能后，让金融服务真正变得触手可及。

（三）倒逼传统金融机构迈入互联网时代

中国的金融体系呈现高度垄断性，表现为倒三角状态：上层的国有大型银行占主导，而底层的小微金融系统发展不足。互联网公司向金融领域不断渗透，丰富了金融服务和产品，将用户的体验发挥到极致，催生了新的商业逻辑和经营理念。这不仅增加了金融服务的多样性，还能够发挥"鲇鱼效应"，通过强化竞争的方式加快金融机构的利率与机构的市场化改革，提升民营资本的金融话语权。互联网金融具有资金配置效率高、交易成本低、支付方便等优势，对传统商业银行运用模式产生了系统性和持续性的冲击。当前，传统商业银行正不断改变经营模式，建立自己的网络系统，加强数据的积累、挖掘、开发和应用，迎接充满竞争的互联网时代。

当前，国家大力支持证券期货服务业、各类资产管理公司利用网络信息技术，创新服务、产品、业务和交易方式，支持有条件的互联网企业参与资本市场，扩大资本市场服务的覆盖面。伴随着互联网在证券业的应用，证券业会更加注重客户体验，关注销售平台和营销渠道，弱化营业网点功能，加速金融脱媒，推动证券行业的转型。证券交易将进入可移动时代，投资者将利用互联网网络资源传递交易信息和数据资料并进行与证券交易相关的活动。互联网保险是保险行业主动探索利用互联网技术发展的金融业态，是保险公司或其他中介机构利用互联网开展保险业务的行为，包括保险公司网站模式、网络保险超市模式、网络保险淘宝模式以及网络保险支持平台。2011~2013年，经营互联网保险业务的保险公司从28家增加到76家（占机构总数的56.3%），互联网保费收入从31.99亿元增加到317.9亿元，增长近9倍。互联网还与基金公司密切合作，凭借低廉的边际成本和交易成本，收获了小微客户产生的规模效应，在金融领域获得更多的话语权，甚至创造了奇迹。2013年6月17日，支付宝和天弘基金联合推出的国内首只互联网基金——天弘增利宝正式上线，短短数日便累积了百万元级的客户。杭州居民一方面可以通过基金公司自有网络平台购买基金，如南方基金网、华夏基金网等；另一方面可以购买基金公司与互联网机构合作的基金产品，如余额宝、理财通等。

（四）新型互联网借贷平台

互联网不仅可以扩大传统金融机构的服务面并提高服务效率，还可以提供诸多跨界跨区综合性的金融产品和服务供给。信贷的可获得性是普惠金融的首要目标。随着互联网技术的快速发展和普及，新型借贷模式呈现快速发展态势，以网络借贷和众筹模式居首。随着互联网的发展和民间借贷的兴起，网络借贷应运而生并快速发展，资料与资金、合同、手续等全部通过网络实现，降低了单笔贷款的审批时间和成本，成为未来金融服务的一大发展趋势。网络借贷的模式，包括电商介入型借贷和P2P网贷。电商介入型借贷依靠在电子商务公司交易数据，有效分析需要贷款的商户信息，进而对商家进行信用评估，如阿里订单贷款、信用贷款和苏宁小额贷款。P2P网贷是个体或法人通过互联网平台实现的直接借贷，为民间小额贷款提供了崭新的平台，因其较高的资金回报率和理财便捷性，被不少高风险投资者了解和接受。2007年，中国第一家P2P网贷平台"拍拍贷"在上海成立。经过7年的发展，已形成四大派系，即保险系、银行系、国资系和民营系，P2P网贷平台的数量已经超过2000家。截至2014年第三季度，我国P2P网贷市场交易规模由第二季度的381亿元增加至579.1亿元，环比增长52%。2013年，浙江P2P网贷平台有87家，在杭州的有41家，为杭州民间借贷提供了丰富的渠道。较低的门槛，为更多的农户提供了资金支持，成为传统农村金融体系的重要补充。另外，一些中小银行已开始集体进军P2P业务，成为银行探索互联网金融的一个主要方向。截至2014年12月，银行系P2P平台共有10个，分别是平安集团的陆金所、招商银行推出的小企业E家等。以票据类业务为例，银行大量的资产可通过P2P平台加以盘活；依靠银行风险控制体系，在安全性方面略胜一筹。

众筹，是项目发起者为了进行某项活动或项目，利用互联网和社交网络传播的特性，在平台上发布融资请求，说明融资用途和使用方案。众筹网站的投资者进行评估审核，决定支持后，单一投资者自愿提供资金，金额不限。达到项目设定的目标金额后，成为筹资者所需资本。投资者根据融资合约获得相应的物质报酬或精神报酬，而单一项目完成所需的费用，分摊到项目参与者身上。2013年，全球众筹网站项目中成功融资的突破100万个，总金额突破51亿美元。众筹最早从2011年开始进入中国，发展迅猛。据世界银行报告称，中国会在2025年成为世界上最大的众筹投资方，为这个预计达960亿美元的市场贡献近一半的资金。杭州居民可以通过众筹网、点名时间网、追梦网等实现众筹投资，在支持创业创新和实现梦想的同时，最终实现投资回报。

四 互联网促进杭州普惠金融发展的政策建议

（一）尽快制定普惠金融发展规划

目前从理论到实践，全世界对发展普惠金融已经达成共识。我国正处于经济转型阶段，发展普惠金融有利于促进资源的有效配置，维护社会的稳定和健康发展。自2014年全国两会以后，我国政府和监管层都力挺互联网在金融领域的应用，支持互联网金融健康发展,更好地服务于实体经济,逐步破除现有金融抑制现象,使金融产业变得更加平等、自由、高效、开放和共享。这是我国金融业迈入"普惠金融"新时代的显著标志。普惠金融不是政策性金融,也不是慈善性金融,必须创新出可持续的商业业务模式,但这不是一朝一夕就能做成的。杭州一定要做好普惠金融发展规划,全面了解普惠金融发展程度,缺什么补什么,避免一哄而上。政府应将杭州金融业的发展与扶贫以及服务"三农"真正结合起来,将普惠金融纳入杭州金融发展规划,并制定具体的普惠金融衡量指标及阶段性目标,分阶段有序推进。

(二)政府支持和监管并举

互联网金融与普惠金融,在国家宏观政策导向上具有高度一致性。发展互联网金融可解决中小企业融资问题,促进民间金融的阳光化、规范化,更可被用来提高金融的普惠性。但同时也给监管带来了一系列挑战,表现为传统金融制定的法律法规体系的有效性减弱、金融消费权益保护工作压力增大、反洗钱工作难度加大等。杭州应构建多层次的普惠金融体系,适度放宽金融业的准入门槛,拓宽普惠金融融资渠道,鼓励传统金融机构开展互联网业务创新,支持小型金融机构的发展以及设立新型金融机构,容许金融竞争;推进社会信用体系和诚信文明建设,适当放开普惠金融机构的自主定价权,加快利率市场化进程,优化普惠金融体系生态环境。政府要加大对普惠金融政策的宣传推广力度,加强对农业生产、个人创业、经济转型、减贫脱贫等各方面政策的推广宣传,多开展金融知识普及教育,提高大众更好地利用金融服务的意识。对农户、小微企业、城市低收入群体要进行必要的生产技能、经营管理知识、专业技术培训等,培养普惠金融合格的市场主体,降低市场风险。在监管方面,应保持监管行为的灵活性和创新性,遵循激励兼容、成本收入以及行业自律原则。要进一步完善法律监管环境,给普惠金融体系中每种金融机构一个明确的法律地位,推动金融机构透明化。要以业务性质甄别为核心,实现多部门协调监管,建立市场准入和退出机制,在技术层面和制度层面为互联网支持普惠金融发展提供保障。

(三)金融机构改革创新是根本动力

普惠金融应从小微做起,从基层开始,从产品创新、技术创新再到机制体制创新。其中,技术创新是降低金融交易成本、促进普惠金融的重要渠道。技术中的首要因素就是互联网。利用互联网开放式平台优势,可满足客户一站式和多样性需求服务。随着互联网技术尤其是移动互联网技术的进一步推广,传统金融行业的效率必然会被主动或被动提高。杭州传统金融机构要把握先机,与时俱进,不能总是滞后于互联网的发展。应该在互联网金融的大潮之中持续推进改革创新,以网上银行、手机银行为重点,创造出更好的产品和服务,最终将传统金融与互联网金融、实体体系与虚拟体系、线上与线下、业务转型与普惠金融进行非常好的融合。服务对象的多元化需求,要求普惠金融服务体系的金融机构多层次化,需要金融机构之间以及金融机构与互联网企业之间进行合作,增加金融服务供给的广度和深度,如小额储蓄、小额贷款、小额理财、小额转账、小额汇兑等。互联网企业应加快与传统金融机构的业务合作，运用自身云计算、大数据、信息搜索等先进技术，进行信贷技术创新，降低信息不对称程度，优化资金配置和融通，提高金融服务在低收入群中的渗透率。

（四）提高金融基础设施建设是基础

技术越发展，社会对于技术的需求就越高，必须有配套的金融基础设施为保障。普惠金融基础设施，是指普惠金融体系运行所依赖的一系列辅助性服务，包括金融运行的硬件设施和制度安排。这是金融改革成败的关键，既影响金融结构优化的深度，也是衡量金融深化发展的尺度。支付清算是金融服务体系的主要功能之一，有利于减少现金使用，加快资金周转，防范支付风险。基于杭州互联网公司得天独厚的有利条件，应扎扎实实地建立一个基于互联网的信息系统，使互联网成为杭州发展普惠金融的利器。杭州应抓住机遇，搭建一个能将金融机构、互联网金融企业、第三方支付机构等对接的互联网综合服务平台，加快村镇银行、小额贷款公司、担保公司通过技术接口接入，建立健全杭州信用管理体系。需建立智能化的支付清算体系，推广第三方支付和手机银行；建立智能化的信息平台、终端技术和数据存储体系，利用云计算提高数据挖掘能力和效率；建立智能化的机构和网点，实现业务管理和运作的智能化；建立一个具有灵活性、创新性和智能化的监管体系，实现更大范围和更有效的监管。

（五）防范风险能力是关键

风险管理是任何金融的基础，包括客户筛选、贷后管理、风险评估等专业技术。在此基础上，普惠金融才能降低交易成本，形成便捷的交易渠道，提高金融发展水平，提升经济绩效。据P2P网贷行业门户网站"网贷之家研究院"统计，自2011年至2014年10月8日，共出现202家问题网贷平台。这些网贷平台提供本金、利息担保等，突破了单纯信用中介职能，本质上变成了间接贷款的金融机构。杭州互联网金融机构应对经济金融环境有清晰的判断，对业务有正确的认知，对自身有准确的定位。要加大计算机网络安全设施的投入，增强系统的防攻击和防病毒能力，开发具有自主知识产权的信息技术，全力做好信用风险、操作风险、技术风险、法律风险等系统性风险的防控。

参考文献

焦瑾璞、陈瑾：《建设中国普惠金融体系》，中国金融出版社，2009。
谢平、邹传伟、刘海二：《互联网金融手册》，中国人民大学出版社，2014。
王曙光：《互联网金融的哲学》，《中共中央党校学报》2013年第12期。
张明哲：《互联网金融发展分析》，《中国统计》2013年第12期。

（责任编辑　王立嘉）

杭州发展"智慧旅游"的实践与对策

◎ 毛燕武

提　要："智慧旅游"是从传统旅游消费方式向现代旅游消费方式转变的"推手",是促进中国旅游业转型升级的重要举措,是传统旅游信息化的 2.0 版。本文梳理了"智慧旅游"的内涵与特征,分析了杭州"智慧旅游"的现状与存在问题,并从体制机制创新、深入研究"智慧旅游"消费模式、集中打造"智慧旅游"云平台等方面提出加快推进"智慧旅游"建设的对策建议。

关键词：旅游业　"智慧旅游"　服务信息化　杭州

作者毛燕武,杭州国际城市学研究中心、浙江省城市治理研究中心助理研究员（邮政编码　310002）。

美国未来学家约翰·托夫勒（John Taufle）曾说过,第三次浪潮是服务业的革命,第四次浪潮是信息革命,第五次浪潮是娱乐和旅游业的发展。随着城市化进程的快速推进和国民旅游休闲水平的不断提升,旅游活动作为人们生活方式的延伸,必然会因为信息技术发生革命性变化而变革。旅游业适应新常态、应对新挑战、满足新需求,离不开自身的现代化和信息化,离不开"智慧旅游"。"智慧旅游"是从传统旅游消费方式向现代旅游消费方式转变的"推手",是促进中国旅游业转型升

---

* 本文为 2014 年浙江大学"城市休闲与新型城市化"专项课题研究成果。

级的重要举措,是传统旅游信息化的 2.0 版。2011 年,国家旅游局提出争取用 10 年时间,在我国初步实现"智慧旅游"。2014 年,国家旅游局将"美丽中国之旅——智慧旅游年"定为中国旅游主题年宣传主题[1]。"智慧旅游年"旨在让游客在行程中体验中国的美丽。十八大报告提出了努力建设"美丽中国"的目标,"美丽中国之旅"已被正式确定为中国旅游的整体形象,而"智慧旅游"正是"美丽中国"建设的重要载体。

作为首批国家历史文化名城和国际重要旅游休闲中心的杭州,却未能入选 18 个首批"国家智慧旅游试点城市",错过了"智慧旅游"城市建设的"头班车"。但杭州云集了物联网、云计算、数字电视、电子商务方面的龙头企业,是国内最有条件运用智慧技术发展"智慧旅游"的城市。在当前全球经济增长缓慢、旅游业一枝独秀的大背景下,在以旅游业为支柱产业的杭州,深入研究"智慧旅游"、精心打造"智慧景区",无论是对探索杭州下一个 10 年旅游业的发展路径,还是对推动杭州从"旅游城市"向"城市旅游"跨越式发展,都具有十分重要的现实意义。

一 "智慧旅游"的内涵与特征

"智慧旅游"(I-tourism)是一种将物联网、云计算、移动互联网、大数据处理挖掘等技术应用于游客公共信息服务、旅游行业管理、旅游产业发展等方面,推动旅游资源与信息资源深度融合与开发,并服务于游客、市民、旅游企业、政府管理部门等面向未来的新型旅游业态,实现"旅游服务便捷化、旅游管理精细化、旅游营销科学化"。

(一)"智慧旅游"的内涵

从技术层面来看,"智慧旅游"是以新的通信、信息互联网技术为基础,采用高标准工业设计及生产制造工艺,经过有针对性的深度开发,提供满足消费者及行业应用的全产业链服务平台[2]。"智慧旅游"是对传统旅游的一种提升,其主要目的是感知旅游者、旅游资源、旅游经济、旅游活动等方面的信息,并及时传送和挖掘分析。一方面,可以提升旅游体验和旅游品质;另一方面,可以引导旅游企业策划对应的旅游产品,并推动整个旅游产业链的创新营销。

从应用层面来看,"智慧旅游"是一种利用物联网、云技术、下一代通信网络、高性能信息处理、智能数据挖掘等技术,提升旅游体验、推动旅游产业发展、提升行业行政管理和监控等多方面结合的创新型应用集群。就游客而言,"智慧旅游"应包括导航、导游、导览和导购(简称"四导")四个基本功能。导航就是将位置服务(LBS)加入旅游信息,让旅游者随时知道自己的位置。导游就是在网页、地图上会主动显示周边的旅游信息,包括景点、酒店、餐馆、娱乐、车站、活动(地点)、朋友/旅游团友等。导览就是通过点击(触摸)感兴趣的对象(景点、酒店、餐馆、娱乐、车站、活动等)获得关于兴趣点的位置、文字、图片、视频、使用者的评价等。导购就是经过全面深入的在线了解和分析，已经明确自己的需求，可以直接在线预订（客房/票务）。

（二）"智慧旅游"的特征

长期以来，我们一直致力于推动旅游信息化。"智慧旅游"可以理解为旅游信息化的高级阶段，并不仅仅是旅游电子政务、旅游电子商务、数字化景区等概念的重新包装，而是要提出旅游发展中的新思路，解决旅游发展中出现的新问题，满足旅游发展中的新需求。"智慧旅游"的基础是大数据，核心特征是"智慧"，主要表现在旅游服务的智慧、旅游管理的智慧、旅游营销的智慧三个方面。

1. 旅游服务的智慧

游客在旅游信息获取、旅游计划决策、旅游产品预订支付、享受旅游和回顾评价旅游的整个过程中都能感受到"智慧旅游"所带来的全新服务体验。通过科学的信息组织和呈现形式，让游客更方便、快捷地获取旅游信息，帮助游客更好地安排旅游计划并做出旅游决策。通过基于物联网、无线技术、定位和监控技术，实现信息的传递和实时交换，让旅游过程更顺畅，提升旅游的舒适度和满意度，为游客带来更好的旅游安全保障和旅游品质保障。

2. 旅游管理的智慧

"智慧旅游"将实现传统旅游管理方式向现代管理方式转变。通过信息技术，可以及时、准确地掌握游客的旅游活动信息和旅游企业的经营信息，实现旅游行业监管从传统的被动处理、事后管理向过程管理和实时管理转变。实现对旅游投诉及旅游质量问题的有效处理，维护旅游市场秩序。"智慧旅游"依托信息技术，主动获取游客信息，形成游客数据积累和分析体系，全面了解游客的需求变化、意见建议及旅游企业的相关信息，实现旅游行业的科学决策和科学管理。

3. 旅游营销的智慧

"智慧旅游"通过旅游舆情监控和数据分析，挖掘旅游热点和游客兴趣点，引导旅游企业策划对应的旅游产品，确定对应的营销主题，从而推动旅游行业的产品创新和营销创新。通过量化分析和判断营销渠道，筛选效果明显、可以长期合作的营销渠道。"智慧旅游"还充分利用新媒体传播特性，吸引游客主动参与旅游的传播和营销，并通过积累游客数据和旅游产品消费数据，逐步形成自媒体营销平台。

二 杭州"智慧旅游"的现状与存在的问题

（一）国内外"智慧旅游"发展概况

在国外，网络预订、多媒体、无票旅游、虚拟旅游、旅游信息系统、高科技主题公园等"智慧旅游"概念已在旅游业中广泛应用。典型案例如下。

美国。早在2006年，美国就开始做"智慧旅游"实验，在一个山谷度假村引入了一个"手腕带"系统（RFID）。用这个系统可以键入不同的餐馆，或者SPA、商店，消费时只需拿"手腕带"扫描一下就可以达到目的。

韩国。"指尖上的首尔"把韩国最核心的旅游资源及旅游节庆活动都放在韩国"观光公社"官网上，并建立手机应用端，链接政府旅游手机平台，将最新旅游资讯及时与大众分享。

新加坡。"旅客智慧卡"是生物认证科技的一项产品，其晶片可储存旅客的样貌、指纹或眼睛的虹膜影像。只要扫描智慧卡及核对储存资料，即刻就能核对持卡人身份。只要一卡在手，就能享用无现金购物、轻松参观景点及索取消费税回扣等服务，游客甚至可以免除出示护照和填写表格的麻烦，尽情享受在狮城的悠闲假期。

在国内，自2010年始，南京、苏州、扬州、温州、北京纷纷宣布"智慧旅游"城市发展战略，有条件的城市则率先开展"智慧旅游"建设，至今已取得了一定成效。国家旅游局分别于2012年、2013年分两批公布了33个"国家智慧旅游试点城市"。典型案例如下。

南京。作为全国首批"智慧旅游试点城市"，南京于2011年4月启动"智慧旅游"建设，率先编制完成总体规划，制订了三年行动计划并付诸实施。目前，一期重点建设项目已初步完成，陆续推出了南京游客助手、智慧旅游互动式体验终端、乡村旅游营销平台、智慧景区试点、"旅游执法e通"和智慧旅游中央管理平台等项目。

成都。作为第一批智慧城市试点之一，《成都智慧旅游总体规划》确定了"智慧漫城"的目标定位，以"一个中心（成都智慧旅游云数据中心）、一张图（成都旅游专属地图）、三个平台（智慧旅游公共服务平台、智慧旅游管控平台、成都旅游行业孵化与电子商务平台）、五个重点系统（旅游APP群、旅游咨询和投诉系统、电子商务应用系统、智慧旅游行业管理系统、虚拟旅游系统）"的"1135"工程为主要抓手，确定了云数据中心、各平台及重点工程的建设内容、保障体系等。

大连。坚持"政府主导、企业参与、市场运作"的模式，整合旅游产业链上的各种资源，开展"市、区（县）、企业"三级架构的"智慧旅游"建设，实现全市旅游资源的整合与互联互通，提高政府、企业资源的使用效率，实现大连"智慧旅游"建设资金投入最小化与效益最大化。2014年，大连基本完成4A级以上旅游景区、4星级以上酒店、A级旅行社、旅游咨询服务中心等的无线网络覆盖，为游客提供免费上网服务。同时，大力开展"智慧旅游"平台的国际化营销，与俄、韩、日等国建立互换旅游产品的营销模式，推进大连旅游企业走向国际市场。

苏州。根据《苏州"智慧旅游"行动计划》，苏州"智慧旅游"服务从游客角度出发，通过信息技术提升旅游体验和旅游品质，提供"一云多屏"和"一云多路"的旅游信息服务。所谓"一云多屏"，就是在云计算数据中心统一的信息基础上，实现同样的旅游信息在不同信息媒介上都有对应的体现形式，全方位地向游客提供信息服务，还通过与公安、交通、工商、卫生、质监等部门形成信息共享和协作联动，为游客避开高峰选择景点、寻找停车位等旅途常见问题提供解决之道。

宁波。2011年底，宁波已把所有景区、宾馆酒店、旅行社等资源深度整合，打造了"智慧旅游"中央管理平台和旅游资源数据库。以信息化技术为主要手段的"智慧旅游"已在宁波旅游企业中得到积极应用。宁波精心打造的"虚拟旅游社区"开启了传统旅游业服务模式的创新之路,分为漫游、导航、角色三大功能[3]。

(二)杭州"智慧旅游"的现状

相比于国内外其他城市,杭州作为"国际重要的旅游休闲中心",2012年被国家旅游局列为"国家智慧旅游试点城市",2013年正式启动"智慧旅游"建设。在大众旅游消费时代,杭州借助信息化手段,提供新的服务、拓展新的市场、打造新的商业模式,推动旅游行业转型升级。

1. 在"智慧旅游"顶层设计方面

杭州市旅游委员会牵头编制了《杭州市"智慧旅游"系统顶层设计(2013~2017年)》及其行动计划、《杭州市智慧景区建设规范》、《杭州市智慧酒店建设规范》等,明确了杭州"智慧旅游"建设的总体目标、主要任务、具体步骤、保障机制等,为全市旅游企业建设"智慧旅游"提供了标准规范。同时,积极引导酒店、景区等旅游企业开通无线网络,实现了杭州5A级景区、高星级酒店无线全覆盖,为游客提供免费的无线上网体验。2013年11月,《"美丽杭州"旅游休闲三年行动计划》(2013~2015年)提出通过3年努力,推进重大旅游配套设施和公共服务建设,旅游产业增加值占全市GDP的比重达7%,基本实现国家级旅游休闲产业创新发展示范区、国际都市休闲目的地、国际山水旅游度假目的地、国际会奖旅游目的地、东方运动疗休养旅游目的地建设。

2. 在"智慧旅游"技术推广方面

2012年,杭州市旅游委员会正式向广大市民、中外游客推出了手机APP应用——"杭州智慧旅游",内容覆盖杭州及周边郊县的吃、住、行、游、购、娱六大板块。加快对接政务云平台,构建了安全可靠、高效实用、完全开放的杭州"智慧旅游"云数据中心,实现了旅游产业信息资源的有效整合。开发移动终端、智能卡服务信息交互,实现全过程、互动式的旅游体验,建设了一批杭州旅游网站群,推动移动互联网在杭州旅游公共服务、管理、营销上的应用。在全国率先推出了杭州旅游手机APP(中英文版)、杭州会议奖励旅游APP、特色潜力行业APP、旅游执法APP等手机应用,适配不同智能终端。杭州市旅游委员会还与阿里巴巴集团合作,尝试打造全国首例城市旅游(O2O)新模式,实现游客"一部手机游遍杭州"的便捷式消费体验。

3. 在"智慧景区"试点建设方面

杭州鼓励和支持旅游企业实施旅游信息化项目,完善杭州旅游网络系统,指导五县(市)建立独立域名的旅游网站,并与"杭州旅游网"链接,实现信息共享。基于景区"智慧化"发展理念,大力开展"智慧景区"试点建设,统筹考虑城市与景区信息化水平、游客体验、景区管理、旅游产品等因素,进一步提升城市旅游竞争力。例如,在西溪国家湿地公园,游客可事先通过网络订票,扫描二维码即可入园;再持一个智能移动终端,就可以伴着美景倾听"西溪且留下"的故事讲解,轻松实现自助游。同时,景区管控中心还会利用游客手机收集数据,分析判断客源来自哪里、景区内的客流动态及饱和度等。

(二) 杭州"智慧旅游"存在的问题

从宏观上看,"智慧旅游"主要是在政府主导下开展的,旅游企业对于创建"智慧旅游"的积极性主要体现在申报项目和争取资金上,重设施设备投入、轻管理流程再造,重部门体系建设、轻社会资源整合,重增量设施建设、轻存量数据分享。不少地区、景区"智慧旅游"建设一哄而上,以邻为壑,纷纷独自开发自己的云计算平台和数据库,既不整合已有的数据资源,对于自行采集的数据也不提供分享,形成了新的"信息孤岛",出现了信息处理碎片化、分散化、表面化的趋势。

从微观上看,集中表现在以下六个方面:①"智慧旅游"呼声很高,但其多由政府发起,试点运行,尚未形成燎原之势;②"智慧旅游"系统化建设程度不高,小处升级多,大处改革少,无法从根本上实现传统旅游业向现代旅游业转型;③只注重"智慧旅游"对服务、管理和经济增长的创新性作用,而忽略了"智慧旅游"本身也是旅游资源、生态环境保护的最有效措施;④"智慧旅游"已引起社会广泛关注,相关研究在量与质上却明显不足;⑤政府在"智慧旅游"建设中的角色、地位和作用缺乏明确定位;⑥面对"智慧旅游"的强力冲击,旅行社反应慢、转型难,不愿轻易尝试"无线旅游",打造便捷化、个性化旅游产品能力不强[4]。

三 杭州发展"智慧旅游"的对策

实践证明,发展"智慧旅游",首先要在理念观念和体制机制上改革创新,以游客为中心,以可持续发展为准则,以大旅游、大资源、大数据、大产品、大服务、大管理的宏观视野来构建"智慧旅游"的发展体系和发展平台,实现全方位、全要素、全领域、全社会、全产业的数据整合集成和协同分享,让旅游者得实惠,实现旅游精细化管理和个性化服务。

(一) 充分发挥政府主导力、企业主体力、市场配置力的作用

"智慧旅游"是在新形势下实现以市场为主进行资源有效配置的积极探索,不但没有弱化政府和企业的责任,而且在更高层面上提出了新的服务理念、管理理念和发展理念[5]。

1. 坚持"三力合一"

"智慧旅游"建设作为智慧城市建设的重要组成部分,涉及政府、企业、游客、居民等方方面面,是一个复杂的"巨系统"[6]。因此,要充分发挥政府统筹规划、整合资源、制定标准的主导作用,做好顶层设计,用顶层设计指导、引领、推动杭州"智慧旅游"建设。同时,重视市场主体作用,加快商业模式创新,培育龙头企业,推动"智慧旅游"建设从行政引导向市场驱动转变,构建起以政府主导、企业

主体、市场需求为导向的"智慧旅游"推进体系，确保杭州旅游业在激烈的竞争中立于不败之地。

2. 处理好"四对关系"

"智慧旅游"作为一种耦合的社会状态，其受益面应基于"统筹规划、突出重点、兼顾平衡"的原则，通盘考虑政府管理部门、旅游者、旅游企业与区域居民四个角色的关系，建立多利益主体模型，做到共享利益、多方共赢。一是政府与运营企业的关系（G2E）。政府收税，购买企业服务。二是政府与旅游者的关系（G2T）。政府免费提供信息服务与应急管理，收集旅游者旅游状态信息。三是运营企业与旅游者的关系（E2T）。免费提供旅游信息服务，有偿提供旅游资源与推荐旅游产品，旅游者享受服务、购买旅游产品。四是政府、区域居民与运营企业的关系（G&R2E）。政府利用税收免费服务当地居民，运营企业通过服务补偿区域居民，区域居民出售旅游产品[7]。

3. 继续实施"旅行社扶强扶优工程"

"智慧旅游"通过云计算、移动互联网、物联网等信息技术，可以将旅游资源、组团业务、旅游产品设计开发与销售、旅游服务等传统经营业务在信息技术平台上运行，打破了区域壁垒，旅行社可以在异地建立自己的资源和产品采购、销售及服务，既可以招揽游客，也可以在不同区域接待游客，从而使旅行社实现不同区域的同盟或连锁经营[8]。

杭州发展"智慧旅游"，体制是保障，技术是支持，游客是中心，旅行社是关键。一方面，旅行社是杭州"智慧旅游"市场当仁不让的主角。据统计，2014年1~9月，杭州旅游总人数达8217.92万人次，同比增长15.28%，全市650余家旅行社功不可没[9]。另一方面，"智慧旅游"的崛起也使杭州传统旅行社行业的竞争格局发生了根本性变化。据统计，杭州五星级、四星级旅行社分别只有15家、33家，年营业收入超过1亿元的旅行社只有26家，60%以上的旅行社固定资产不足50万元[10]，旅行社行业"小、弱、散、差"的局面未能根本扭转，行业整体竞争力不强。因此，要以市场为导向，继续实施"旅行社扶强扶优工程"，不断提升"智慧旅游"服务水平，充分发挥"智慧旅游"系统供应商的作用，逐渐形成具有时代特征和杭州特色的"智慧旅游"产业链，占据国内外旅游市场的"制高点"。

（二）深入研究"智慧旅游"消费模式

"智慧旅游"无论以何种形式展开，其实质都是运用现代信息技术服务于旅游消费者。在"智慧旅游"背景下，研究游客消费模式是必要而不可或缺的。一般来说，"智慧旅游"消费模式可归纳为：认识需求→收集信息→评价比较→购买产品→购后评价[11]。

1. 认识旅游需求

随着居民收入水平的提高、国家法定假日的增多、社会基础设施的完善，我国旅游市场呈现迅猛发展的势头，消费者追求多样化及个性化旅游产品的时代已经到来。在"智慧旅游"背景下，旅游需求的认知可以借助云计算，有针对性地通过潜在消费者手持的通信终端设备来获取，在此基础上主动开展方便、快捷、多样化的市场营销，让潜在消费者被动认识到对旅游产品的需求。

2. 收集信息

在大数据背景下，可供旅游消费者收集到的信息呈爆炸式增长，这为消费者收集旅游产品相关信息提供了极大便利，甚至可以前瞻性地帮助旅游消费者避免旅游目的地拥堵。例如，在长假开始之前，通过"智慧旅游"平台预估并公布各景区、景点的可能访客数，旅游消费者会适当调整自己的旅游计划及行程安排。

3. 设计个性化旅游产品

旅游消费者可以在现代信息技术的支持下，通过手机等便携网络终端设备，利用现有模块化的旅游信息，随心所欲地规划和设计自己的旅游行程，为自己量身定制个性化的旅游产品。模块化的数据使不同消费需求的满足变得简单可行，为旅游消费者对产品的自主化设计提供了极大的发挥空间，消费者可以定制自己开发的、适合自己需要的个性化旅游产品，"智慧旅游"的个性化服务充分展现。

4. 虚拟旅游

"智慧旅游"可以利用3D/4D等技术手段，让旅游消费者在家中即可享受身临其境般的出游前的虚拟旅游，这是传统旅游无法提供的。随着技术的不断进步，消费者完全可以像在影院中看3D/4D电影那样了解旅游目的地的风土人情，对于没有时间进行远距离旅游的人们来说，虚拟旅游从精神层面上为潜在旅游消费者提供了满足其部分需求的虚拟产品。

5. 购买旅游产品

在消费者的任何购买决策中，支付都是必不可少的一个环节。在"智慧旅游"背景下，支付环节本身变得方式多样且简单易行，这是现代信息技术发展为旅游消费者出行提供的极大方便。

6. 旅游体验与计划调整

旅游消费者需求的不是旅游产品本身，而是一种伴随旅游产品的消费而带来的独具回味的经历或感受[12]。"智慧旅游"为旅游消费者积极主动地参与旅游产品的设计提供了可能，并通过旅游消费者参与到旅游目的地居民的衣食起居活动增加了体验互动性，还可随时感知与整合各类信息，可以随时调整行程安排，从而实现旅游智能化的决策、控制和个性化服务。

7. 旅游评价与分享收获

随着互联网的发展，许多消费者愿意分享自己的旅游经历，"驴友"的分享信息甚至比旅游企业的宣传信息更具可信性[13]。"智慧旅游"为旅游感受交流提供了平台，使得这些信息在更广泛的范围传播。旅游产品消费后满意与否的评价将作为模块化的数据被融入"智慧旅游"框架。

（三）在旅游行业优先推广新一代信息技术

我国旅游信息化建设大体可分为三个阶段：第一阶段是建设专业化网站；第二

阶段是建设数字旅游和数字景区；第三阶段是"智慧旅游"。"智慧旅游"阶段的旅游信息化应该是以更加面向应用、面向用户和面向整个旅游产业升级为目标的，通过将新一代IT技术充分运用到旅游产业链各个环节中，把感应的芯片装备到旅游资源中，通过云计算和超级计算机，把物联网、互联网和通信网络整合在一起，实现人与人的通信、人与物的通信以及物与物的通信，从而达到更加精细、动态地管理景区和旅游资源的目的，实现旅游全过程的智慧状态。

自"十一五"以来，杭州市在信息产业扶持、电子商务发展、"两化融合"、政府投资信息化建设项目管理、电子政务建设及应用等方面制定了一系列行之有效的政策措施。2012年9月，杭州市政府批复同意《"智慧杭州"建设总体规划（2012~2015）》。2014年7月，杭州市委召开十一届七次全体会议，审议通过了《关于加快发展信息经济的若干意见》，提出要以发展信息经济和智慧经济为突破口，建设美丽中国先行区，推进高起点上的新发展。旅游行业历来是杭州的支柱产业，"智慧旅游"也是"智慧杭州"的重要组成部分。当前，以物联网技术、3G/4G移动通信技术为代表的信息技术迅猛发展，使泛在化、网络化、互联化、移动化和智能化成为一种大势所趋。要加快推进"智慧旅游"，就必须在旅游行业优先推广新一代信息技术。

1. 旅游管理部门：旅游目的地营销系统与旅游电子政务

旅游目的地营销系统（Destination Marketing System，DMS）是由政府主导、企业参与建设的一种旅游信息化应用系统，它为整合目的地的所有资源和满足旅游者的个性化需求提供了一个完整的解决方案。DMS包括三方面内容：一是中国旅游业信息化工程——"金旅工程"的一个基础组成部分，符合"金旅工程"的总体规范；二是基于旅游信息标准化的营销系统；三是全国性的网络营销平台。DMS应用主要以DMS网站为平台，DMS网站是旅游管理部门宣传目的地形象的主要渠道，也是和消费者进行接触的主要方式。DMS网站作为旅游者的目的地门户，其作用在于为目的地树立一个全国乃至全球性的旅游品牌。除了DMS之外，旅游电子政务建设也是旅游管理部门实现数字化管理的重要举措。旅游电子政务应用现代信息管理模式和数字通信技术，在互联网络上实现部门结构、工作流程的优化重组，向社会提供便捷、优质的旅游信息服务。旅游电子政务不仅是衡量旅游管理水平和效率的重要标志，也是实现旅游业跨越式发展的助推器和提高旅游业竞争力的有效途径。

2. 旅游景区：数字景区建设系统

旅游景区实行数字化的途径是建设数字景区系统。数字景区就是要将一切可利用的信息技术（如IP电话、网站、办公自动化系统、视频会议系统、电话会议系统、监控系统、售检票系统、LED/DLP电子显示屏等）与风景名胜区的保护、管理、服务、发展等工作有机地结合起来，以提升景区工作的信息化、数字化水平，整合景区资源，实现信息共享，创新管理模式，实现景区运营过程的有效管理和严密监控的全程数字化管理。景区数字化实现后，将使景区的管理步入以信息带管理、以信息促保护、以信息增效益的良性循环轨道，从而达到提升景区整体发展水平、提高游客满意度的目的。

3. 酒店：信息化系统

传统的酒店信息化一般仅指酒店前台业务或面向客人服务方面的管理软件，目前酒店信息化的概念已经发展成为利用互联网、局域网络平台，围绕酒店的智能化、网络营销、面向客人服务系统、信息服务、内部业务管理等，形成一体化数据中心，通过对各类数据的挖掘、汇总和梳理，为酒店经营分析决策提供全面信息。它包括酒店运营管理系统（PMS）、企业资源规划系统（ERP）、客户关系管理系统（CRM）、供应链管理系统（SCM）、在线采购库存管理系统（OPS）、中央预定系统（CRS）、办公自动化系统（OAS）、知识管理系统（KMS）及员工远程教育/培训系统（E-learning/training）等。

4. 旅行社：旅行社商务e化

旅行社商务e化是指将互联网及相关技术应用于旅行社业的经营管理中，通过发挥新技术的优势，形成一种新的经营管理模式。这种模式为旅行社带来了更大的商机、更低的成本和更多的利润。通过建立电子商务网站、开设网店、建设旅行社ERP和CRM系统等，构建"多层次、广覆盖、高带宽、普接触"的新一代"智慧旅游"城域网，实现"有线无线一体化、室内室外一体化、电视数据一体化、城市农村一体化、感知控制一体化"的发展目标。

（四）以游客为中心强力整合旅游信息资源

旅游业是一种体验经济，游客从设计旅游行程到获取旅游资讯、从查询电子地图到体验虚拟旅游、从感受垂直搜索到享受网络预订、从领略"智慧景区"到分享旅游经历，无不处在这种旅游体验之中。"智慧旅游"的最高境界，就是能与游客进行实时互动。杭州发展"智慧旅游"的目标，就是倾力打造无处不在的全方位旅游体验。传统旅游信息化的"点菜"模式，在物联网、云计算的带动下正转变为一种贴身服务、位置服务。以游客为中心强力整合旅游信息资源，借助"智慧旅游"最大限度地满足个性化需求和提供定制化服务，实现旅游资源和社会资源的共享与资源的系统化、集约化、协同化管理，以及线上线下（O2O）的资源整合。

以游客为中心的"智慧旅游"，实际上就是游客自我感知的智能体验———一站直达，就是通过技术设备和网络基础，随时、自由地获取旅游相关信息，实现更加优质的感知体验和更加常规的行为活动。游客在确定旅游目的地后，需要有一个合理的行程安排，需要设计最佳的旅游线路。此外，预订机票、购买电子门票、目的地地图搜索，可以通过手机自主导览一站式完成。待条件成熟时，借助电脑、手机、触摸屏、数字电视和其他设备，可以实现"一云多屏"，为游客提供一站式、全方位、个性化的旅游信息服务。以电子地图的形式为自助游客提供行程定制服务，根据游客的时间和兴趣，为其推荐不同线路，同时提供手机行程单下载功能，让自助游杭州更轻松惬意。例如，在杭州游客服务中心、旅游集散地、景区、酒店等重点区域，铺设一张智能触摸屏，它与云数据中心无缝集成，可以实现各景区、景点的三维实景导览、虚拟体验、在线预订等，还可以进行信息即时分享、旅游资源线上推荐等。旅游者能根据自己的需求进行选择性消费，根据自己的需求选择导游讲解语种、讲解风格、讲解深度等，旅游者借助虚拟辅助系统能够全面、直观、深入地进行旅游体验，旅游者与"智慧景区"系统不断地进行信息互动，推进景区服务形式、消费内容不断创新。

（五）集中打造"智慧旅游"云平台

基于统一的旅游信息云存储中心建立旅游数据云交换中心，"智慧旅游"平台将实现和旅游企业、各类在线旅游网站的数据同步与信息交换，建成一个庞大的数字化、智能化系统，所有旅游信息都在这里体现、计算和应用，充分满足政府管理部门及景区、商家、游客的使用需求。一般来说，"智慧旅游"云平台应包括以下六大系统。

1. "智慧旅游"信息服务系统

该系统可通过短信、彩信、WAP 以及手机客户端软件的形式将旅游相关信息推送给用户。用此服务的用户可以获取各地景区介绍、美食推荐、历史文化、节庆活动、经典线路、旅行常识、打折优惠等资讯服务，可通过手机访问当地旅游 WAP 网站，在网站上实时通过 3G/4G 网络观看景区视频，切身体验目的地的美丽景色。建设和推广 3G/4G 无线旅游信息服务系统，可以为旅游者提供相关信息资讯，为景区、酒店、供货商提供统一的、全方位的信息资讯。

2. "智慧旅游"电子商务系统

景区门票、电子门票、电子优惠券已成为未来移动电子商务的重要形式，以二维码、一维数字码两种方式实现。票务前台：WEB/WAP 系统展现景区电子门票信息，WAP 版与"智慧杭州"平台对接在相应栏目展示。预订支付：通过手机支付或其他第三方支付平台支付，系统自动生成电子门票代码，并以短信、彩信的方式下发到用户手机。验票入园：景区通过验证平台对电子门票进行验证，通过验证的电子门票用户可进入景区。结算统计：涉及结算、统计、对账、复核、管理等功能。

3. "智慧旅游"移动智能客户端系统

该系统可将当地旅游相关信息通过基于 Android、IOS、Windowsphion 等操作系统的智能手机客户端呈现给旅游者。呈现内容包括当地旅游景点、景区、酒店信息、交通路线、游记等。城市：可查询城市概括、文化、活动、美食、交通等内容。景点：可查询门票价格、电话地址、交通路线、景区看点、美食、住宿、景点坐标、景区类型、景区评级等内容。消息：当前所在城市景点优惠信息一网打尽。周边：基于 LBS 定位的周边旅游景点推荐、旅游指南查看，可自由设置周边显示范围。地图：定位当前位置，锁定周边景区景点，自由查看当前位置至景区的线路图。游记：阅读、撰写个人旅游游记，随时获得并分享个人旅游体验。

4. "智慧旅游"客流统计与预警系统

该系统利用运营商信号基站对景区客流人数进行实时统计分析，并以此做出趋势分析和预测。传统的统计方式周期长、成本高、数据精准度低。旅游景区客流统计与预警系统利用通信运营商的基站覆盖特点，具有周期短、覆盖率高、实时性强、覆盖面广等优点，是对现有统计方式的一种强有力补充，主要包括对核心景区进行总客流量统计、景点的实时人数统计、按游客归属地统计、游客在景区的停留时间统计、景点游客密度实时监控与实时预警等。

5．"智慧旅游"企业诚信监管系统

该系统是为游客和监管部门搭建全新的旅行互信平台，游客可以通过该系统对旅游商家（景区、酒店、餐饮、购物）的服务进行监管，也可以对商家的服务进行投诉、评价、评分。监管部门可以通过游客对商家的投诉、评价、评分等情况，全程在线处理，公开诚信信息，实现旅游消费产业链全程监管，促进商家改进服务，提高服务质量。

6．"智慧旅游"导游管理服务系统

该系统可通过手机客户端等平台，综合利用 GPS 定位技术及 LBS 定位技术，实现政府管理部门及旅行社对导游工作管理（包括年审、培训、电子政务、政策公告、导游助手等）、导游行程管理（包括导游线路管理、导游线路追踪等）功能。

（六）加快建设"智慧景区"

当前，以"无线杭州"为基础，基于 4G 网络的"智慧景区"时代已经到来。"智慧景区"将通过"智慧旅游"全媒体、"智慧旅游"微信公众平台手机、"杭州智慧旅游"APP 定制系统、"西湖游览网"（www.toxihu.com）、"智慧西湖"服务亭等载体，将杭州各景区、景点的各种旅游资讯做精心收集和分类，为游客提供一站式、全天候、智能化的旅游综合服务。

建设"智慧景区"是一项复杂的系统工程，要围绕景区服务设施、经营资源、产业布局等要素，针对"管理、服务、营销"三个维度，以移动 4G 网络覆盖为基础，以景区数字化、物联化管控为管理落脚点，以基于手机终端的多国语言游客交互服务平台（景区智慧旅游 APP 应用）为展示面，通过景区以及景区周边旅游产业信源最大限度的整合互动，为景区管理者提供高效办公，为景区游客提供智能化旅游、景点无线上网等信息化服务，形成旅游景区的网格化管理。杭州在规划建设"智慧景区"过程中，应坚持以下三大原则。

1．总体规划部署，管理战略导向

围绕景区各业务所属职能性质和条线，梳理和订立"智慧景区"各项建设任务的归口体系，从管理职能上推动业务建设内容的规划设计和保障"智慧景区"建设所促进的服务能力和应用价值。

2．纵向逐步推进，横向保持平衡

以成熟并被广泛应用的技术基础导入、优先部署实践成效明显且利用率高的系统等策略，分步推进各归口体系的建设工作。同时，保持业务条线之间进度协调，形成"内部资源管理""外部服务设施"牵引式同步前进。

3. 开放创新机制,应用结合经营

"智慧景区"建设在传统旅游景区业务的支撑上,需要预计当前技术趋势和应用,有前瞻但须适度地融入新技术。同时,在技术实践和系统部署时,突破传统景区应用模式,导入新的商业机制,积极迎合景区管理需求,最大限度地推动景区智慧经营模式,实现经营效益和社会效益相互促进。

总之,杭州要打造在国内外旅游市场上具有强大竞争力的旅游"产业链",关键在于推动杭州从"旅游城市"向"城市旅游"转变,推动杭州从传统旅游向"智慧旅游"转变。在智慧经济时代发展旅游业,杭州应围绕"东方休闲之都·品质生活之城"总目标,以移动智能终端为基础,以"智慧景区"规划建设为抓手,不断推进旅游业的"二次革命",努力实现旅游业的"二次腾飞"。

注 释

[1] 2014年11月,笔者在中国知网以"智慧旅游"为关键词进行检索,1999年至今共有344篇相关文献,2010年前每年的相关文献仅以个位数计,而2011~2013年的相关文献分别为44篇、95篇、140篇。仅从文献篇数上即可看出,近年来学术界对"智慧旅游"的关注度急剧上升。

[2] 高振发、刘加凤:《智慧城市背景下智慧旅游基本内涵的诠释》,《宁波职业技术学院学报》2013年第5期。

[3] 沈杨:《我国智慧旅游建设的现状与思考》,《甘肃农业》2013年第3期。

[4] 李云:《智慧旅游时代传统旅行社经营模式的转型》,《对外经贸》2013年第9期。

[5] 王虹、廖文喆:《政府主导型智慧旅游发展模式研究》,《社会科学论坛》2014年第5期。

[6] 赵明丽等:《智慧旅游框架建设研究》,《经济研究导刊》2014年第2期。

[7] 张凌云:《智慧旅游:个性化定制和智能化公共服务时代的来临》,《旅游学刊》2012年第2期。

[8] 李云:《智慧旅游时代传统旅行社经营模式的转型》,《对外经贸》2013年第9期。

[9] 数据来源于杭州市旅游委员会官方网站(http://www.gotohz.gov.cn)。

[10] 数据来源于杭州市旅游委员会官方网站(http://www.gotohz.gov.cn)。

[11] 李振坤:《智慧旅游背景下游客消费模式研究》,《现代商业》2014年第10期。

[12] 许建:《体验经济时代下体验旅游产品开发策略》,《资源环境与发展》2010年第6期。

[13] 李振坤等:《少数民族村寨旅游的SWOT分析》,《旅游纵览》2014年第3期。

参考文献

《中国旅游业"十二五"发展规划纲要》《浙江省智慧旅游建设工作方案》《杭州市智慧城市建设总体规划》等。

李云鹏等:《智慧旅游:从旅游信息化到旅游智慧化》,中国旅游出版社,2013。

王辉等:《智慧旅游》,清华大学出版社,2012。

姚志国等:《智慧旅游:旅游信息化大趋势》,旅游教育出版社,2013。

H. H. Owaied, H. A. Farhan, N. AL-Hawamdeh, N. AL-Okialy, "A Model for Intelligent Tourism Guide System", *Journal of Applied Sciences*, 2011 (2).

(责任编辑 方晨光)

杭州发展信息经济、智慧经济的路径探讨
——基于杭州和深圳的比较

◎ 杜群飞

提　要：杭州发展信息经济、智慧经济是传统产业绿色化转型的重要路径，是传统产业生产方式的革新，是杭州"生活品质之城"的保障。面对城市竞争与技术变革的时代，通过对杭州和深圳的若干比较，从人的需求和企业的需求两个方面探讨了杭州发展信息经济、智慧经济的主要路径。以人的需求为中心，围绕人们的安全需求、环境生活品质追求、社交与尊重需要、自我实现需要，探讨了杭州发展信息经济、智慧经济的路径。以市场主体企业为中心，围绕企业融资难与融资贵的问题、对客户及销售的需求、对物流瓶颈突破的需求、对产业升级的需求，探讨了杭州发展信息经济、智慧经济的路径。

关键词：信息经济　智慧经济　城市比较　发展路径　杭州与深圳

作者杜群飞，浙江农林大学副教授、高级经济师（邮政编码　311300）。

2014年，杭州市委、市政府提出发展信息经济、智慧经济，把握了移动互联网革命、新兴经济发展的大势，也是杭州迈向"国际风景旅游城市、国家历史文化名城、生活品质之城"城市发展的一次助力。麦肯锡发布的《中国数字化转型：互联网对生产力与增长的影响》报告表明，2013年度中国互联网经济占GDP的比重已超过美国。

一 杭州发展信息经济、智慧经济的意义

（一）发展信息经济、智慧经济是传统产业绿色化转型的重要路径

传统产业绿色化转型，包括污染的有效治理和产业本身的低污染、低排放等，采用信息技术有助于污染治理能力与环保监管能力的提升。污染源自动在线监测系统、大气粉尘检测仪、污染治理设施运行实时监控系统、刷卡排污系统等都是信息经济的产物，大大提高了环保监管能力。通过把老旧厂房、落后产能淘汰以及工厂车间等工业遗存发展为创意设计、动漫影视、文化传媒、广告等产业，使传统产业资源焕发新的生命力。作为信息经济与智慧经济的重要组成部分和智慧产业化的重要体现，这些产业本身又是一个低碳、节能环保、绿色新产业的崛起。传统产业通过与信息和智慧产业的嫁接，从制造业走向"制造+服务"，产业链得到延伸，产业发展注入绿色动力，从单一产品的制造者走向系统方案的服务者。全球标杆性企业IBM从产品到服务的成功转型，以及智慧地球概念的提出，正如郭士纳所言，实现了"让大象跳舞"。发展信息经济与智慧经济，是传统产业绿色化转型的重要路径。

（二）发展信息经济、智慧经济是传统产业生产方式的革新

生产方式的革新在于机器换人，增加的是智能化设备、信息软件系统，减少的是劳动用工以及加班加点，实现了产业智慧化，提高了生产效率，解决了杭州面临的"招工难、用工贵"的问题，增强了产业的竞争力。劳动用工的减少，也减少了人力劳动所需的照明、空调等能源的消耗。生产方式的革新在于企业从大规模生产方式向大规模定制生产方式（个性化生产方式）的转变。大规模定制生产方式以知识和信息技术为核心生产要素，强调分散式生产并以满足用户的个性化需求为目标，表现为高度的产品和工艺创新、产品多样化和个性化特征明显、生产与开发周期日渐缩短等。全球化使得市场规模空前扩大，任何一种个性化产品在不同的国家和地区市场具有相似的市场集群，从而个性化产品可以达到小批量的需求，在新的技术条件下满足规模经济的要求；信息化则使得柔性制造、及时生产以及低成本的信息搜寻成为可能[1]。

（三）发展信息经济、智慧经济是杭州"生活品质之城"的保障

发展信息经济、智慧经济，通过智慧交通、智慧医疗等生活方式的革新，增加的是信息流、资金流、物流，减少的是人流、车流，同时减少了人们办事所需排队、等候、赶路等的时间，给人们的生活创造了便利。增加了人们的闲暇时间，提高了人们的生活质量。人们可以有更多的时间用于文化娱乐、健身锻炼、旅游消遣，促进了休闲经济的发展。生活品质之城包括经济生活品质、文化生活品质、政治生活品质、社会生活品质、环境生活品质，这一切的发展都离不开信息技术、数字技术、智慧物流等的保障。通过工业化和信息化的融合，推进自动化和智能化，形成云计算、大数据、移动互联网、物联网等信息、智慧产业。通过电子政务云建设，共享

各个部门的信息,避免产生"信息孤岛",避免重复建设,以节约建设资金,提高其服务效率和服务能力,提高政府的执政能力与社会管理能力。通过由政府主导,整合公共资源,为公民和企业的直接需求提供公共服务云平台,如医疗云、社保云、园区云等,以提高公共服务水平。

二 杭州和深圳 2013 年度国民经济和社会发展的比较

面对城市竞争与技术变革的时代,通过对杭州和深圳的若干比较发现,深圳作为改革开放的高地,加上紧临香港、港口城市等区位优势,同时深圳无论是在城市环境建设还是在高新技术、信息软件、文化、旅游等产业发展方面,均与杭州有许多重叠相似之处,这无疑对杭州的发展有借鉴意义(见表1)。杭州提出"拉高标杆、深化改革、创新发展",是对自我的加压,通过对深圳发展的比较借鉴,必将促进杭州的快速发展。

表1 杭州和深圳 2013 年度国民经济和社会发展情况

项目	深圳	杭州
常住人口/面积/城市定位	1062.89 万人 2459.85 平方公里 区域性国际化城市	884.4 万人 16596 平方公里(市辖区 3068 平方公里) 生活品质之城
GDP 总量/增长率/人均 GDP	14500.23 亿元 10.5% 136947 元	8343.52 亿元 8.0% 94566 元
公共财政收入/增长率	1731 亿元 16.8%	1734.98 亿元 6.6%
总部经济	1. 世界 500 强本土企业数达到 4 家,三星通信研究院、菜鸟网络科技等 20 家总部企业落户深圳。 2. 外商直接投资项目为 2056 项,合同外资金额为 67.00 亿美元,实际使用外资 54.68 亿美元	1. 世界 500 强本土企业数达到 2 家,思科中国总部落户杭州。 2. 外商直接投资项目为 415 项,合同外资金额为 91.31 亿美元,实到外资 52.76 亿美元。引进内资项目 1711 项,到位资金 860.60 亿元
教育、科技与创新能力	1. 不含幼儿园,在校学生为 124.17 万人;南方科技大学新校园启用,香港中文大学(深圳)校区主体工程完工。 2. 研究和发展(R&D)经费为 500 亿元,占 GDP 的比重为 4%;基因测序、超材料、4G 通信技术水平跻身世界前列。 3. 专利申请量为 80657 件,同比增长 10.29%,其中发明专利申请量为 32208 件,同比增长 3.65%。专利授权量为 49756 件,同比增长 2.25%,其中发明专利授权量为 10987 件。腾讯、比亚迪、迈瑞、朗科获得国家专利金奖。PCT 国际专利申请量为 10049 件,占全国的比重为 48.1%;超多维公司裸眼 3D 技术获得国家技术发明一等奖。	1. 不含幼儿园,在校学生为 128.27 万人;启用杭州师范大学仓前校区(一期),天目学院、之江学院两所高校迁离杭州。 2. 研究和发展(R&D)经费占 GDP 的比重为 2.95%。 3. 专利申请量为 58279 件,同比增长 8.36%,其中发明专利申请量为 14031 件;专利授权量为 41518 件,同比增长 2.13%,其中发明专利授权量为 4903 件。6 项专利获国家优秀专利奖。 4. 新获认定中国驰名商标 12 件,累计中国驰名商标 107 件,累计有效注册商标 13.9 万件。

续表

项目	深圳	杭州
教育、科技与创新能力	4. 新获认定中国驰名商标15件，累计中国驰名商标118件，累计有效注册商标237790件。 5. 软件著作权登记量为14934件，增长20.69%，占全国登记总量的9.09%，居全国大中城市第四位。成功举办第十五届中国国际高新技术成果交易会和第十二届国际人才交流大会	5. 浙江软件著作权登记量为11863件，增长7.22%
核心产业	1. 提出四大支柱产业、六大战略性新兴产业。金融业增加值为2008.16亿元（本外币各项存款余额为33943.15亿元，比年初增长14.1%；本外币各项贷款余额为24680.07亿元，比年初增长12.9%）；物流业增加值为1445.62亿元；文化产业增加值为1085.94亿元；高新技术产业增加值为4652.00亿元。生物产业增加值为228.28亿元；互联网产业增加值为590.59亿元；新能源产业增加值为335.97亿元；新一代信息技术产业增加值为2180.30亿元（2012年软件业务收入为2748.6亿元）；新材料产业增加值为310.36亿元；文化创意产业增加值为1357.00亿元。 2. 举办第十五届中国国际高新技术成果交易会	1. 提出十大产业。文化创意（增加值为1003.32亿元，增长19.8%）、旅游休闲、金融服务（本外币存款余额为22174.71亿元，增长10.1%；本外币贷款余额为19350.70亿元，增长7.0%）、电子商务（增加值为393.80亿元，增长55.7%）、信息软件（增加值为678.72亿元，增长23.5%，软件业务收入为1650.6亿元，增长33.7%）、先进装备制造业、物联网、生物医药、节能环保、新能源十大产业实现增加值3908.74亿元，比上年增长12.1%。 2. 举办第十届中国动漫博览会
邮电通信	1. 邮电业务收入为586.66亿元，其中电信业务收入为366.31亿元，增长5.4%；邮政快递业务收入为220.36亿元，增长89.6%。 2. 移动电话用户为2554万户。 3. 智慧城市加快建设，"三网融合"试点工作稳步推进，宽带用户超过370万户，互联网普及率、无线宽带网络覆盖率分别达到84.2%和87.7%，建成WLAN热点超过1万个	1. 邮电业务收入为267.19亿元，其中电信业务收入为168.93亿元，增长8.5%；邮政快递业务收入为98.26亿元，增长48.3%。 2. 移动电话用户为1459.85万户。 3. 推进"智慧杭州"建设，实施"三网融合"，加快建设宽带和下一代互联网等信息高速公路，宽带用户达到286.53万户，增长13.9%，建成WiFi热点3600余个，AP（无线路由器）28000余个
旅游业/商贸服务业	1. 接待入境游客1214.89万人次，增长0.7%；全年实现旅游外汇收入45.31亿美元，增长4.7%。接待国内游客3351.91万人次，增长14.0%。 2. 社会消费品零售总额为4433.6亿元，增长10.6%。 3. 举办第九届中国（深圳）国际文化产业博览交易会、第八届中国（深圳）国际物流与交通运输博览会和首届国际工业设计大展等	1. 接待入境游客316.01万人次，下降4.6%；全年实现旅游外汇收入21.60亿美元，下降1.9%。国内游客9409.14万人次，增长14.2%。全年旅游总收入达到1603.67亿元，比上年增长15.2%。 2. 社会消费品零售总额为3531.17亿元，增长13.0%。 3. 举办世界休闲博览会、第十五届西湖国际博览会
交通运输	全年货物运输总量为29685.02万吨，比上年增长3.5%；深圳港集装箱吞吐量达到2327.8万标箱，跃居全球第三位；机场旅客吞吐量突破3000万人次，新航站楼投入运营；拥有私人小汽车196.95万辆，增长20.5%	全年货物运输总量为3.07亿吨，比上年增长2.1%；民航客运1150.54万人次，增长16.4%；拥有私人小汽车167.85万辆，增长19.2%

续表

项目	深圳	杭州
美丽城市建设	1. PM2.5达标天数为267天，超标98天，国IV柴油推广使用，淘汰黄标车近3万辆。 2. 人均公园绿地面积达16.7平方米。 3. 水环境综合整治推行"河长制"管理，新建污水管网218公里。 4. 启动碳排放权交易，635家工业企业和197栋建筑物纳入首批碳排放管控单位；生活垃圾无害化处理率达98.4%	1. PM2.5达标天数为245天，超标120天，国IV燃油推广使用，淘汰黄标车31170辆。 2. 人均公园绿地面积达15.66平方米。 3. 水环境综合整治推行"河长制"管理，新建污水管网190.41公里。 4. 整治制革、印染、造纸等高污染排放企业379家；生活垃圾无害化处理率达100%

注：全国应用于工控设备、智能终端、通信、数字视听、汽车电子、医疗电子和智能电网等多个领域的嵌入式软件为33104件，约占登记总量的20.14%；全国物联网软件为4388件，同比增长70.54%，是我国登记增速最快的软件类别之一，处于高速增长期；全国云计算软件为3017件，同比增长55.04%；游戏软件登记量为9660件，同比增长39.86%，其中手机游戏软件登记3282件，同比增长约88.73%，保持着较高的增速；地理信息软件为5036件，同比增长37.00%。

资料来源：①2013年度深圳、杭州国民经济和社会发展统计公报等。
②2013年深圳、杭州知识产权发展状况白皮书以及2013年中国软件著作权登记情况分析报告。

从表1关于杭州和深圳2013年度的数据比较中，可以得出以下结论。

（1）杭州的常住人口比深圳少178.49万人，区域面积比深圳大14136.15平方公里，这为杭州的产业梯度转移提供了空间，土地资源作为重要资源，为后续的发展提供了增长的潜力。在城市定位上，深圳注重国际视野，杭州注重生活品质，亲民的政府行政理念等增加了杭州的宜居性。杭州市社会科学界联合会的调查表明，"生活品质之城"获得最高度的认可。

（2）杭州的GDP总量比深圳少6156.71亿元，GDP增长率比深圳低2.5个百分点，人均GDP比深圳低42381元，差距比较明显。

（3）杭州与深圳的公共财政收入相当，深圳为1731亿元，增长16.8%；杭州为1734.98亿元，增长6.6%。杭州比深圳的增长速度低10.2个百分点。

（4）在总部经济方面，杭州要继续打造总部经济，在浙商回归及内资引进成效显著的情况下，争取将早先流入上海的企业总部回归，发挥钱江新城的引领作用。

（5）在教育、科技与创新能力方面，杭州的研究和发展经费占GDP的比重比深圳低1.05个百分点，是一个重要的差距指标。杭州的发明专利申请量比深圳少18177件，发明专利授权量比深圳少6084件。在专利含金量方面，杭州优秀专利奖与深圳专利金奖相比有一定差距。2013年度深圳软件著作权登记量为14934件，比整个浙江的11863件还要多3071件，差异较大，其中嵌入式智能应用、物联网、云计算、游戏、地理信息软件和深圳相比具有比较劣势。与深圳相比，杭州新获认定的中国驰名商标数量差距不大，但其经济应用价值在减弱，累计注册商标差距明显，比深圳少9.879万件。在教育方面，杭州与深圳在校学生人数相当，但杭州部分民办高校迁离杭州，值得关注，原本是这些高校向杭州郊县迁移的一次机会，可以带动地方经济发展。

（6）在核心产业发展方面，深圳提出四大支柱产业和六大战略性新兴产业。其中，金融业增加值为 2008.16 亿元；物流业增加值为 1445.62 亿元；文化产业增加值为 1085.94 亿元；高新技术产业增加值为 4652.00 亿元。杭州提出了十大产业，十大产业增加值为 3908.74 亿元，比深圳四大支柱产业少 5282.98 亿元。其中，杭州文化创意产业核心层增加值为 1003.32 亿元，总增加值为 1359.51 亿元，超过深圳的 1085.94 亿元，中国动漫博览会助推了杭州"动漫之都"的国际地位。杭州信息软件产业增加值为 678.72 亿元，增长 23.5%；软件业务收入为 1650.6 亿元，增长 33.7%。而深圳信息技术产业增加值为 2180.30 亿元，杭州的差距在于缺少华为、中兴等软件强企。物流产业增加值差距比较明显，杭州 2012 年度是 394.75 亿元。金融产业增加值的差距也较大，杭州的本外币存款余额比深圳少 11768.44 亿元，差距较大；杭州的贷款余额比深圳少 5329.37 亿元，杭州发展区域性金融中心也需要引进更多的金融机构。杭州要进一步聚焦优势产业，扬长避短，彰显特色，如将文化创意产业打造成为该产业的全国高地，进一步巩固提升先发优势。

（7）杭州的邮电业务收入比深圳少 319.47 亿元，差距明显。互联网普及率和无线宽带网络覆盖率作为信息基础设施和智慧城市的基础，也是开展企业间系统集成以及电子商务等的保障，杭州要继续加快发展。

（8）杭州和深圳的交通运输、货物运输量相当；民航运输量差距较大，杭州比深圳少 1849.46 万人次。杭州旅游业的比较优势明显，但接待入境旅游人数比深圳少 898.88 万人次，除了地理差异导致港澳台人数少以外，杭州有待进一步拓展境外旅游市场，推动杭州 72 小时过境免签政策早日落地。

（9）在美丽城市建设方面，除了 PM2.5，杭州在水污染治理、生活垃圾无害化处理等方面走在前列，而深圳的碳排放交易走在前列。

在与高标杆城市深圳的比较中，我们可以进一步看清杭州在资源禀赋，总部经济，教育、科技与创新能力，以及核心产业、金融服务、邮电通信、旅游商贸、文化创意、交通运输、美丽城市建设等方面的优劣势。面对城市竞争与技术变革的时代，把握移动互联网革命、新兴产业发展的大势，扬长避短，凸显比较优势，巩固提升先发优势，打造全国乃至全球产业高地，助力杭州"国际风景旅游城市、国家历史文化名城、生活品质之城"城市发展，探讨杭州发展信息经济、智慧经济的路径实有必要。

三 杭州发展信息经济、智慧经济的路径探讨

（一）以人的需求为中心，探寻发展信息经济、智慧经济的路径

马斯洛需求层次理论提到，人的需求包括生理需求、安全需求、社交需求、尊重需求和自我实现需求。满足需求能够产生正的外部性，是发展经济的活力所在，以服务民生为落脚点，推动智慧应用体系建设。

1. 围绕人们的安全需求，发展安防产业，打造食品安全供应链

平安是金，平安是福，人们对安全的需求包括人身安全、财产安全等。安防系

统不仅协助侦破案件，还给城市管理、应急指挥、市民求助带来方便，围绕打造"平安杭州"建设，发展数字安防产业。安防产业链包括安全防范视音频采集、编码技术、数字传输、存储技术、解码输出、智能识别技术、大屏显示、中心管理平台软件等在内的全线监控产品和行业整体解决方案。根据《中国安防行业"十二五"发展规划》，全国安防产业产值预计将从2013年的3883.80亿元发展到2015年的5000亿元，年复合增长率约为20%，安防产业是发展信息经济、智慧经济的路径之一。杭州安防产品在全国占有相当明显的优势，安防产业处于全国领先地位，数字安防中全国视频监控领域的前三名——海康威视、大华股份、宇视科技都在杭州，占据全国视频监控领域半壁江山。数字安防产业产值也从2007年的40亿元增加到2012年的427亿元，五年内增长了近10倍。海康威视2013年度以789.99亿元的总市值成为中小板市值最大的公司，安防是一个处于高速发展期的朝阳产业。杭州要继续巩固和提升数字安防产业特色领先优势，加强低成本、低功耗、高精度、高可靠、智能化传感器的研发与产业化，突破物联网核心芯片、软件等基础共性技术，加快传感器网络、智能终端、大数据处理、智能分析、服务集成等关键技术研发创新，推进物联网与新一代移动通信、云计算、下一代互联网、卫星通信等技术的融合发展[2]。

人身安全的其中一面是食品安全，杭州要打造食品安全供应链，供应链管理涉及食品原料供应、食品加工生产、食品物流与食品销售等环节。通过物流追溯系统建设，借助二维码、GIS和视频编解码等技术，透明化地显示粮食加工、生产、销售等各环节的数据和视频信息，实现食品从生产到消费的全过程可视化监管，增强消费者的安全消费信心。杭州要打造全国最具安全感的城市，围绕人们对安全的需求发展信息经济、智慧经济，发展安防产业，打造食品安全供应链。

2. 围绕人们的环境生活品质追求，发展智慧环保、医疗、交通产业

当前，空气、水、环境等成为人们普遍关注的热点，试想这样的一个城市，"空气清洁可以自由呼吸，水源无污染可以放心饮用，食品安全有保障，环境优美能让人心情舒畅、甜蜜入睡，而且不堵车"，谁不萌生对"住在杭州"的向往？智慧环保、智慧医疗、智慧交通等智慧应用是发展信息经济、智慧经济的落脚点，也给传统产业的发展插上翅膀，帮助人们实现对环境生活品质的追求，让人们生活得更美好。

发展智慧环保，借助物联网技术，把感应器和装备嵌入各种环境监控对象中，通过超级计算机和云计算将环保领域物联网整合起来，实现人类社会与环境业务系统的整合，以更加精细和动态的方式实现环境智慧管理，为监管机构提升环境保护监管力度提供技术支持。继续大力发展智慧医疗，解决看病难、看病贵的问题。网上挂号服务便于预约诊疗，电子病历的运用可以减少重复检查，远程医疗会诊系统能够提高诊断水平，诊间结算、远程手机推送检查结果等能够避免患者来回奔波，等等。继续推动发展智能交通建设，将信息技术、数据通信传输技术、电子传感技

术、控制技术及互联网技术等集成运用于整个交通管理系统，建立起一种在大范围内、全方位发挥作用的，实时、准确、高效的综合交通运输管理系统，可以减少人们出行的时间成本。例如，快的软件的应用既方便了乘客快速打的，也减少了出租车空载率，增加了出租车司机的收益。

3. 围绕人们的社交与尊重需要，发展文化创意、旅游产业

社交需要包括人们对情感和归属的需求，微信、动漫、影视、社交、娱乐等，满足了人们对学习沟通、社交娱乐、圈层生活等的需求，如YY娱乐、"9158"都在短短数年内发展成为市值超百亿元的上市公司。借助于信息技术、互联网技术，实现了"海内存知己，天涯若比邻"，也满足了人们对情感和社会归属的需求，带来了巨大的经济产值。例如，游戏产业的发展不仅丰富了人们娱乐消遣的形式，而且满足了人们现实世界不具有的地位掌控、被他人尊重和自我尊重的心理需求。《2013年中国游戏产业报告》显示，2013年中国游戏市场收入总额达831.7亿元，较2012年增长38%，整体用户规模达4.9亿人。其中，手游增长迅速，移动游戏用户数约3.1亿人，同比上升248.4%；实际销售收入达112.4亿元，同比上升246.9%。"愤怒的小鸟""征途""魔兽"等一个个耳熟能详的游戏APP，超过全美人口154%的消费人群，潜藏着巨大的经济能量。杭州要积极发展动漫及游戏产业，打造中国动漫产业博览会这一金字招牌，建设好"动漫之都"，动漫及游戏产业的发展依赖于多媒体技术、声电技术、复制技术、存储技术等先进IT技术的支持，动漫及游戏业是文化创意产业的重要组成部分。

杭州要积极发展文化创意产业，打造数字内容产业中心，文化创意产业的发展依赖于计算机网络等信息技术，产业的背后是信息经济、智慧经济。2013年，以信息服务、动漫游戏、设计服务、现代传媒、艺术品、教育培训、文化休闲旅游、文化会展八大行业为主的文化创意产业核心层实现增加值1003.32亿元，增长19.8%，比上年提高2.9个百分点，高于全市GDP增速11.8个百分点，占全市文化创意产业的比重达73.8%，比上年提高3.7个百分点[3]。

旅游作为社交需求的一部分，2013年杭州接待入境游客达316.01万人次，比上年下降4.6%；实现旅游外汇收入21.60亿美元，比上年下降1.9%。杭州接待国内游客9409.14万人次，比上年增长14.2%。全年旅游总收入达到1603.67亿元，比上年增长15.2%。旅游产业是杭州的优势产业，借助西湖、运河两个世界文化遗产，进一步拓展境外旅游市场，推动杭州72小时过境免签政策早日落地，推出满足境外旅客消费习惯和需求的旅游产品。

4. 围绕人们的自我实现需要，发展文化教育产业，打造创业创新高地

自我实现需要包括对学习的需要和创业的需求等，通过学习、创业实现自我价值。互联网和移动互联网作为21世纪最大的创业机会，围绕人们的自我实现需要，激发"学在杭州""创业在杭州"，是发展信息经济、智慧经济的又一路径。

杭州要用市场手段大力发展文化教育产业，减少高等教育学校的外流。近年来，

杭州多所民办高等院校迁离杭州。杭州作为一个副省级城市，"211"高校只有一所，而离杭州只有一小时路程的南京却有8所，差距非常大。杭州师范大学要以共建为契机，以发展为动力，促进科研能力和影响力的提升。高等院校是杭州发展信息经济、智慧经济的智囊团，除了对人才的培养，还推动了教育产业的发展。杭州要继续鼓励创业创新，营造氛围，搭建平台，加强创业宣传，吸引创业；完善服务举措，扶持创业；加强创业孵化，推动创业。杭州要积极发展创业发展投资基金，政府引导社会参与，集聚风险投资（VC）、股权投资（PE）、天使投资等各类金融机构来杭设立基金，鼓励海外留学人员及其他创业人士来杭创业。当一个城市的资金不断流入的时候，也是这个城市快速崛起的阶段，杭州要积极发展各类私募股权投资，加强金融机构的引入。2013年末全市拥有金融机构342家，与上海的2117家相比差距明显，因此重点要加强区域性金融服务中心的打造。

（二）以市场主体企业为中心，探讨发展信息经济、智慧经济的路径

企业是市场的主体，要满足企业的需求，调动企业的活力与积极性，推动信息经济、智慧经济的发展。

1. 围绕企业融资难与融资贵的问题，建设"互联网金融之都"

杭州是一个中小企业的集聚地，"融资难与融资贵"的问题是中小企业普遍面临的问题。出现这一问题最主要的原因是信用体系的建设不完善。金融部门不了解企业及实际控制人的信用状况，对企业财务管理的规范性及财务报表的真实性也有疑虑，所以抵押担保包括互保是浙江企业融资的最普遍方式。一旦某个企业由于某种原因陷入现金流问题，就会由点快速蔓延到面，出现企业之间、企业与金融机构之间的系统性风险，如2012年涉及的"浙江担保圈危机暗涌：600多家企业卷入收贷风波"、2014年"萧山等地出现金融风险，互联互保凸显民企融资困局"等事件。通过云计算和大数据产业中心改变了银企之间的信息不对称，有利于信任关系的建立，有助于中小企业融资难问题的解决，也能够降低银行坏账率，促进金融产业的发展。发展互联网金融创新中心，筹集更多的低成本资金，有效运用好分散于个人、主体之间的闲散资金，加快资本流通速度，提高资金利用效率，解决融资贵的问题，实现实业与金融的良性互动、共赢发展。

2. 围绕工业化和信息化融合，发展信息软件产业，建设国际电子商务中心

工业化和信息化融合，使信息化条件下产品协同开发、互动创新和生命周期可控的研发服务体系成为产业创新发展、实现服务化转型的驱动力。2014年上半年，杭州市规模以上信息软件企业实现主营业务收入753.82亿元，增长21.2%；实现利润总额237.05亿元，增长30.2%，远远高于总体GDP的增长。信息软件产业成为杭州发展信息经济、智慧经济的重要路径。依据2013年中国软件著作权登记情况分析报告，在同深圳的比较中，2013年度深圳软件著作权登记量为14934件，比整个浙江的11863件还要多3071件，差异较大。其中，嵌入式智能应用软件应用于工控设备、智能终端、通信、数字视听、汽车电子、医疗电子和智能电网等，是众多

产业的"心脏",物联网、云计算、游戏、地理信息软件等制约相关产业的成长。这几个方面正处于高速增长期,杭州要尽全力抢占上述软件产业发展的机遇期。

企业除了对用户需求和用户反馈有迫切的了解外,还对如何实现销售有着现实的需求。阿里巴巴提出,"让天下没有难做的生意",正是顺应了这样的市场需求而获得了巨大的发展。国际电子商务中心是发展信息经济、智慧经济的六大中心之一,杭州要进一步集聚电子商务发展所需的人才、政策、机制等各种要素,打造电子商务发展生态系统,吸引更多的电子商务平台来杭州发展,发现、培育更多的"阿里巴巴",涌现百花齐放的发展格局,增强竞争力。

3. 围绕企业对突破物流瓶颈的需求,建设智慧物流中心与物联网产业中心

随着 B2B、B2C 电子商务的发展,以及消费者购买渠道和方式的转变,全球采购、全球生产、全球流通、全球消费已是不争的事实,物流成为企业发展的一大瓶颈。智慧物流中心、物联网产业中心的建设是杭州发展信息经济、智慧经济的又一条路径。智慧物流通过感应器、RFID 标签、制动器、GPS 和其他设备及系统生成实时信息的"智慧供应链",将物联网、传感网、互联网整合起来,实现物流的网络化、自动化、智能化,提高资源利用效率,降低物流成本,加快物流速度。推进智慧物流发展,可通过以下途径:确立智慧物流的全球与公共视野;把智慧物流融入智慧城市;夯实技术基础;融入大数据,向智慧供应链延伸[4]。

杭州要抢占物联网产业发展的制高点,同时要夯实物联网产业的发展基础。在现有联邦快递(FedEx)、UPS、顺丰、德国邮政(DHL)等在杭州设立中转站物流中心或开通航线的基础上,杭州要继续推动马士基(Maersk)等全球物流公司在杭州落户。积极推动中国物联网产业推广中心、中国物流技术协会、华夏物联网等迁移或在杭州设立分中心。在中国科学院杭州射频识别技术研发中心、中国电科(杭州)物联网研究院、香港科技大学(杭州)物联网应用技术研发中心的基础上,推动大数据协同创新中心早日建成。举办好中国(杭州)物联网产业博览会。

4. 围绕企业对产业升级的需求,发展云计算和大数据产业中心

产业的升级本质上是产业智慧化、智慧产业化。制造业向服务业转型是传统产业升级的重要方向,是产业智慧化的表现。制造业向服务业转型离不开云计算和大数据的支持,这种支持主要分为三种形式:第一,提供聚焦产品的售后服务;第二,提供基于产品的增值服务;第三,提供脱离产品的专业服务。研究表明,信息技术在制造业服务化中起到了非常重要的作用,有效地支持了服务专业化和制造业服务化与一体化的有机结合、"一对一"的个性化服务、智能服务、面向各种对象的服务等[5]。

培育智慧产业化市场,发展智慧产业化企业,努力成为标准制定者,推动规模化运用,降低信息经济和智慧经济的应用成本。在思科中国总部、微软云计算中心落户杭州的基础上,推动 IBM 等在杭州设立服务执行中心、客户中心、研发中心等。推动中国互联网信息中心、国家互联网应急中心、国家智能交通系统工程技术

研究中心、机器人研发中心等各类科研院所来杭发展。

发展信息经济、智慧经济，围绕杭州"国际电子商务中心、云计算和大数据产业中心、物联网产业中心、智慧物流中心、数字内容产业中心"的发展目标，有待开展更深入的研究。推动信息经济、智慧经济的生态产业链构建，培育智慧产业化市场，发展智慧产业化企业。发展信息经济、智慧经济，既要发挥市场在资源配置中的决定性作用，也要更好地发挥政府作用，统筹经济社会发展，统筹人与自然和谐发展，建设美丽中国先行区。

注 释

[1] 陈宝森、王荣军、罗振兴：《当代美国经济》，社会科学文献出版社，2011。
[2] 国务院办公厅：《国务院关于推进物联网有序健康发展的指导意见》，2013年2月5日。
[3] 徐墉：《杭州加快打造全国文化创意中心》，《杭州日报》2014年5月17日。
[4] 丁俊发：《推进智慧物流发展的几点意见》，《中国储运》2014年第1期。
[5] 顾新建、张栋等：《制造业服务化和信息化融合技术》，《计算机集成制造》2010年第16期。

（责任编辑　方晨光）

杭州中小企业电子商务模式与人才培养对接策略*

◎ 沈蓓颖 张 杰

提 要：随着信息技术的发展，面对中小企业电子商务模式的不断发展创新，电子商务的内涵和外延也在不断得到充实和扩展，培养服务于中小企业电子商务的创业型人才已经成为电子商务面临的首要任务。本文通过对中小企业电子商务主要应用模式现状的研究，分析探讨了中小企业电子商务模式与人才培养教育模式对接的途径，提出了成功地应用电子商务网络资源实践平台实现中小企业电子商务人才培养的方法及策略。

关键词：电子商务 中小企业 商务模式 人才对接 杭州

作者沈蓓颖，杭州职业技术学院管理学院电子商务教研室讲师；张杰，杭州职业技术学院管理工程系学生（邮政编码 310018）。

电子商务作为新经济时代的新型商务手段，是目前中小企业创新发展的战略选择之一，特别是基于主要依附于产品市场流通环节的中小企业，选择适合自身发展的电子商务模式已经成为中小企业获得持续竞争优势的关键。它给中小企业提供了克服自身不足、建立适应新经济管理模式的良好契机。随着信息技术的发展，面对中小企业电子商务模式的不断发展创新，电子商务的内涵和外延也在不断得到充实和扩展，并不断被赋予新的含义，开拓出更广阔的空间，同时对高等教育电子商务

---

* 本文为2013年度杭州市哲学社会科学规划课题（D13JY02）阶段性研究成果之一。

人才需求也提出了新的要求。特别是在目前产业融合背景下，电子商务创业型人才培养是缓解就业压力、实施人才强国战略的需要。本文从我国中小企业发展电子商务现状方面讨论了中小企业发展多种电子商务模式的可行性和必要性，以及在电子商务人才培养中成功融入网络教育实践平台，实现电子商务创业性人才培养效益最大化的方法和途径。

一　杭州中小企业电子商务模式及现状分析

（一）杭州中小企业开展电子商务的主要模式

1. 借助综合性的电子商务平台

成为一些电子商务平台的会员，通过缴纳会员费和广告费等方式进行推广。这种方式虽然投入小、见效快，但由于综合电子商务平台宽且浅的特点而无法满足现在企业越来越高的专业性需求，如阿里巴巴和慧聪网等。

2. 在行业网站进行投放

近年来，行业网站以其专、精、深的特点迅速扩张，然而用户群单一等问题的限制，造成了其网络推广效果不好、性价比不高。加之目前行业网站泛滥、同质化严重等问题的出现，给中小企业在行业网站上的投入造成了很大的困扰。

3. 企业自建网站或第三方建站

传统企业通过投入巨资，招聘业内的技术、运营等专业人才，开设专门的电子商务部门，自己负责网上交易平台的搭建和运营。对于这种模式，尽管网站的所有权和产出赢利都是自己的，但投入大、产出周期长，在网站平台的技术和运营推广层面有较高的要求。第三方建站服务虽然费用比较低廉，但不能满足企业的个性化需求，效果颇不理想。

4. 搜索引擎竞价排名

这种方式会带来大量的流量，当然按点击收费的方式也会消耗大量的费用。同时，由于是竞价，因而排名得不到一个稳定的名次，需要企业随时关注排名的情况以便及时继续出价。这样的推广方式对于中小企业来说费用高昂并且排名不固定。

5. 搜索引擎固定排名

B2B商业搜索，带给广大中小企业用户一次全新的电子商务体验。固定位置、固定费用，长期稳定排在搜索结果页右侧。摒除了通用搜索引擎的无关信息，引入优秀行业网站的专业信息资源。能够节约投入、降低成本、提高经营效率，提供了大量的市场机会，为中小企业带来了潜在的合作对象及直接的经济效益。

（二）杭州中小企业电子商务的发展趋势

在网络经济时代的全球化竞争中，电子商务已经成为传统企业销售体系的一个重要组成部分。

1. 第三方电子商务平台将成为未来中小企业网络营销的主要渠道

随着中小企业信息化进程的推进，网络营销的比重将越来越大。从参与交易的主体来看，企业对企业的电子商务（B2B）模式代表着电子商务的未来。

2. 电子商务应用逐步进入"生态时代"

目前已经开始显现基于电子商务服务平台的中小企业电子商务生态现象——主要表现为企业间深化分工、网上协作乃至网络化组织等。这些现象和形态所体现的企业间组织联系弱于企业间并购，但强于单纯的、短暂的企业间交易，属于协同范畴，可以视为"协同商务"。这种基于电子商务服务平台的中小企业电子商务生态现象正在显现，并越来越突出，最终将形成中小企业电子商务的"生态时代"。"生态时代"在给电子商务服务平台提出崭新课题的同时，必将创造不可估量的巨大机会。

3. 外贸电子商务也必将迎来高速增长期

随着国际电子商务平台数量的增加和服务水平的提高，外贸电子商务也必将迎来高速增长期。目前，第三方电子商务平台虽然是中小企业实施电子商务应用的最主要途径，但从发展趋势来看，不少企业已经开始自建网站平台，尝试走个性化发展之路。自建平台的站点设计和其他业务的整合将更加紧密、更具个性化、更有助于业务持续性运作、更能适应商业的快速变化和业务多元化，并能全面提升在线零售的供给能力。

二 杭州中小企业电子商务应用程度和实现功能

电子商务所具有的高效与优势，使任何想继续生存下去的企业都将从市场地点向市场空间过渡。企业在向电子商务迁移过程中，或通过新渠道提供现有的产品与服务，或捕获企业现有能力与Internet结合创造新的产品与服务，确定客户所需的产品与服务，充分利用信息技术、通信技术与Internet结合，把核心业务流程变成难以模仿的核心能力，为客户提供超值服务。成功的电子商务模式来源于不断实践与用户的反馈。

中小企业在追求电子商务所带来的机会时，除了要有好的商务模式外，还必须有好的实用机制，如供应链关系管理、客户关系管理。通过这些机制，企业才能对客户的需求有更好的理解，才能针对客户的需求对公司的产品进行个性化设置。例如，以客户为中心，提供优质服务系统，建立忠实的客户群；加强网站的设计与推广，树立良好的企业形象；建立一个高效的信息收集系统，通过网站的设计，建立一个良好的数据库，收集与分析信息，了解市场的需求动向及企业自身的经营情况、企业的产品在网上受欢迎的程度等。从而优化自身的资源配置，最大限度地降低成本，提高经营效益。

现代客户需要强调的是个性化服务，以迎合现代消费个性化的需求特征。所以，越来越多的企业把电子商务整合到营销计划中，使客户服务成为电子商务必不可少的环节之一。中小企业须以客户为中心，提供完善的售前、售中、售后服务体系，实现人性化的服务。

电子商务是商务活动（包含信息流、资金流、物流）的电子化、网络化、自动化及智能化。要分阶段、分层次地推进，实现不同水平的商务与电子的融合，要因地制宜，结合本企业的情况，由浅入深、分阶段、分层次地发展电子商务。杭州中小企业电子商务的实现，按应用水平及商务与电子的融合程度可分为三个层次或三个阶段。

一是实现网络营销等非支付型电子商务。开展电子商务，主要实现信息流的网络化，即进行网上发布产品信息、网上签约洽谈、网上营销、网上收集客户信息等，实现经营服务信息化。

二是实现信息流与资金流的网络化。开展以供应链管理与客户管理为基础的网上交易、网上支付，实现支付型电子商务经营服务信息化。

三是全面实现信息流、资金流、物流的网络化。开展协同电子商务，实现支付型电子商务与现代物流以及网上订货与企业内部 ERP、SCM、CRM、BI 相结合，及时精良生产，实现零库存。协同商务强调从产品的设计研发、生产制造、产品销售交货、物流配送、售后服务甚至是最后的成效评估等都通过网络与电子商务平台进行，使供应链上下游企业各方能够同步作业。

三 杭州中小企业电子商务模式与人才培养对接策略

目前，杭州中小企业对电子商务类人才的需求主要有三个层次。

第一个层次是商务型电子商务人才。信息化技术大量应用于企业后，在商务管理上呈现与以往一般企业不同的规律性。企业要求此类人才精通现代商务知识，掌握信息化时代的企业管理规律，对信息化技术要能够熟练应用。

第二个层次是技术型电子商务人才。这类人才要能对企业进行信息化改造以及随着信息化技术的进步对企业进行信息化升级改造。企业要求此类人才精通电子商务技术，掌握电子商务技术的最新应用，同时具备足够的现代商务知识，能根据商务需求，以最有效、最可靠的技术手段予以实施。

第三个层次是战略型电子商务人才。这类人才除具备以上两类人才的能力外，还必须具有企业家的特质，通晓电子商务全局，熟知行业的电子商务理论与应用，了解电子商务应用情况和特点，能从战略上分析和把握其发展趋势。

电子商务是从信息技术和商务实践中发展而来的，具有高度综合的特性。电子商务人才培养的关键环节之一是信息化和实践性，其实践性是电子商务人才培养的核心，决定了其综合性和发展性。

目前，杭州的电子商务提供商专门提供了虚拟主机空间供企业租用，杭州作为电子商务之都，具备承担电子商务平台制作与维护的电子商务服务商。因此，将网络资源和电子商务结合起来，建立电子商务人才培养工作平台，通过网络技术环境成功地应用电子商务,是实现人才培养效益最大化的方法。

(一) 构建电子商务网络营销教学体系

一是建立营销网站教学体系。通过学习全面掌握快速搭建营销网站的技能和核心要点。二是建立搜索营销(SEM & SEO)教学体系。基于全程企业实战,掌握核心策略、思维及操作手法。三是建立精准营销教学体系。掌握精准营销策略、手段和方式。四是建立网站运营教学体系。把握网站运营KPI,通过网站分析改进运营,提高网站转化率。五是建立网络整合营销教学体系。掌握网络推广技巧,整合网络营销推广渠道,实现营销效果最大化。六是建立数据监测与分析教学体系。完善数据监测与分析系统,精确评估每个营销渠道的效果,把握高效广告投放。

(二) 实施电子商务实践教学应用平台

充分利用第三方平台开展电子商务实践教学,构建电子商务网络服务平台,第三方平台将利用原有的强大优势,为中小企业提供更深入的服务,将中小企业的核心业务流程、客户关系管理等延伸到所提供的平台上,使产品和服务更贴近用户需求。中小企业也可以利用第三方平台提供的强大支持把新老上下游利益相关者联合起来,形成更高效的战略联盟,创建、形成新的价值链,共同谋求更大的利益。目前,杭州市诸如阿里巴巴网站那样的第三方电子商务平台都横跨国内与国际市场,使中小企业在其平台上既可以进行国内贸易,也可以开拓国际市场。同时,第三方平台横跨多个行业领域,中小企业既可以是采购商,又可以是供应商。另外,第三方平台横跨多个销售渠道,中小企业既可以开展批发,也可以开展零售。充分利用第三方平台来开展电子商务实践教学。中小企业的管理者已经认识到,各类信息服务平台的发展能够为大多数中小企业的信息化建设与应用形成支撑并提供机遇。现代电子商务运营模式在提供网络个性化服务上的趋势更趋明显,现代顾客需要的是个性化服务,专注、精准、深化是企业吸引客户的重要手段。而网络服务系统为顾客提供了全新的工具:全天候、即时、互动、了解信息、释疑解难等,这些性质迎合了现代顾客个性化的需求特征,重视了解其客户的个性化信息。电子商务网上商城的运营部分主要是指除了指导电子商务学生利用平台实习之外,还利用业余时间引导电子商务学生利用该平台自主创业,通过该平台搭建与企业联系的桥梁,探索建立新的校企合作模式。通过该平台的运营,培养学生网上营销的实际应用能力,最终达到以创业带动就业的目标。

(三) 形成电子商务网络自学习教育体系

电子商务网络学习体系,除了制作与提供网络教学课件外,还包括作业练习与作业批改、网上答疑、网上相关课题讨论、通过网络进行实验、通过网络进行考试等。充分利用网络和分布式控制的最新技术进行网络电子商务课程实验教学。电子商务网络教学系统应充分利用在网络技术、网络数据库、多媒体技术等方面的研究成果,解决网络虚拟系统中教学、答疑、作业、实验和考核等一系列问题,形成较为完整的电子商务网络教育教学体系。

参考文献

刘祥亚:《六大电子商务发展战略》,机械工业出版社,2010。
方巍巍:《电子商务课程教学方法初探》,《科教导刊》2013年第5期。
黄益:《基于应用型人才培养的电子商务课程实践教学改革探讨》,第三届教学管理与课程建设学术会议论文集,2012。
赵振勇:《创新型IMS电子商务人才培养模式改革研究与实践》,《职业教育研究》2010年第6期。
李维安:《中小企业发展电子商务的模式探析》,浙江工业大学硕士学位论文,2008。
田世海、翟丽丽、王晓东:《中小企业电子商务应用模式研究》,《学术交流》2008年第2期。
陈元忠:《中小企业电子商务策略探讨》,《经济师》2005年第7期。

(责任编辑　方晨光)

大数据时代提升政府统计服务的思考
——以杭州统计为例

◎ 陈小国

提　要：全球掀起的大数据浪潮，不仅是一场信息技术革命，更是加速企业创新、引领社会变革的利器。而对于杭州而言，大数据战略有望成为推动信息经济发展和智慧城市建设的重要力量。统计局作为数据最重要的生产、管理、使用部门，与时俱进地提升统计服务能力，对于大数据未来的应用十分重要，甚至是关键性的，本文对这一课题进行探索性的思考。

关键词：政府统计　大数据　智慧城市　杭州

作者陈小国，杭州市统计局统计师、经济师（邮政编码　310016）。

杭州是全国信息化建设最发达的地区之一，信息基础设施条件较好，电子商务发达，具有客观存在的"大数据"以及大数据应用的现实需求，并且很多企事业单位在多年的业务发展中已积累了海量的数据和实际的开发经验。随着杭州智慧城市建设中各类交易、交互、传感等电子化设备的广泛应用，大数据时代日益临近。作为数据重要生产者和使用者的统计局，不断创新统计服务理念，提升统计服务水平，对于推动未来大数据资源的广泛应用十分关键。因此，有必要做出探索性、前瞻性的思考。

一　大数据对政府统计的影响

对于"大数据"，研究机构 Gartner 给出这样的定义："大数据"是需要新处理模式才能具有更强的决策力、洞察发现力和流程优化能力的海量、高增长率和多样化的信息资产。大数据一般是指10TB以上的数据量，有4个V的特点，即数据体量巨大（Volume），数据类型繁多（Variety），价值密度低、商业价值高（Value）和处理速度快（Velocity）。杭州智慧城市发展水平居于全国前列，信息软件产业产值达到678.72亿元，电子商务产业增加值达到393.8亿元，大数据的来源已较丰富：一是来自政府的数据资源，包括政府部门在电子行政中积累的大量数据，以及政府在智慧城市建设中所产生的数据，如杭州的智能停车系统、公交站牌实时路况信息、城市"一卡通"工程等项目；二是来自企业的数据，主要是网络购物、社交和搜索引擎等互联网公司，如淘宝网、19楼、E都市、蘑菇街等，以及一些配备了机器传感设备的机械运行数据；三是来自一些专业研究机构的数据。

（一）官方统计与大数据分析

当前官方统计数据与大数据在实践操作中存在较大差异。从思维理念看，传统政府统计收集的按照特定研究目的，依据统计调查、产业活动单位报表或抽样调查获得的样本数据，通常是格式化数据，统计推断分析的逻辑关系是"分布理论—概率保证—总体推断"，统计分析过程是"定性—定量—再定性"。由于传统统计调查的信息及抽样的样本量有限，且存在抽样误差，因此调查方案的精确度十分重要。此外，若抽样调查方案事先未考虑到某些问题，数据的不可扩充性就暴露无遗，通常不能满足多层次、多角度的需要。而大数据是一切通过现代信息技术记录和量化的数据，大数据强调的是全体数据，总体特征不再需要根据分布理论进行推断，其逻辑关系变成了"实际分布—总体特征—概率判断"，统计分析的过程是"发现—总结"。与传统统计关注因果关系不同，大数据更加关注相关性分析，且大数据所蕴含的信息量巨大，可以进行多维、多角度的数据分析（见表1）。由于两者之间的诸多差异，大数据目前还未纳入杭州政府统计管理。

表1 官方统计与大数据对比

项目	官方统计	大数据
思维理念	数据样本，关注精确度、关注因果关系	数据总体，关注效率、关注相关性
数据来源	统计调查、产业活动单位报表	行业或产业的业务聚集
数据类型	定性数据、定量数据等结构化数据为主	结构、半结构、非结构数据
数据价值	数据的基本描述	数据属性的洞察与预判及深度挖掘和拓展应用

（二）大数据对官方统计的作用

近年来，随着杭州信息产业的快速发展，智慧城市的应用范围不断扩大，数据资源对人们生活和企业生产的影响越来越深远，未来统计需要传统统计和大数据利用的融合，大数据时代蕴含政府统计改革创新的机遇。

1. 大数据促进"大统计"

长期以来，受传统信息管理模式的影响以及行政体制、技术手段等的限制，不能完全建立政府部门之间的数据共享机制,散落在各部门的宝贵信息资源无法充分共享,形成一个个"信息孤岛",而利用大数据处理方法,部门之间的数据分割有望被打破,从而实现跨部门业务信息共享。例如,共享之后,杭州市财税部门的企业效益数据可以直接应用到统计部门的工业效益报表中;而根据交通部门的数据,旅游部门可以对全市的游客接待情况做出更准确的推算和预计;经济普查和人口普查中,能够直接应用工商、公安等部门的行政记录。大统一的统计格局能够更加真实、全面地反映全市的经济社会发展情况。

2. 大数据提升政府统计效率

大数据时代为政府统计部门利用现代信息技术搜寻整理信息、分析挖掘数据等带来了便利,政府统计部门有可能通过各种渠道,智能快速地获得行政记录、企业业务数据、各类网络平台数据等海量数据资料,用于国民经济核算和统计分析研究,减少抽样调查和重复调查,大大缩短数据生产周期,减轻被调查者的负担。这不仅能大幅降低政府统计的数据采集成本和管理成本,还有助于形成完整、全面、及时更新的名录库,减少企业漏报,强化关联数据比对,提高数据质量,有利于服务杭州政府的科学决策。

3. 大数据有助于优化统计服务

目前地方统计部门主要是根据国家统计部门的表式进行布置,收集工业生产、商贸、投资、物价等宏观指标数据,统计指标体系滞后,难以体现当地经济特色和新经济发展态势,统计产品特别是微观数据相对较少,统计流程则首先是基层上报,其次是统计部门汇总数据,最后是对汇总数据进行分析,供领导决策参考,并公开统计数据,供大众查阅。这种流程产生的统计产品具有较强的滞后性和低频性,且数据填报具有较强的主观性,数据质量难以得到有效控制。在大数据时代,利用发达的信息技术,数据能够实时获取、实时分析,不仅易于更准确及时地获得经济运行数据,还能在此基础上实现更加准确的预测。由于微观行业的数据得到极大的扩充,政府统计能够开发更加专业和细分行业的产品,个性化定制的统计产品生产也成为可能。可以展望,根据定制的政府统计服务,在杭企业可以接收到政府各项宏观政策变化的信息,能够跟踪杭州各个市场价格的变动起伏,根据各大高速入口的实时信息和预报对企业物流进行合理安排,政府统计信息服务将大大提高企业经营管理效率。对杭州而言,信息将成为区域竞争的重要软实力。

二 大数据对官方统计的挑战

大数据带给政府统计改革创新的战略机遇,但是如果因循守旧、故步自封,则会错失良机、走向式微。

(一)政府统计的权威地位受到威胁

目前电子商务、网络社交和在线搜索等互联网经济快速发展,政府统计部门不再是海量数据的唯一拥有者,很多企业和部门都拥有大量的数据,并且都在对数据进行挖掘分析,甚至与政府统计的某些指标重合,如"淘宝CPI"。在大数据时代,这种情况会越来越多,也会有更多的数据拥有者对数据进行统计分析并发布指标,大数据生产和使用的社会化,直接挑战当前官方统计的生产和使用以及数据生态环境与运行模式,对政府统计的唯一性、权威性提出了挑战。

(二)统计分析能力面临考验

目前的统计分析主要是统计部门根据统计需要有针对性地收集信息,然后对数据进行简单的汇总分析,难度和门槛相对不是很高。然而大数据属于总体数据,具有噪声大、来源杂、价值密度低的特征,它不是按照我们的需求设计和产出的,数据中夹杂着大量无价值的数据,除需要从海量数据中得到常规信息外,还要以专业的思维和专业的技术,客观、认真地研究数据源、理解数据,从中深度挖掘,以期得到更有价值的数据和指标,便于统计分析,这一过程需要更加专业化、细分化和精确化的数据分析技能,比传统统计分析难度更大。

(三)数据处理和信息安全亟待提高

一是数据处理难度加大。传统的数据采集来源单一,且存储、管理和分析数据量也相对较小,大多采用关系型数据库和并行数据仓库即可处理。但大数据环境下数据来源非常丰富且数据类型多样,存储和分析挖掘的数据量庞大,数据的采集和处理技术要求都大大提高。二是保障信息安全极具挑战。数据整合的关键是数据开放,而数据开放的基础是信息安全。在数据开放的背景下,企业运行中涉及企业商业秘密和客户隐私,政府行政数据涉及国家安全,如何保护这些敏感信息成为大数据开发和使用的关键问题。对于政府统计机构而言,现有技术水平和人员力量难以实现对大数据的大规模应用和对大数量级数据的安全保护。

三 适应大数据趋势,提升杭州统计服务水平

(一)大数据背景下杭州统计服务创新

2012年国家统计局首次对"大数据时代"做出解读,2013年与阿里巴巴、百度等11家公司签订大数据战略合作框架协议,推进大数据在政府统计中的应用,打造大数据平台。近年来,杭州统计部门也主动迎接大数据的机遇与挑战,创新统计服务。

1. 统计信息化水平走在全国前列

通过建设综合数据系统、社会经济统计地理信息系统、经济社会发展统计数据库、基本单位名录库数据管理系统、统计基础台账管理系统等数据电子处理平台,有效地提高了统计信息化技术支撑和应用支撑能力,实现了统计工作从调查任务布置到数据采集、传输、加工、汇总、存储和发布的全流程电子化、网络化和智能化。

2. 创新统计数据发布平台

首次开发了"杭州统计"手机移动APP,开通了"杭州统计"的微博、微信,

发布统计信息，使得统计信息的查询更加便利，使得政府统计数据更加公开透明，数据影响力进一步增强。此外，还开发了宏观数据库图表，实现了对全市主要经济社会指标的历史序列数据进行查询，便于用户获得更加具体直观并带有趋势性的统计数据。

3. 强化统计分析服务

对杭州具有优势和特色的文化创意、电子商务、物联网等产业创新性地制定了统计方法制度，追踪重点产业的发展成效；开展了新常态下杭州经济发展质量的变化及与同级别城市的横向比较等政府重点关注课题的统计分析，为政府科学决策提供了有效的参考。

但是，当前统计数据质量还有待提高，数据横向匹配性不够，部分报表制度比较落后，数据发布时效难以满足政府决策需要，前瞻性的数据预测缺失，没有形成部门统计数据的管理和集中发布，微观行业数据较少，统计服务水平仍有待提高。

（二）提升杭州统计服务的思考

美国政府2012年宣布推出"大数据的研究和发展计划"，把大数据提到了国家战略的高度，新加坡政府推进大数据基础设施、产业链、人才、技术、立法等全方位建设，利用数据作为资源，打造全球数据管理中心。杭州不仅拥有阿里巴巴这样的互联网巨头，拥有产业链较为完整的信息产业，物联网、云计算等技术也较为成熟，随着智慧城市建设中电子传感等基础设施条件的完善，杭州有条件把大数据资源转化为信息生产力，政府统计更应在第一时间"拥抱"大数据。

1. 从"干"统计到"管"统计——创新统计理念

在大数据时代，政府统计不能缺位，也不能失位，但要更加注重发挥政府统计的管理职能，调查主体要从以政府统计机构单兵作战向社会上各机构单位联合作战转变，并加强对源头统计、部门统计和民间统计的指导与规范化管理，建立"统筹设计、规范运行、监督有效、信息共享、合作开放、互惠双赢"的政府统计管理新格局。

2. 从数据"采集"到数据"挖掘"——转变统计工作重点

大数据背景下，数据的采集变得更加智能，统计工作的重点要从依靠调查采集向对现有大数据的分析挖掘转变。一是建立数据分析研究平台。不仅政府统计要加强统计分析，还要敞开统计的大门，让更多部门、大专院校、科研机构的专家学者和科研人员参与统计数据的分析研究，让统计科研成果迅速成为统计生产力。二是探索数据"挖掘"信息的社会管理应用。国内外利用大数据获得商业成功的企业案例不在少数，发达国家政府统计中的大数据也有先例，如新加坡陆路交通管利用大数据改善巴士服务取得显著成效，首次获得"世界地理空间卓越奖"，杭州可以在"智慧社区""智慧旅游""智慧养老"等方面利用大数据做出探索。

3. 从"小"统计到"大"统计——充分开发大数据资源

大数据时代要求数据融合，自主融合的前提是数据的开发，而当前的数据资源共享仅限于公开数据，数据融合要求数据库层面的开发，是数据成片的共享，政府统计可以本着先易后难的原则，借鉴丹麦、芬兰、挪威等国家的先行经验，把行政记录引入人口普查等领域，探索部门信息归集运用新模式，加强部门统计的统一管理，利用好财政、国税、地税、人力社保等部门的业务优势，分步建设全市统一的综合数据管理平台。还可以探索与合作企业建立数据共享平台，通过相关数据，预测、评估、修正传统统计数据。

4. 从"单一"到"多元"——改进统计数据发布模式

首先，要善用新媒体，通过微博、微信等新媒体增强与数据使用者的互动，增强舆论引导力和数据传播力；其次，政府统计要通过大数据的整合和融合，逐步拓展统计数据发布内容，增加数据发布频率，更加有效地对数据的关联性、匹配性进行解读，提高数据发布的客观性、及时性和权威性，提升官方统计数据的公信力；最后，要增加数据发布形式，积极应用可视化技术，增强对居民收入、物价、房价等百姓关心指标的发布，提升数据发布效果。

参考文献

涂子沛：《大数据》，广西师范大学出版社，2012。
李金昌：《大数据与统计新思维》，《统计研究》2014年第1期。
杨家亮：《大数据时代的政府统计》，《中国统计》2013年第11期。
汪为、张雅雅：《大数据革新官方统计》，《浙江经济》2013年第10期。
刘兴远：《利用大数据改进和完善政府统计数据发布模式》，《中国统计》2014年第3期。
张明康、张超：《大数据时代来临对政府统计影响探析》，《统计科学与实践》2014年第3期。

（责任编辑　方晨光）

网络协同下网购食品安全风险监测模式探究*
——以杭州市为例

◎ 课题组

提　要：作为从事后监管向全程监管和事先预防监管转变的网购食品安全风险监测是一个社会系统工程，需要网购食品安全风险监测的实施主体即监管部门及监测机构、网购食品生产者、网购食品销售电商企业、网购食品交易经营者、网购消费者与第三方监管机构多方协同治理。本文在提出基于网络协同的网购食品安全风险监测模式理论的基础上，就杭州市网购食品安全风险监测现状、面临问题及挑战，提出有效提升杭州市网购食品安全风险监测水平的对策建议。

关键词：网购食品安全　网络协同　风险监测模式　杭州

课题主持人刘潇潇，浙江商业职业技术学院讲师（邮政编码　310053）。

随着我国网络经济的迅速发展，网购已成为大众消费的主流趋势，网购食品因其购物便捷、价格低廉的特点而备受消费者追捧。相关数据显示，2013年全国食品电商总交易金额达324亿元，食品在网购市场总交易额中的占比提升到2.5%[1]。然而，消费者对网购食品安全问题的举报也日益增多。以杭州市为例，2013年杭州市工商局"12315"投诉举报中心共接到网购食品方面的投诉336起，问题主要包括食品标签和标识不清、食品成分不明、质量问题、运输过程中被挤压破损等[2]。

---

* 本文为2014年度杭州市哲学社会科学重点规划课题（A14GL07）。

作为推动网购食品质量安全监管工作从"事后弥补型"向"事前预防型"转型升级的主要抓手之一，网购食品安全风险监测是对新时期固守网购食品质量安全底线的基础性工作，为风险评估、风险预警、网购食品标准制定（修订）和采取有针对性的控制措施提供科学依据。自2010年以来，我国食品安全风险监测发展至今已经处于由"线下食品安全风险监测"延伸至"线上食品安全风险监测"的重要发展阶段。网购食品安全风险监测是一个社会系统工程，需要网购食品安全风险监测的实施主体即监管部门及监测机构、网购食品生产者、网购食品销售电商企业、网购食品交易经营者、网购消费者与第三方监管机构多方协同治理。但目前国内的网购食品安全风险预警体系尚未建立，更无现成的模式可循[3]，探索有效提升网购食品安全风险监测水平的理论模式及应用对策研究在当前网购食品安全监管工作中逐渐凸显其重要性和迫切性。

一 网络协同下网购食品安全风险监测的作用与模式

（一）食品供应链可追溯性在网购食品安全风险监测中的作用

溯源是指从供应链下游向上游识别一个特定产品或一批产品来源的过程。追踪是指从供应链上游向下游的信息记录和信息采集过程[4]。溯源和追踪共同构成产品的可追溯体系。可追溯性是利用已记录的标识追溯产品的历史、应用情况、所在场所或类似产品或活动的能力，追溯的对象是信息，这些信息是通过编码和标识加以索引的[5]。食品追溯体系将食品供应链网络全过程的信息衔接起来，加强食品安全信息供给。作为一种全流程的食品追溯体系，它有助于加强食品供应链各环节、各部门之间的信息传递、交流与沟通，能有效解决食品安全中的信息不对称问题，从而便于针对性、有效性、系统持续地在网购食品供应链各环节、各部门进行网购食品安全风险监测。张卫斌等从食品供应链的生产环节、加工环节、流通环节和消费环节分析了食品安全问题发生机理，并提出运用现代信息技术进行食品安全追溯[6]。

（二）构建基于网络协同的网购食品安全风险监测模式

1. 网购食品供应链网络溯源信息链作为风险监测信息采集的主线

现行的食品安全风险市场出现失灵是由信息系统赤字造成的，是一种信息不对称的市场失灵类型。日常经验及大量实证研究表明，风险承受者如果能够获得可比性食品安全风险信息，就能够更加正确和有效地理解并消化食品安全风险信息[7]。相较于风险承受者，由风险制造者来传播可比性食品安全风险信息更有效率。戚建刚提出强制性信息公开制度通常不会阻碍风险制造者与承受者之间的交易，从而能够产生一种总收益超出总成本的结果[8]。然而，风险制造者提供的食品安全风险信息通常是不充分的。

工业和信息化部在2013年8月发布的《信息化和工业化深度融合专项工作行动

计划》中，明确提出要"实现食品行业质量安全信息可追溯。搭建食品质量安全信息可追溯公共服务平台，在婴幼儿配方乳粉、白酒、肉制品等领域开展食品质量安全信息追溯体系建设试点，面向消费者提供企业公开法定信息实时追溯服务，强化企业质量安全主体责任"。2014年12月，广东省已完成全国首个婴幼儿配方奶粉全环节追溯系统，五家省内婴幼儿配方奶粉生产企业将原料、生产信息及产品出厂全项目检验数据等接入追溯系统，省外产品、进口产品同样能追根溯源。本文认为这一规定同样适用于网购食品。

网购食品供应链网络溯源信息链的建立要求食品供应链各环节、各部门将整个网购食品供应链网络上的重要信息记录充分并且便于检索，这样，网购食品追溯就会水到渠成，而这就需要依托一套科学的编码系统[9]。我国网购食品可以采用物联网统一编码Ecode实现对每个单品赋予唯一身份证[10]，建立统一的数据库，包括识别系统、代码系统，详细记载生产链中被监控对象移动的轨迹，对网购食品的原材料生产环节、加工环节、物流环节和销售环节进行数据采集跟踪，实现网购食品的全生命周期管理，以此作为网购食品安全风险监测信息采集的主线。

2. 风险信息共享平台衔接并加强监测机构网络实现网购食品安全风险监测

美国著名行政法学者斯蒂芬·布雷耶将信息视为规制政策的命脉或血液[11]。在监测信息的采集中，信息化是重要的技术基础，监测网络的顶层设计是做好风险监测工作的重要措施。随着网购食品安全风险监测工作的深入开展，信息化将成为网购食品安全风险监测工作发展的重要技术支撑力量，信息化手段可以有效地提高监测性、科学性、准确性和前瞻性。

2012年我国已初步建立由32个省级、244个地市级和716个县级食品污染物、食源性致病菌和食源性疾病监测点组成的全国食品安全风险监测网络[12]。《国务院关于加强食品安全工作的决定》和《国家食品安全监管体系"十二五"规划》提出要健全国家食品安全风险监测体系，要求到2015年末，我国食品安全风险监测覆盖全部县级行政区域，并逐步延伸到社区、乡村，覆盖从农田到餐桌全过程。网购食品安全风险监测工作是一项需要卫生、质检、工商、农业、疾控中心、哨点医院等多部门联合开展的系统工程。但是目前存在食品安全分段监管体制导致的"分段监测"现象，存在监测资源分散、优势资源共享低以及信息沟通不畅等问题，未形成覆盖整个食物链的综合监测机制。同时，从整体来看，食品安全风险监测工作普遍存在监测能力不足和相关工作不够规范等问题[13]。

《中华人民共和国食品安全法》是构建我国食品安全风险信息共享平台的政策基础[14]。

网购食品安全风险监测应建立国家、省、市、县四层纵向食品质量安全监督检验检测机构，强化基层食品安全监管网络力量，联合通过资质的社会科研机构力量并按照属地原则共同参与网购食品供应链网络分段风险监测信息收集，保证监测的科学独立性。通过风险信息共享平台加强监测机构网络间信息沟通机制，切实做到资源共享,实现网购食品安全风险监测的无缝对接。

3. 基于网络协同的网购食品安全风险监测模式框架

网购食品安全风险监测需要跨越部门之间的界限并且需要政府从监测机构协调、监测信息系统建设和监测队伍组织上协同治理。网购食品安全风险监测通过网购食品物联网统一编码 Ecode 索引的溯源信息链中各环节、各部门所在地的监测机构进行风险监测信息采集,并通过风险信息共享平台进行汇总。只有纵向协同与横向协同相互支撑,才能构成多层次、立体化的社会治理复杂网络拓扑结构。基于网络协同的网购食品安全风险监测模式框架拓扑结构见图1。

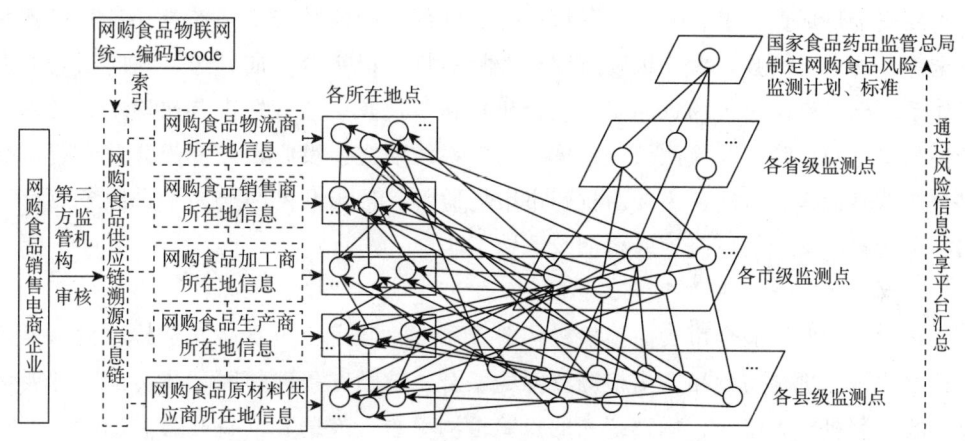

图1 基于网络协同的网购食品安全风险监测模式框架拓扑结构

二 杭州市网购食品安全风险监测发展现状与面临的挑战

从2011年10月起,杭州市食品药品监督管理局就勇于创新、积极探索以"信息收集、分析评估、风险预警"为内容的食品药品安全风险预警体系建设。2013年下半年以来,杭州市食品药品监督管理局以互联网销售食品药品预警为重点,加强政企合作,推动社会共治,打造出一系列食品药品安全风险预警监管的新模式。2013年12月,杭州市食品药品监督管理局以食品药品安全风险预警信息员队伍建设为基础,从预警信息的收集、发布、风险等级分类评估及重大预警信息会商研判四大方面,建立健全食品药品安全风险预警运作机制。2014年上半年,杭州市食品安全工作按照国家、省和市的总体部署要求,完善食品安全监管机构,夯实基层基础,加强制度建设,大力实施为民办实事项目,排查治理风险隐患,严厉打击违法犯罪行为,推进长效机制建设,构建社会共治格局。

(一)杭州市网购食品安全风险监测发展现状

1. 强化完善政策网络责任

2014年3月,杭州市政府调整市级食品药品监管体制,整合市工商局、市食品药品监管局、市食安办的职责,组建市市场监督管理局,对全市生产、流通、消费环节的食品安全和药品的安全性、有效性实施统一的监督管理。自2013年10月10日国家食品药品监管总局向国务院报送的《中华人民共和国食品安全法（修订草案送审稿）》中新增对网购食品进行监管并于2014年5月在国务院常务会议中通过以来，现阶段杭州市对网购食品安全进行监管的机构主要是市市场监督管理局，还有一些与网络市场食品安全监管有关的部门。杭州市卫生局组织各级疾控机构中心开展食品污染物监测，将食源性疾病监测纳入医疗机构公共卫生任务，提高监测预警能力。杭州市检验检疫局着重健全进口乳制品风险防控体系，确保进口乳制品安全。杭州市政府与15个区、县（市）（管委会）以及市食品安全监管部门签订了2014年食品安全目标责任书，明确了各地、各监管部门的食品安全工作责任，并将食品安全工作纳入市、县、乡三级政府综合考核目标，以构建横向到边、纵向到底的责任体系。杭州市网络市场食品安全监管机构初步设置、监管职责首次确定，网络市场食品安全的风险检验检测及评估体系尚未系统建立，没有设立专门针对网购食品安全的监管机构。目前，主要由杭州市市场监督管理局及网络交易平台服务商承担网络市场食品安全的风险检验检测及评估工作。

2. 建立检验检测资源整合工作机制

杭州市政府开展全市食品检验机构资源调查，制定全市食品安全检验检测规范管理方法，推进全市食品安全检测资源的整合，鼓励有条件的区、县（市）开展食品检验检测机构大整合，构建统一的检验检测平台，鼓励和支持社会力量兴办第三方食品检测机构，完善食品安全检验检测技术支撑体系。同时，各相关部门通过组织抽验人员培训、召开专题业务学习等形式，提升食品抽验工作水平。例如，萧山区"马大嫂食品安全义务检测队"的组建，充分发挥了民间力量对食品安全的监督作用。淳安县完善食品安全监管链，整合检测资源，利用"食品药品安全每周播报"等载体及时向社会发布信息。当前杭州市没有设立专门针对网购食品安全风险监测的机构，存在监测样品采集困难、难以实现全链条监测、监测工作保障机制不健全、专职监测人员缺乏等问题，能力建设亟待进一步加强。

3. 建立信用信息公开机制

由杭州市经信委牵头，市质监、工商、食药监等部门督促食品生产经营企业做出诚信承诺，开通"杭州市食品工业企业诚信信息公共服务平台"，向社会公布食品企业诚信建设信息。2014年以来，全市已有44616家食品企业落实了信用信息公开，57609家食品企业建立了信用档案，曝光违法犯罪食品生产经营者"黑名单"37家（人）。其中，2014年4月，江干分局结合辖区实际，通过网站核实、数据建档、信息更新、行为纠改、实地走访指导等工作同步实施，整体推进全区涉网食品经营主体排查摸底整治，为涉网食品企业信用信息公示夯实基础，取得了良好成效。富阳区食品安全信息化监管平台以食品行业地理信息为基石，以食品安全监管部门和各乡、镇、街道为框架，以食品行业分类为脉络，以单个食品经营户为单位，将职能部门监管信息置于每个食品经营户之上，实现了食品安全监管信息共享。杭州市当前对网购食品安全的监管主要采用"排查、摸底、抽检、曝光、整治"的事后管理模式,风险信息不够开放,缺乏与民众之间的沟通与互动,缺乏统一的网购食品安全风险监测信息共享平台。

4. 完善网购食品交易管理办法

2012年9月,浙江省杭州市工商局联手淘宝网成立了"一室两站",即"工商驻淘宝联络室""淘宝消费维权服务站""淘宝消费维权联络站",建立了工商机关与网络交易平台沟通的桥梁。淘宝网、天猫为此专门推出了一系列举措:建立商品抽检制度,对于检测出现问题的商品及时下架;建立不合格食品、高危食品退市制度,对于问题食品及时处理,并且禁止此类商品继续发布;等等。同时,杭州市工商局与天猫合作正式启动网络食品电子监管系统,天猫针对食品类目商家进行电子台账管理,完善网络食品信息发布、销售规范。2014年已完成立法调研和起草,市法制办正在组织审查修改并拟订出台的《杭州市网络交易管理办法》进一步规定了网购食品销售电商企业与网购食品交易经营者各自的义务。当前虽然对网购食品交易经营者进行电子台账管理,但是因为没有设立专门针对网购食品交易的第三方监管机构而使网购食品电子台账索证难、溯源难,不利于网购食品安全风险监测的顺畅开展,网购食品安全监管制度设计缺失。

5. 确定属地网购食品检查监测对象

按照"网上交易、落地查处"的原则,将网上巡查与实地巡查有效结合,对辖区从事线上食品交易的经营者进行检查,对检查中发现的违反食品安全相关法律法规规定的,进行立案查处。市食安办会同市级有关部门加强对各地实施项目进度和质量的督促检查,对发现的问题及时解决。根据产业实际情况,确定重点监测项目,工作组成员将对产品进行信息收集、分析,实施风险安全预测预报,做到对质量隐患早发现、早介入、早处理,及时预防区域性、行业性质量问题的发生,切实提高质量监管的工作效能。目前杭州市缺乏网购食品安全风险指标体系的建构,进而制定系统、科学、详细的网购食品安全风险监测方案,风险监测对象缺乏针对性与敏感性。

(二)杭州市网购食品安全风险监测面临的挑战

1. 经营主体的虚拟性和违法行为的隐蔽性

由于网络的虚拟性,所以网购食品交易经营者不需要拥有实体的店面、仓储设施及营业人员,加上大部分网购食品交易经营者没有办理注册登记,消费者无法真实获悉网购食品交易经营者的经营状况、地址等基本信息。网购食品交易经营者也经常利用与现实交易的这种差别进行虚假宣传或者隐瞒食品质量的真实情况。"隔空"销售的方式使一些不法经营者借机销售价高质劣甚至假冒伪劣食品的事件频频发生。现在,一些隐藏于市的民间食神,或一人一店,或成立公司,使出"家传秘方",烹制出特色迥异的私房菜,风行于网络。这些自制食品既无产品外包装,又缺乏必要的安全卫生保障。有些卖家销售的进口食品也没有中文标识,宣传图片与实物又有很多不相符的地方，对消费者的安全健康构成了很大的威胁。

2. 网购食品售运分离，监测受管辖权影响

在网络环境中，食品配送主要通过快递公司来实现。然而，据了解，一些快递公司接到网上店铺的订单后，不管是食品还是其他物品，都实行混装运输、混装送递，容易导致包装破损、食品污染，给网购食品安全带来隐患。网购食品安全风险不仅存在于物流配送环节，在供应链上的每一个环节都可能出现风险隐患，并且安全隐患在供应链上一层层向下传递积累。网购食品安全风险监测应对整个供应链进行，受网购食品供应链各环节、各部门所在地管辖权影响，风险监测涉及异地，有的甚至涉及境外，须向网购食品供应链各环节、各部门所在地的监测部门移交，监测成本和工作难度都大大增加。

3. 信息数据的不对称性和监管制度的缺失性

网购食品电商平台虽然要求网购食品交易经营者提供经营场所等相关资料，但无法到现场核实经营者所提供的经营地址、家庭住址等详细信息的真实性。监管部门根据这些信息很难找到经营者真实的经营场所或家庭住址，因而无法对其进行有效的监管。现在，淘宝上出售食物需要供货方提供各类证件，包括食品卫生许可证或食品流通许可证复印件以及质量保证书，出售蔬菜瓜果等生鲜还需要提供食品产地证明和卫生检疫合格证明复印件。但是在执行过程中也难以执行到位，仍然有不少商家违规出售食品，甚至存在销售网购食品电商企业帮助网购食品交易经营办理相关证件，网购食品交易监管制度缺失。

三 有效提升杭州市网购食品安全风险监测水平的对策建议

网购食品安全风险监测是一项长期、复杂、艰巨的工作，需要系统和持续地进行针对、及时、有效、客观的风险监测，从而获得准确的食源性疾病、网购食品污染以及网购食品中有害因素的监测数据及相关信息，并进行综合分析和及时通报。基于网络协同的网购食品安全风险监测模式有助于网购食品安全风险监测的实施主体即监管部门及监测机构、网购食品生产企业、网购食品销售电商企业、网购食品交易经营者、网购消费者与第三方监管机构多方协同治理，有助于有效提升网购食品安全风险监测水平。

（一）构建网购食品风险指标体系，确定食品风险分类，提高风险监测的优选性

与食品安全有关的"风险"一词的定义[15]如下：将对人体健康或环境产生不良效果的可能性和严重性称为风险，这种不良效果是由食品中的一种危害所引起的。而引发食品安全问题的各种危害发生的可能性及结果的严重性是不一样的。另外，某种危害发生的可能性对于不同食品类别、不同生产加工方式、不同发展时期、不同国家或地区、不同食品生产加工企业也是不一样的；某种危害结果的严重性对于不同人群、不同饮食消费方式也是不一样的。因此，网购食品安全风险监测应该在

有限的资源条件下，首先集中于高风险的对象，做到科学有效。

2013年2月，北京市作为国内首个城市，首次将网购食品纳入食品安全风险检验检测及评估体系，开始抽检销量较大、购买较为集中且安全风险较高的热销食品。河南省2013年3月出台的食品安全风险监测方案中，首次将网购食品纳入食品安全风险监测体系。河南省网购食品监测对象主要包括婴幼儿食品、茶及茶制品、干果类、膨化食品、熟肉制品、葡萄酒、乳粉等，其中前三项是重点监测对象。山东省聊城市2013年出台的食品安全风险监测方案中，首次将网购食品纳入食品安全风险监测体系范围，聊城市疾控中心监测的网购食品品种重点挑选销售量较大的网络店铺、购买较为集中且安全风险较高的热销产品，这些产品是聊城本地生产的，通过网购途径购买回来再进行检测。结合克拉玛依市人口数量、地域特点、食品生产和消费情况等因素，克拉玛依市卫生局卫生监督所2013年开展网购食品的采样监测数量占全部食品监测数量的20%左右，监测的网购食品品种为市民购买较为集中且安全风险较高的热销产品，婴幼儿食品、茶及茶制品、干果类等是重点监测对象，主要从淘宝网、当当网、京东商城等涉及食品销售的大型网站中抽选。从一些省市的实践来看，通常将肉制品、乳制品、特殊膳食食品归为重大以上风险食品，而将粮食加工品、食糖等归为一般风险食品。

1. 构建网购食品安全风险指标体系

对食品做不同风险类型的区分，是经由一整套科学的食品安全风险指标体系评价与衡量完成的。而食品安全风险指标是指选择一系列属性来描述一种食品安全风险前景，形成一种向量，其每一要素表达了后果的一个维度。对网购食品安全风险指标体系构成项本身还可以做等级上的分类，就一级指标项而言主要是三个子项，即网购食品安全风险性质、网购食品安全风险危害程度以及网购风险涉及范围。网购食品近年来发生质量安全事故率属于作为一级指标的网购食品安全风险危害程度的二级指标。网购食品安全风险可能影响的地域范围属于作为一级指标的网购风险涉及范围的二级指标。跨市范围、市范围内、县范围内对公众健康造成的影响属于作为二级指标网购食品安全风险可能影响的地域范围的三级指标。

2. 制定网购食品风险分类数据库

杭州市工商局"12315"投诉举报中心拥有网购消费者关于网购食品问题的投诉信息的统计结果。杭州市网络舆情监测应急中心的监测对象是全体网民，对应的网络概念是广域网。随着云计算技术的发展，对较大网络范围内的大数据量进行获取和分析成为可能。网络舆情的云计算监测模式既能较准确地监测舆情，又具有大数据处理能力和较大样本集合，具备一定的普遍性，同时又有一定的可操作性。杭州市质量技术监督局与杭州市工商局"12315"投诉举报中心、杭州市网络舆情监测应急中心分别建立数据接口实现信息传输，为杭州市质量技术监督局构建杭州市网购食品安全风险指标体系、确定网购食品风险分类、制定杭州市网购食品风险分类数据库提供支持。

3. 制定网购食品安全风险监测方案

网购食品安全风险监测除集中于高风险对象外,对于流通范围广、消费量高、投诉量大的网购食品也应作为风险监测对象。在杭州市工商局注册的本地行政区域的网购食品交易经营者所在的网购食品销售电商企业需具备关于流通范围和消费量这两大指标的网购食品数据信息库。杭州市工商局"12315"投诉举报中心需具备关于投诉量指标的网购食品数据信息库。杭州市市场监督管理局根据杭州市质量技术监督局构建的网购食品安全风险指标体系所确立的高风险类网购食品数据信息、网购食品销售电商企业提供的关于流通范围和消费量这两大指标的网购食品数据信息、杭州市工商局"12315"投诉举报中心提供的关于投诉量指标的网购食品数据信息参与拟订杭州市网购食品安全风险监测方案。

(二)完善网购食品安全溯源制度,加强风险监测管控,提高风险监测的预见性

2002年欧盟首次对食品生产提出"可溯性"这一概念,以法规形式对食品、饲料等关系公众健康的产品强制实行从生产、加工到流通等各阶段的溯源制度。2006年,欧盟推行"从农场到餐桌"全程控制管理,对各个生产环节提出更为具体、明确的要求。依照德国法律,食品供应商应在当地食品安全监管部门登记注册,以接受监督,这一规定同样适用于网上食品销售领域。日本有关法律规定,牛肉食品的加工者、供应商和零售商从2004年12月1日开始,分别提供从屠宰场到零售出口的可追溯信息。在其他产品上,日本食品生产企业都将自己的食品信息输入官方指定的信息管理系统,每一种食品都有对应的条形码,在产品的前端,主要通过农协对农户卖出的农产品建立电子档案,将电子号码与农产品上的条形码相对应,为农产品确定身份,确保产品可追溯。日本境内"食品标签制"的实施,规范了各级食品生产商、批发零售商的责任,保证了从食品生产到销售的每一个环节都可以相互追查,在便于食品安全风险信息监测的同时,为风险评估过程中及时发现问题,必要时实行产品召回提供了保障。

1. 完善网购食品安全监管制度

提议将网购食品安全溯源制度列入《杭州市网络交易管理办法》,要求杭州市行政区域内的网购食品生产企业从供应链角度,将食品的原材料生产、食品加工、食品物流和食品销售四个环节的溯源信息录入网购食品供应链网络信息平台,建立网购食品供应链网络溯源信息链库。网购食品供应链网络信息平台与网购食品销售电子商务企业建立平台对接,由监管网购食品交易的第三方监管机构建立起一套切实可行的审查制度和程序,加强对本地行政区域内网购食品交易经营者的资质审查工作,同时确保网购食品交易经营者在网购食品销售平台上所提供的网购食品溯源信息的真实性。

2. 确定属地网购食品安全风险监测对象

杭州市各地、各级监测机构根据杭州市网购食品安全风险监测方案,在网购食品供应链网络信息平台上通过"物联网统一编码Ecode""本地地域名称"等关键词

搜索，对杭州市行政区域内网购食品供应链各环节、各部门进行信息锁定，实现虚拟市场到有形市场的转化，然后按照属地原则由各辖区监测机构进行风险监测。

（三）建立风险监测信息共享平台，加强风险信息交流，提高风险监测的动态性

这一共享平台类似于欧盟食品与饲料快速预警系统，在食品生产加工环节、流通环节、餐饮环节收集存在安全隐患的信息，进行分类、筛选和综合分析，通过共享平台发出分级风险预警，继而对各相关环节排查风险源。欧盟的食品安全风险监测和预警系统在统一完善的法律体系下能够覆盖"农场到餐桌"，保证多个管理机构反应快速、信息交流通畅。日本非常注重信息交流，专门有针对消费者的食品安全教育以及信息交流渠道。例如，农林水产省主页专门增设"消费者部屋"专栏，食品和农业投入品检查中心设置食品安全放心信息交流专栏，分门别类地向消费者公布检查信息和结果，并全面接受公众和媒体的监督。当前山东省实施统一数据汇总分析，将所有数据最终汇集到卫生部门进行综合分析和反馈，由省卫生厅会同省食安办不定期召集会商会，向相关食品安全监管部门通报风险监测情况，提出加强和改进工作的意见建议，各部门、各监测机构之间实现了食品安全风险监测（抽检）信息沟通、资源共享。山东省风险信息交流机制虽较之前通畅，但风险信息相对封闭，与民众之间缺乏信息沟通与互动。

随着风险监测工作的深入开展，收集到的海量数据迫切需要集成化、自动化的信息系统来支撑业务发展需要。网购食品安全风险监测信息共享平台有助于衔接并加强杭州市网购食品安全风险监测机构网络的协同工作，在提高信息传递速度和共享程度的同时真正做到风险无缝隙传递，推进风险监测工作的规范化、程序化，进一步增强网购食品安全风险监测工作的开放性和透明性，扩大风险监测数据和信息的公布范围、透明度和力度，有利于及时发布有关网购食品安全的风险预警信息，让公众充分了解情况，便于各方建立信任。

1. 建立风险监测信息共享平台

提议杭州市可以按照"统一规划、分步实施；统一预算、健全制度；统一管理、优化资源；统一标准、共享互通"的建设原则，充分利用现有风险监测信息资源，采取平台、主系统和子系统共同规划设计，各相关单位分头组织实施的方式，实现操作简便、功能完善、数据共享、系统智能，建立具有收集、研判、评估、预警功能的风险监测信息共享平台。风险监测信息共享平台横向衔接杭州市各食品安全相关部门，纵向链接杭州市、区（县）、街道三级监测机构网络，同时平台与网购食品供应链网络信息平台实现对接，便于信息传输与共享。建立统一的自动数据上报更新监控机制，并结合行政管理职能与工作考核制度，保障数据更新效率和质量。建立统一的数据共享机制，整合各部门网购食品安全风险监测数据资源，建立杭州市网购食品监测项目数据库，增强网购食品安全风险监测数据的全面性、科学性和参照性，为食品风险评估和标准制定与修订工作提供有效的数据支持。

2. 建立多方风险信息交流机制

杭州市网购食品安全风险监测各部门借助风险监测信息共享平台切实加强监测

结果的相互交流，及时发现网购食品安全风险监测隐患，调整网购食品安全风险监测内容，逐步实现"全过程、广覆盖、动态监测"，营造生产、流通、消费、行政、专家、媒体等各方主体充分参与、有效交流的网购食品安全风险交流机制。在各个环节的监测信息中定期发布网购食品安全风险评估结果，及时向广大人民群众发布网购食品安全风险预警通报。将网购食品安全风险监测中有利于指导消费、帮助消费者建立正确食品安全理念的数据和信息通过风险监测信息共享平台及时向社会公布，将风险监测数据转化为消费者可采用的消费预警信息，及时给予消费者正确引导，提高其自我防范能力，在消费环节（风险的终端）建立屏蔽网购食品安全风险的屏障，创建和谐、安全的网购食品消费环境。

（四）建立分级立体风险监测网络，统一风险评估机构，提高风险监测的独立性

山东省已建立起以省疾控中心为技术核心、区域中心实验室为骨干、各级疾控中心为主体、哨点医院密切配合的食品安全风险监测体系。北京市疾控系统经过十几年的努力发展，实现了全市疾控中心全部参与，市区两级疾控中心、哨点医院和相关社区卫生服务中心在北京的全覆盖。美国疾病监测是以"国家、州、地方"三级公共卫生部门为基本架构的。美国卫生部对地方卫生部门的疾病监测能力有很具体的要求，使其成为国家监测网络的一部分。地方（州、县、市）的高效监测能力是国家监测的基础，在此基础上国家一级监测网络有100多个，这些网络既有分工也能有机地连接、交流与合作。美国食品安全预警监测和研究机构拥有强大的监测网络和先进的实验室，各部门按食品种类实行"从田园到餐桌"的全过程监管，分工明确，采取科学、多样性的风险评估方法和预警措施。

1. 建立分级立体风险监测网络

提议杭州市将原来分别属于市市场监督管理局、市卫生局、市检验检疫局等部门的监测机构进行有效整合，设立专门针对杭州市本地行政区域的网购食品安全风险监测机构，负责杭州市网购食品安全风险监测、评估与预警工作。在杭州市逐步增设网购食品安全风险监测采样点，联合通过资质的社会技术机构、科研院校（所），扩大监测范围和样本量，强化基层风险监测机构，构建覆盖市、区（县）、乡镇（街道）三级风险监测机构网络体系。对不同层级的网购食品安全风险监测机构分别赋予不同的职能，形成乡镇（街道）监测机构网购食品安全风险监测信息收集、区（县）监测机构网购食品安全风险监测信息审核确认以及市监测机构网购食品安全风险监测信息研判、评估、预警和网购食品安全地方标准研究制定与修订的风险监测支撑体系。

2. 提升风险监测网络能力建设

杭州市各级卫生部门（卫生、计生）要落实网购食品安全风险监测牵头责任，加强对网购食品安全风险监测体系及其能力建设。在人才建设上，积极向当地人民政府汇报，努力争取编办、人力资源社会保障等部门的支持，切实解决当前网购食品安全风险监测欠缺高、精、尖人才的困难，建立公开、公平、公正的选聘机制，

提高技术人才薪酬待遇，吸引高层次人才加入。在人才培养上，通过培训提高网购食品安全风险监测评估和预警的专业素养和业务水平。在技术建设上，遵循技术化、信息化、快速化、便携化的原则，加强对快速检测技术的研究，缩短检测时间，提高检测精度。针对各级监测点网购食品安全风险监测设备、资源、能力不同的问题，杭州市卫生部门（卫生、计生）需积极、主动地发挥综合协调、整合资源的作用，统一制订业务能力训练计划，拓宽杭州市网购食品安全风险监测评估和预警队伍的视野，加强队伍与公众的风险交流水平，并对各级监测点定期进行考核以提高各监测点人员的知识水平和队伍的业务能力。

3. 设立统一风险评估机构

面对海量网购食品安全风险监测信息，如何准确地筛选信息并非风险监测信息共享平台通过系统智能化就可以解决的，这需要专业技术人员对信息的分析、研判与确证。风险评估工作多由独立的专属机构执行，对食品进行危险评估时要谨守客观、求实的原则，不受任何经济、政治、文化和饮食习惯等因素的约束，确保风险评估工作的独立性和管理工作的透明性，增加评估结果的可信度。

提议杭州市设立统一风险评估机构，加大对网购食品安全风险监测结果的评估利用，并将评估预警结果上传至风险监测信息共享平台，实现多方风险信息交流。由于网购食品资源分布具有明显的地域性，且现已形成的相关专业技术机构、科研机构、高校和专家力量的分布具有地域性，可以考虑将专项食品安全风险评估机构挂靠在市级风险评估机构。例如，在山核桃/笋制品主产地域临安市设立山核桃/笋制品安全风险评估分中心，在中国蜂产品之乡桐庐县设立蜂蜜产品安全风险评估中心，逐步建立起以杭州市食品安全风险评估中心为首、地方专项食品安全风险评估分中心协作的食品安全风险评估机构体系。

为了促进网购食品安全风险评估工作的开展，应提升其机构的权威性，确保风险监测与风险监管分离以增强风险评估机构的独立性与科学性。风险评估机构的人员组成应具有深厚的专业应用性和广泛的社会代表性，特别应包括与网购食品相关方面的专家、学者，还应吸纳独立的研究机构、咨询单位和其他社会力量参与网购食品安全风险评估工作，把评估结果作为网购食品安全监管决策和制定网购食品安全标准的最重要、最直接的科学依据。杭州市食品安全风险评估机构体系应加强与国内各地区、各国家之间的交流合作，引入成功经验，提升杭州市食品安全风险监测与评估能力。

（五）完善监测网络协调沟通机制，提供风险预警技术扶持，提高风险监测的协同性

目前广东省拟建专门针对电商平台的食品药品监督机构，这支尚未成形的网监大队要运用大数据思维，配合垂直搜索技术来丰富打假样本，对现有食品药品网站实现跟踪、发现、锁定，才能避免出现"漏网之鱼"。北京市食品药品监管局目前已成立互联网监测中心，研发的互联网食品药品违法案件监测系统利用专业的搜索

引擎对互联网上的海量数据进行搜索。搜索到违法线索后，交给在北京市食品药品案件稽查总队设立的网监大队进行专业执法。2013年7月，德国联邦消费者保护与食品安全局与联邦各州合作成立的全国统一的网络食品销售监管机构——"互联网销售食品、饲料、化妆品、消费品及烟草产品控制中心"（G@ZIELT）开始运作[16]。控制中心的主要任务是在网上搜索有安全隐患的食品以及未在当地食品监管部门登记注册的食品卖家。发现问题时，中心会通知网上食品卖家所在地的监管部门，由他们上门调查取证，将问题产品下架或者确保卖家完成注册手续。

网购食品安全风险监测包括风险信息采集、风险研判、风险预警、风险预警处置等多个环节，是一项需要多部门、各方面协调合作的工作体系。市政府、市市场监督管理局、市卫生行政部门等要千方百计地为各地监测机构、监管部门、负责网购食品交易的第三方监管机构搭好平台，创造良好环境，积极协调各部门关系，争取政策、经费支持，为各地监测机构、监管部门解决工作中的实际问题，实现网购食品安全风险监测工作中的"领跑"而非"跟跑"。

1. 完善监测网络协调沟通机制

杭州市食品安全风险评估机构对发现的网购食品安全风险隐患应及时分析、研判并通报相关监管部门，落实部门会商机制，做到网购食品安全风险监测隐患早发现、早调查、早通报，对于重大的网购食品安全风险隐患，要及时部署开展应急监测。同时，要加强对各地、各级监测机构关于网购食品安全风险监测工作的技术指导，不断提高各地、各级监测机构的风险监测能力。杭州市各级卫生部门及食品安全风险监测相关技术机构要建立定期例会制度，加强基层风险监测机构工作人员与监管执法部门的工作交流；建立执法监测协作制度，必要时由监管执法部门协助监测机构人员进行风险监测；建立年度考核制度，每年对各地、各级监测机构进行考核；建立激励保障机制，为各地、各级监测机构工作人员提供物质、资金、待遇等方面的保障，提高杭州市各地、各级网购食品安全风险监测机构人员的工作积极性。

2. 建立风险预警处置技术扶持机制

食品安全风险监测的核心工作是发现和解决潜在或未知风险，相关风险预警处置对很多企业来讲可能意味着技术更新、生产工艺升级，需要增加大量的人力、物力成本，这对中小型企业来说可能面临生存危机，无形中增加了风险预警处置的难度。但是，企业的健康生存与发展，无论是对地方的经济发展还是对社会的和谐稳定，都有着举足轻重的影响，这是任何政府都必须考虑和关注的社会管理风险。因此，在网购食品安全风险监测过程中，必须建立风险预警处置技术扶持机制，即由政府部门组织并提供专项经费，借助科研院所的技术优势和人才优势，组织科研人员和专家进行专项攻关和研究，为相关网购食品生产进行技术改造、工艺升级提供必要的技术指导，兼顾不同企业的风险预警处置技术需求，促使企业积极配合风险预警处置工作。

基于网络协同的网购食品安全风险监测模式有效地促进了我国网购食品安全从

事后监管向全程监管和事先预防监管转变,以杭州市为例进行模式应用为杭州市政府、杭州市市场监督管理局等政府监管主体在全国网购食品安全风险监测中起到了示范作用,最为重要的是在提高网购食品安全风险监测水平、保障网购食品安全的同时推动了地区网络经济的发展。

注　释

［1］卢超:《食品安全法首次修订填补网购食品监管空白》,《广西质量监督导报》2014年第9期。

［2］王黎婧、陈中志、施宇翔、丁波:《网购食品卫生质量难过关 最大隐患是难溯源》,浙江在线,2014年3月11日。

［3］《浙江省杭州市打造食品药品安全风险预警新模式》,新华网,2013年12月23日。

［4］Revision Committee on the Handbook for Introduction of Food Traceability Systems, "Handbook for Introduction of Food Traceability System（Guidelines for Food Traceability）", Tokyo: Food Marketing Research and Information Center, 2008。

［5］凌俊杰、程禹、梁超:《国内外食品安全追溯及系统分析》,《食品工业》2013年第5期。

［6］张卫斌、顾振宇:《基于食品供应链管理的食品安全问题发生机理分析》,《食品工业科技》2007年第1期。

［7］See Cass, R. Sunstein, "Informational Regulation and Informational Standing: Akins and Beyond", U. Pa. L. Rev., Vol. 147, 1999.

［8］戚建刚:《我国食品安全风险监管工具之新探——以信息监管工具为分析视角》,《法商研究》2012第5期。

［9］范珍:《基于安全的食品供应链管理》,《物流科技》2012年第8期。

［10］刘澍:《物联网统一编码:为现代生态农业保驾护航——Ecode农产品防伪追溯编码应用》,《中国自动识别技术》2014年第2期。

［11］Stephen Breyer, *Regulation and Its Reform*, Cambridge, Massachusetts: Harvard University Press, 1982.

［12］《中国食品安全风险监测网络已建各级监测点近千个》,《分析仪器》2012年第2期。

［13］李宁、杨大进、郭云昌等:《我国食品安全风险监测制度与落实现状分析》,《中国食品学报》2011年第3期。

［14］同注释［13］。

［15］赵林度:《食品安全与风险管理》,科学出版社,2009。

［16］唐志强、郭洋、艾思奇:《德国加强网购食品安全监管》,新华网,2013年8月30日。

（责任编辑　方晨光）

移动互联网时代杭州动漫人才培养模式的提升[*]

◎ 姜宾虹

提　要：移动互联网催生各类文化产业的变革，给处于发展瓶颈期的杭州动漫产业带来了契机，对动漫人才素养提出了新的要求。本文以移动互联网时代杭州高校动漫人才培养模式为研究对象，深入调查杭州动漫人才培养现状及存在问题，通过借鉴国外动漫人才培养先进理念，提出了杭州动漫人才培养模式提升的对策和建议，从而为杭州动漫行业的发展提供指导。

关键词：动漫人才　培养模式　产业对接　杭州

作者姜宾虹，浙江理工大学艺术与设计学院动画系教师（邮政编码　310018）。

移动互联网（Mobile Internet，MI）是一种通过智能移动终端，采用移动无线通信方式接入网络获取信息和服务的新兴业务。随着移动互联网速度的不断提升和智能终端的大幅普及，移动互联网正悄悄改变我们的生活方式和娱乐、消费习惯。越来越多的用户将日常互联网事务交予移动终端处理，而新闻阅读、手机游戏、视频节目、电商购物、手机订票、位置服务等丰富多彩的移动互联网应用层出不穷，并逐渐渗透于社会生活的各个领域，给人们的生活和工作带来了极大的便利和卓越的使用体验。

移动互联网的迅速发展，催生了各类传统文化的变革。以"创意"为核心的

---

[*] 本文为2014年度杭州市哲学社会科学规划课题（D14WH14）。

"动漫"由于其具备娱乐性和个性化的特点,在移动互联网时代具有无可替代的优势。在当前的数字时代语境中,动漫不应该局限于传统的动画片和漫画的概念,也不应该禁锢于既有的形式和套路,而应该被当成一种媒介,一种具有更广阔的、跨行业的实际应用价值的媒介。在日本、韩国、英国、美国、澳大利亚等动漫大国,动漫被当成一种手段和工具,交叉应用在影视特效、广告、网络交互、多媒体、游戏、视频包装、教育、医疗等多个领域中。而在移动互联网时代,通信、网络、媒体互相交织与大融合的趋势将促使动漫的交叉应用领域更加广阔。动漫除了能以动画片和漫画的形式在移动终端传播外,还可以应用到移动游戏、移动视频、即时通信和教育软件、企业品牌形象传播等其他相关市场中,进行有效的产业延伸,真正发挥内容产业的价值优势。

移动互联网对动漫的巨大需求,给我国正处于发展瓶颈期的动漫产业带来了新的发展契机。本课题组对杭州30家动漫及动漫相关企业进行的《杭州动漫产业涉足移动互联网的情况》问卷调查结果显示,28家企业表示比较重视移动网络的项目开发,23家企业目前正在开发移动互联网项目,而4家企业计划涉足移动互联网业务。

更值得一提的是,传统动漫产业的营销模式存在投资成本高、利润回报低、推广周期长、市场周期短、铺货范围广、版权收益低等问题,而移动互联网的特殊优势则可以给这些问题带来转机。首先,相比传统的传播渠道,移动互联网有传播速度快、成本低,不受电视、电影等大众媒体终端限制的优势。其次,移动互联网的用户覆盖范围更广,除了少儿用户,年龄段集中在15~35岁的移动互联网主流用户会成为动漫的主要消费群体,这部分群体对新鲜事物的接受程度高、消费力强,能够为动漫产业创造更大的利润。此外,移动互联网也为动漫衍生产品提供了更加多样化的商业模式,在通信过程、桌面和主题等手机修饰功能中都可以植入动漫的数字衍生品。移动互联网的这些优点,可以大大减少动漫产品的投资成本,缩短产品的推广周期,扩大市场并加快市场反馈,有效地推动我国动漫产业市场化及产业化的发展进程,促成动漫产业的数字化转型。

一 移动互联网时代杭州动漫产业发展与人才素养要求

(一)杭州动漫产业发展与人才需求的矛盾

杭州以打造全国文化创意产业中心、建设"动漫之都"为战略目标,市政府积极贯彻落实党的十八大精神,推进文化创意产业发展,出台了一系列鼓励政策,为动漫产业发展创造了良好的环境条件。截至2013年,杭州凭借政府推动,依托会展平台,发挥名家名校的人才优势,已拥有2个国家级的动画产业基地(全国共20个)、3个国家级的动画教学基地(全国共8个)和300多家动漫游戏企业,产业总体水平位居全国前列,已逐步形成了产业体系相对完整、结构布局日趋合理、技术水平先进的动漫产业格局。

杭州动漫产业的快速发展催生了动画教育的快速膨胀，继2001年浙江理工大学创建动画专业以来，在杭综合性高校几乎都设立了动漫专业，其中中国美术学院、浙江传媒大学和浙江大学在2004～2006年相继由国家广电总局批准成立国家级动漫产业教学基地。据课题组统计，杭州有12所本科和大专院校设有动漫专业，每年有大约1200名动漫专业学生毕业。虽然杭州综合性高校几乎都设有动漫专业，但绝大多数院校存在师资队伍素质参差不齐，教材、教学体系不完整，课程设置错位等方面的问题，培养的学生与用人单位的要求有一定差距，导致国内动漫产业在人才需求与职业教育之间的脱节问题突出，动漫高端人才匮乏。因此，即使杭州高校每年有大量动漫专业学生毕业，动漫企业依旧招不到需要的人才，出现了毕业生找工作难、用人单位招人才难、动漫类专业就业连续几年亮起红牌的怪现象。

（二）移动互联网时代动漫人才的素养要求

移动互联网的快速发展给动漫产业带来了新的发展契机，促成了动漫产业的数字化转型，对动漫人才的素养也提出了进一步的要求。

从人才需求类型看，在移动互联网时代，移动端的内容开发将成为动漫产业涉足移动互联网的主要业务，因而对前期高端创意人才的需求将进一步增大。课题组的调查显示，杭州动漫企业参与的移动互联网业务类型主要包括针对移动客户端的单机、联网游戏和微信平台小游戏以及手机微信微站建设、企业网站移动端开发、手机互动视频、自媒体、微动画和手机漫画制作等，动漫在这些领域的应用无一不强调了其文化创意性的特征。因此，具备创意、创新能力的前期策划类动漫人才将是移动互联网时代最紧缺的关键人才。这类前期策划、设计人员属于创作人才，需要具备全面的综合能力、良好的艺术修养和深厚的文化根基，还要熟悉行业的流程。此外，同时具备技术研发和创新能力以及商务营销能力的复合型人才也是未来市场需求的趋势。

从岗位需求看，移动端的游戏开发已经成为继动画和漫画制作后动漫企业在移动互联网领域涉足的主要业务，前期策划、游戏设计、原画师、3D/2D设计师等岗位的缺口巨大。因此，过硬的美术功底将成为动漫人才必备的能力。

从技能要求看，从事移动互联网项目的动漫人才除了需要具备扎实的绘画功底、熟悉常用的商业设计软件、了解动画和漫画的制作流程外，还应该跟上数字技术革新的步伐，掌握移动端应用开发的行业标准，了解移动端应用开发的各个环节。

二 动漫教育和动漫人才培养情况调查与国外借鉴

（一）杭州市动漫教育和动漫人才培养现状调查

为深入了解杭州市动漫教育和动漫人才培养现状，课题组对开设动漫专业的在杭高校、动漫相关企业和动漫专业毕业生展开资料收集和问卷调查，分别从企业对动漫毕业生的认识和能力需求、动漫学生就业后的感受以及杭州高校的动漫教育培养计划、课程设置等方面进行调查,力求客观地反映杭州高校动漫专业教育的现状。

1. 动漫企业问卷调查

课题组对在杭具有代表性的 30 家动漫相关企业进行了问卷调查,其中包括网易杭州、浙江龙迪士文化传播有限公司、中南卡通等较大型企业,以及杭州子牙网络有限公司、杭州豪影动漫有限公司等中小型公司,涉及动画、漫画、游戏、新媒体、影视广告等动漫或与动漫有交叉的多个领域,统计结果如下。

在岗位技能、专业技术掌握程度方面,八成以上的企业认为自己招到的动漫专业高校毕业生存在商业项目实战经验不足的问题,对整个项目的流程以及各个环节的了解十分有限;超过 55% 的企业认为动漫专业学生绘画功底偏弱、专业设计软件熟悉度不够,需要企业进行再培训;47% 的企业反映动漫专业毕业生的专业技能与公司业务需求不完全对口;有 19 家企业认为动漫专业的应届毕业生对基础知识的掌握有欠缺。

在工作能力方面,76% 的企业感到动漫专业学生想象力不足,思维被禁锢,缺乏创新精神;26% 的企业认为应届毕业生徒有专业理论知识,相较于有工作经验的员工,其动手能力偏弱、工作效率偏低。

在心理素质和工作心态方面,七成企业认为高校应届毕业生存在眼高手低、抗压能力差、心理承受力弱的情况,短时间离职的现象普遍;约 32% 的企业反映高校毕业生欠缺团队协作能力。

同时,部分企业强调一些知识和技能相对全面但又缺乏强项的毕业生,会不适应公司分配的针对性较强的任务,这类毕业生在个人职业生涯的规划上也相对迷茫。

2. 往届毕业生抽样调查

课题组对浙江理工大学、中国美术学院、浙江工业大学、浙江工商大学的动漫专业往届毕业生进行随机抽样调查显示,61% 的毕业生认为学校里教授的专业知识在社会工作中并不实用;33% 的毕业生对自己的职业发展方向感到迷茫;30% 的毕业生认为自己对软件的熟练运用程度不够;29% 的毕业生感受到自己创新能力不足;24% 的毕业生觉得自己绘画功底偏弱;18% 的毕业生认为老师专业水平偏低。

3. 学校动漫专业学生调查

课题组对浙江理工大学、中国美术学院、浙江工业大学、浙江工商大学等开设动漫设计专业的杭州高等院校进行了逐一调查,分别对本科、专科和高职教育中动漫专业的培养目标、课程设置、教学内容、教学团队等进行了调研和分析。尤其针对动漫本科教育进行了调查,收集和分析招生、培养、就业三个模块的资料,经过数据统计和归纳,调查结果如下。

大多数开设动漫专业的杭州高校将动漫专业挂靠在美术学、艺术设计学专业下招生,从生源上看,这在很大程度上导致了动漫编剧、动漫导演、动漫软件程序员等复合型动漫人才的缺失。此外,一些高校将动漫专业建立在单一的计算机或影视传媒学科的基础上,这部分毕业生由于不具备美术功底,在以文化创意为核心的动漫产业中也无法找到落脚点。

多数院校在动漫人才培养目标上没有明确的方向定位，没有结合自身的优势，缺乏自己的特色，各家的培养计划几乎雷同，不能因材施教、分类培养，造成本科、专科、高职的动漫毕业生知识结构类似，就业方向单一，客观上加大了就业压力。

受动漫即"动画"和"漫画"的传统观念的影响，多数院校将培养目标定位在影视动画制作人才、插漫画设计人才上，忽视了动漫在复合媒体时代的广泛适用性，造成课程设置存在偏差，导致毕业生无用武之地。

同时，大多数院校的课程设置重理论、轻实践，课程覆盖范围广而不精，很多学生在大学第四年的毕业设计中才第一次尝试制作动画片，其实战能力可想而知。此外，很多院校忽视了创造思维的培养。

招生规模和教学资源不匹配。很多院校动漫专业的师资配比不足10人，而在校学生却有200多人。并且很多教师并非动漫产业第一线专家，没有行业从业经历，多数教师稍微培训了一下操作软件即开设课程，存在因人设课现象。

（二）杭州动漫人才培养存在的问题

现阶段杭州动漫教育与动漫产业的需求并没有形成真正有效的接口，导致动漫产业处于发展的瓶颈期，始终存在产品质量不高、原创能力弱、人才缺口大、产业链错位、市场发展环境不健全等制约产业发展的问题。

1. 动漫人才结构单一，复合型动漫人才匮乏

一是各高校的动漫人才培养模式没有与自身的条件、定位相结合，没有从市场需求的角度出发，学科发展、培养目标、专业设置和课程体系的制定存在盲目性，只重视硬件建设而忽视软件建设，忽略教学质量的提升，缺乏探索和形成自己的培养目标和方式的精神，培养目标和方式呈现趋同化，造成本科、专科、高职的动漫毕业生知识结构类似，就业方向单一。

二是动漫专业主要挂靠在艺术类专业下招生，在生源上存在先天不足，这在很大程度上造成了兼具人文修养和综合能力的动漫编剧、动漫导演、动漫软件程序员类动漫人才的缺失。

三是本科院校培养目标存在偏差，欠缺对学生综合素质的培养，造成动漫毕业生文化知识面窄、创新能力不足，使得兼通艺术与技术的复合型动漫人才不足，高端人才匮乏。

这三个原因导致当前杭州的动漫人才主要集中在动画和漫画的中间制作环节上，呈现前期高端人才匮乏、中期低端人才泛滥、人才结构单一的情况。

2. 动漫人才培养未能与时俱进

动漫行业融艺术与技术为一体，技术的革新不断促使动漫产业发生变革。而目前的高校动漫教育忽视了媒介演进、技术革新与动漫教育之间的内在联系，培养计划未能根据技术的变革和行业的发展动向进行调整，始终将培养目标定位在影视动画制作人才、插漫画设计人才上，忽视了动漫在复合媒体时代的广泛适用性，造成

课程设置存在偏差，导致学生的专业技能、知识结构与产业需求不对口，毕业生无用武之地。

3. 动漫人才培养重理论、轻实践

大多数院校的课程设置重理论、轻实践，人才培养与实践脱节，学生的动手能力和团队协作能力普遍偏弱；同时缺乏和产业界的密切联系，导致学生难以适应企业的要求，应用型动漫人才紧缺。课程覆盖范围广而不精，培养过程欠缺个体针对性，导致学生专业技术全而不专。

4. 师资队伍素质参差不齐

招生规模和教学资源严重不匹配，动漫教育师资严重匮乏；教师队伍参差不齐，师资素质不能适应当前动漫人才培养的要求。很多院校动漫专业的师资配比不足10人，而在校学生却有200多人。并且在高校师资队伍中，来自业界的教师仅占极小的比例，很多教师没有行业一线的从业经历，稍微培训了一下操作软件即开设课程，缺乏实践经验和对业界的真实了解，只能空谈理论。

5. 动漫人才培养的评价体系空白

动漫专业的课程标准、教育和师资评价体系存在行业空白。

动漫人才实战经验不足、复合型高素质人才匮乏和人才培养机制滞后已成为制约杭州乃至全国动漫产业发展的瓶颈。因此，杭州高校的动漫本科教育亟须创建符合动漫产业人才需求结构的人才培养模式，以解决人才与产业接轨的难题。

（三）国外动漫教育模式的经验借鉴

针对杭州动漫人才培养存在的问题，不妨借鉴一下美国、澳大利亚、日本、韩国等国家的动漫人才培养经验。

美国的动漫产业处于全世界动漫产业的领军地位，它在动漫人才培养上注重技术创新人才的培养，在大学或艺术学校开设的动画专业主要开展创意能力和计算机软件培训两方面的课程，而且大部分院校在培养目标上将商业动画和艺术动画两个方向区分对待。同时会和产业界密切联系，根据市场需求来设计课程。例如，在加利福利亚艺术研究所（CalArts）开展的动画教育项目是由迪士尼公司资助的，迪士尼公司还会雇用这些项目的毕业生。此外，美国的教育更注重个人兴趣和个人能力的挖掘，很多计算机动画师也同时拥有数学、力学、计算机编程学的学位，这在很大程度上推动了美国动漫产业一次又一次的技术革新。

澳大利亚是欧美游戏、影视产业重要的海外制作基地之一，不同于中国大多数院校将动画作为美术类专业的做法，澳大利亚将动画定位于创意产业。这样的定位强调了动画的创意性与产业性特征，明确了人才培养的方向，在招生时更有针对性；这一定位同时也丰富了课程设置，提供了更多合理的并行科目，以扩展、完善学生的知识结构，也为学生寻找合作伙伴共同完成动画作品创造了便利条件[1]。

日本动漫的制作实力和产品质量也位居世界前列。日本动漫人才的培养结合了师徒式的职业教育方式与现代新型学校教育模式。其高校教育更重视具备综合能力的高端人才的培养，它提倡自由开放的管理机制，在较为宽松的环境中培养学生的自主性和创新能力。在课程设置上，除了将动漫科目与数字基础技术教学相结合并开展商业服务培训外，还设立了一些特色科目，如数字好莱坞大学专门设置了动漫人物研究机构——"第二生命研究所"来加强学生对动漫人物的深层了解。同时，日本动漫教育注重技术制作能力与商务能力相结合，着重培养动画制片、动漫导演和动漫商业人才，设置了动漫片论、制片论、会计、营销等课程。而在师资力量上，日本高校的动漫教师都是活跃在动漫业界最前线的专家。

韩国的动漫产业近年来高速发展，有别于国内将动漫定位于动画、漫画的范畴，它的动漫教育特别注重动画在复合媒体时代的广泛适用性，按照专业科系的特点，根据动画在游戏、网络广告、多媒体影像等领域的应用，以及产业的要求来设置相应的课程。同时，它强调的是自主学习，技术课程占的比例并不大，课程更多偏向强调前期策划能力和创新能力的编剧、前期企划等课程，以及培养学生手绘动画功底的动画Timing这样的课程。值得一提的是，韩国的动漫学生一入学就开始策划自己的动画片，而教师组织学生制作的项目都会被看成大家的共同作品，这极大地鼓励了学生参与项目的积极性和主动性。

三 移动互联网时代杭州动漫人才培养模式的提升

移动互联网的蓬勃发展为动漫产业带来了新的机遇和市场，也对动漫人才提出了新的要求，杭州的动漫教育应该跟上时代和科技的步伐，充分利用国家和地方制定的相关优惠政策，发挥地域优势，深入了解国际动画产业和动画教育的发展趋势，以市场需求为导向，提升人才培养模式，培养具有较高人文综合素养和较强创新开发能力的应用型人才和复合型人才，解决与动漫产业接轨的难题，打破产业发展瓶颈，实现教育与产业之间的交流、合作，为企业输送优质人才，为我国动漫产业健康、持续、稳步发展提供强有力的人才支持和创意资源。

（一）制定有层次、多样化的培养目标

人才培养目标决定了高校在人才培养上的定位。完善和提升动漫人才培养机制，首先应立足有效的动漫人才培养目标，从而保证动漫人才培养的针对性和有效性。

1. 动漫人才培养要分层次

不同层次、不同类型的高校，其动漫人才培养的目标、规格应有所区分。根据动漫产业对人才结构的需求，专科、职业教育院校应当将人才培养目标定位在培养动漫中期、后期制作人员上，而本科院校则要发挥生源优势，着重培养前期策划、设计、创意类人才，研究生院则应以培养高端人才为目标，使各级学校形成人才培养的"高、中、低结构"，即研究生、本科生和专科生分别形成高级创意人才、中级设计师、低级操作人员的人才培养格局，充分满足动漫产业对各类人才的需求，从而有效避免就业积压，推动动漫产业的转型升级。

2. 动漫人才培养要多元化

各高校应发挥自身优势，结合自身的条件和定位，制定有特色、多样化的动漫人才培养目标。挂靠在艺术设计类专业下招生的院校和建立在计算机学科基础上的动漫专业，在培养目标上应该分别有文化创意和计算机技术两方面的侧重；而建立在影视传媒学科上的动漫专业，则要向培养动画制片、动漫编导类的人才倾斜。同时，应该考虑到移动互联网时代市场的需求变化，及时做出相应的调整，开设数字娱乐设计、游戏、手机动画设计等符合市场需求的多样化的专业。只有将新媒体思维与高校教育充分结合，动漫专业学生才会在移动互联网时代获得更大的发展空间。

3. 动漫人才培养目标制定应重视创新思维培养

在移动互联网时代，动漫人才培养目标的制定要将动漫产业定位在文化创意产业的范畴内，着重培养具备优秀创意思维的高素质创新型动漫人才，坚持专业技能培养和综合素质培养同步进行。

（二）优化课程体系，改进教学方式

课程是人才培养的核心要素，是人才成长的载体，制订科学可行的人才培养方案要以优质、丰富的课程资源为基本条件，而科学的教学方式则是人才培养计划顺利实施的保障。

1. 改变动漫教育重技术、轻创意的现状

移动互联网时代动漫创作涉及的不仅是艺术层面，它还要求现代动漫创作者具有较高的人文素养和完整、合理的知识结构。动漫人才培养模式的课程体系设置应该偏重创新能力、艺术素养和综合素质的培养，改变动漫教育重技术、轻创意的现状，多开设丰富的文化选修课程，加强人文熏陶，扩展、完善学生的知识结构和能力结构。

2. 科学设置课程

课程设置应该特别注重动漫在移动互联网时代的广泛适用性，根据动漫在游戏、网络、广告、多媒体影像等领域的实际应用，结合产业的实际需求，以及专业科系的特点来设置相应的课程，如交互设计、手机游戏、视觉传达、移动终端动漫标准解析等满足移动终端应用开发的课程。

3. 重视实践教学环节

强调理论与实践相结合，加强高校动漫人才的实践应用性培养。一是增加实践课程的比重，让学生在实践中完成知识点的巩固和整合，避免学生在毕业设计时才首次接触完整的动漫制作流程、知识点还停留在理论阶段、无法转化应用的尴尬局面。二是积极开展校企合作项目，探索项目组、工作室制等与动漫企业合作的实训方式。加强与企业的合作培养，这既能充分发挥企业在移动互联网时代对动漫人才需求的指导性作用，提高动漫人才培养的目的性，又能增加学生的实战机会，推进学生与企业的零距离接触，培养学生的专业实战能力和团队协作能力，增强人才的就业实用性，形成高校、高校学生、企业三方共赢的局面。

4. 营造学生自主学习的氛围

绘画功底和软件技术是动漫从业人员手中的两支笔，手绘稿子仍然是前期创作中最高效的手法，而软件的掌握程度往往决定了作品的最终呈现质量，尤其是移动互联网时代动漫创作更需要运用综合的科技手段，因此加强绘画基础和软件操作训练是动漫教学中的重要环节。虽然目前复杂的软件学习占据了动漫教学的大部分内容，但从实践结果看，学生对软件的掌握程度局限于或者还达不到课堂水准。由此可见，绘画基础训练和软件学习需要大量的课后练习，这就要营造学生自主学习的氛围，激发学生的热情，培养学生的兴趣，引导学生成为自主的学习者，将动漫教学从以教为主转向以学为主。

5. 因材施教，注重个性化培养模式的制定

动漫人才培养要树立以学生为本的核心理念，要以学生的发展为着眼点。目前各高校的动漫专业课程内容普遍广而不精。如果教师能够改变传统的教学方式，在教学实施过程中，在全面教学的基础上，探究、追寻学生的兴趣和专长，细分学生的技能领域，帮助学生找到明确的职业发展方向，推进有针对性的个性化教育，将有利于学生今后的职业发展。

（三）建立完整的教育评价制度

由于动漫专业是一个新兴专业，还没有形成完整的教育评价体系。杭州各高校应该尽快建立交流合作平台，共同探讨、制定一套完整有效的教育评价制度。高校应将学生的话语权纳入评价体系中，学生是人才培养的对象，对人才培养模式最有评价权和选择权。学生（包括毕业生）对人才培养模式的反馈，将成为人才培养模式改革的坚实基础。通过完善的教育评价制度，可以增强高校动画教育适应社会需求的能力，发挥社会对学校教育的监督作用，提高教学水平和教育质量，为改进和创新动漫人才培养模式提供可靠的依据。

（四）加强师资队伍建设

师资是教育的保障。一是加强动漫专业教师队伍建设，尊重动漫行业理论和实践并重的特点，引进行业中有资深从业经验的学科带头人，同时推动教师走向行业一线，促成其专业化成长，加强教学研讨和教学经验交流，建立师资发展的激励机制，形成合理的教师梯队结构。二是在解决师资结构性矛盾的问题上，整合资源，加强杭州高校动漫教师资源的共享，取长补短。三是利用网络资源，补充教学。四是利用杭州"动漫之都"的地域优势，与在杭动漫企业进行校企合作，聘请行业一线的设计人员为兼职教师，为学生亲身示范指导，补充教师数量，有效弥补教师实践经验不足的缺陷。

尽管杭州高校的动漫教育还存在不少问题，但是我们应当看到，近年来杭州动漫教育还是在迅速发展的。在未来几年中，随着移动互联网影响的不断扩大，对动漫产业的需求将不断增加，动漫产业机制将发生变化。如何推动杭州动漫教育健康有序的发展，是社会各界需要进一步探索的问题。笔者希望通过本文，呼吁社会各

界给予动漫产业和动漫教育更多的关注和支持,以促进动漫教育的发展,使之对杭州文化创意产业的发展做出更大的贡献。

注 释

[1] 任泉:《澳大利亚高校动画专业人才培养的特点和启示》,《高等函授学报》(哲学社会科学版)2009年第3期。

参考文献

易北辰:《移动互联网时代》,企业管理出版社,2014。
徐辉:《动漫产业的市场问题与对策研究》,《产业与科技论坛》2014年第13期。
《中国移动互联网动漫产业研究报告》,易观智库网,2014年3月,http://www.enfodesk.com/SMinisite/maininfo/reportdetail-id-322611.html。
肖永亮:《中国动画教育现状分析》,《北京联合大学学报》2011年第8期。
阳石刚:《动画专业应用型人才培养策略》,《职业教育研究》2009年第2期。
范长坡:《动画专业工作室制实践教学模式探索》,《艺海》2012年第11期。
杨瑛:《中外动画教育的现状与启示——以中、美、韩高校动画教育为例》,《赤峰学院学报》2011年第11期。
关萍萍:《日本的动漫职业教育及其启示》,《经济论坛》2011年第6期。
刘献君、吴洪富:《人才培养模式改革的内涵、制约与出路》,《中国高等教育》2009年第12期。

(责任编辑 方晨光)

杭州数字城管可持续发展的实践与探索

◎ 冯晔琳

提　要：杭州数字城管快速发展六年来，紧紧围绕"十二五"规划及省、市城市管理重点工作，在科学管理、严谨管理、精细管理、长效管理等方面取得了长足发展，发挥出了强有力的作用。本文从分析数字城管的成效与意义入手，总结出了数字城管的"杭州模式"，提出了数字城管可持续发展的对策措施。

关键词：数字城管　服务创新　长效管理　杭州

作者冯晔琳，杭州市数字城管信息处置中心经济师（邮政编码　310003）。

随着城市规模的不断扩张和人口的快速增长，城市管理对象日益复杂，任务越来越重，难度越来越大，传统的管理模式已经不适应发展的需求，在"数字城市""智慧城市"如火如荼的建设大潮中，"数字城管"已经从运作的初级阶段逐步迈入了成熟、高效的实践阶段，真正进入了城市管理工作的一线，是城管行业的排头兵、冲锋枪、撒手锏。习近平同志在担任浙江省委书记时对数字城管做出重要批示："数字城管是数字浙江的重要手段，希望有关部门认真学习研究北京东城区的经验，结合浙江省的实际，抓好试点，逐步推开，以此为载体，全面提升浙江省城市日常和应急管理水平。"

一 数字城管的成效与意义

（一）数字城管取得的成效

通过六年多的运行实践，杭州市数字城管覆盖面不断拓展，内容不断延伸，效能不断提升，在城市综合管理中的作用日益显现。

1. 实现了"三个第一"

数字城管以第一时间发现问题、第一时间处置问题、第一时间解决问题"三个第一"为总目标，引入了管理对象数字化、管理手段信息化、管理体系标准化、管理决策科学化、管理流程闭合化等先进的管理理念，始终紧紧围绕城市管理的重点、难点和热点，从充实和完善数字城管标准切入，扩大数字城管事、部件类别覆盖面，提高问题立案、结案标准和要求，事、部件类别不断扩充，进一步提升了数字城管的运行实效，有效、及时地发现并处理城市管理中的问题，尤其是有针对性地解决热点、难点问题。

2. 数字城管在您身边，为您服务

数字城管以管理的效用性、拓展性、创新性和反馈性"四大特性"把城市管理相关职能部门、城区、采集公司以及市民这几个城市主体有机地结合起来，导入主动、积极的因素，使得各个主体成为数字城管这一现代化城市管理方式的活跃因子，不断促进数字城管事业的发展，同时为数字城管所引导，更积极主动地去解决城市管理中的实际问题，为民排忧解难。

3. 推进服务、创新、效能型数字城管建设

数字城管在标准化、共享化、联动化"三个方面"区别于传统管理方式，在城市管理中发挥了先进手段和管理模式的作用，树立了采集、立案、结案的标杆，建立了综合管理信息平台，强化了相关部门、单位的监管力度，推进了数字城管立法进程，强化了协调派遣能力，完善了科学考评体系，完成了"市辖城域"统一平台建设，引入了物联网技术全面管理，运用实景三维影像呈现，打造城市管理新模式。

4. 建设高效运转的数字城管

数字城管从专项普查和协调督办"两大手段"出发，为行业管理、集中整治提供服务和保障。先后开展了建设工地、背街小巷、户外广告、公厕、盲道等专项普查，撰写分析报告，为相关部门提供了较为翔实的信息；为巩固整治成果，落实长效管理，建立了"户外广告""渣土乱倒"快速发现、限期处置的工作机制，并实现了与"两保"考核的有机集合，发挥了管理资源整合的最大效应。同时，还完善了平台管理相关制度，立足为城区和部门服务，加大了平台日常协调和督办的力度，一些久拖未决问题的职责得到厘清，有效地推进了问题的及时交办和处置。

（二）数字城管在城市管理中的意义

数字城管一改以往随机巡查、以静制动的传统局面，打破了被动、滞后、静止

的城市管理模式，建立了市辖城域统一平台，发挥了快速反应和全面高效的优势，实现了城市管理科学化、严谨化、精细化、长效化。

1. 有利于实现科学管理

数字城管坚持科技强管，以系统论、信息论等理论为指导，集成"3S"和"2C"技术，将现代管理技术与城市管理相结合，实现了城市管理专业监督和综合监督的有机结合、精细规范管理与全面覆盖管理的有机结合、高效管理与长效管理的有机结合、内部考核和外部评价的有机结合，实现了科学和谐的城市管理。

2. 有利于实现严谨管理

数字城管在体制上实行监督与处置分离，责任明确到具体单位及责任人；信息传递和处理有严格的流程和时限规定，绿灯、黄灯、红灯明确代表处置时效，红灯一亮即为超时；系统按评价规则生成各类评价结果并在报纸等媒体上公布，接受各级领导、网络单位、处置部门及市民的监督，并将评价结果纳入城区、部门的年度评优、考核。

3. 有利于实现精细管理

数字城管具有独特的事、部件管理法和网格管理法，有了数字城管，管理对象的空间定位可精确到米，时间记录可精细到秒；管理可精细到每个案件、环节和部门，从发现、立案、派遣到处置等一系列流程全部记录在案，各部门、各环节的工作质量和效率一目了然；各级领导可以随时随地了解所管辖区域的城市管理效果和所属部门的量化考评结果。

4. 有利于实现长效管理

通过创新管理体制，数字城管再造管理流程，克服随机、被动、滞后等弊端，建立快速准确的问题发现长效机制、分工协作的协同处理长效机制、科学透明的考核评价长效机制、形式多样的社会参与长效机制；坚持动态性完善和普适化、引领化、梯度化管理要求，出台事、部件立案和结案规范，强化监督与指挥的长效机制。

二 数字城管的"杭州模式"

作为国家住建部确立的首批十个试点城市之一，杭州市独创了"主城模式""副城模式""街镇模式"，在全国首创了信息采集市场化，努力建设惠及城乡、全民共享的数字城管，在城市管理模式上开拓了创新的先河，被专家誉为"杭州模式"。

（一）创新机制

建立联动机制，市、区两级高效运行，采用"一级监督、二级指挥、按责处置"运行模式，增强了活力，加大了协调力度。坚持问题处置在先、责任追究在后，建立"代整治"机制，确保问题得到快速、有效解决。为有效解决建管衔接问题，建立"备货制"，解决了建管衔接和长期维护问题。

（二）提高标准

从数字城管上线之初杭州范围内的立案、结案标准，上升为全省以及国家级的标准,并且逐步增加了绩效评价规范、采集标准、数字城管岗位操作规程等省级、部级标准,不断扩展数字城管事、部件类别,形成了较为全面、系统的数字城管标准系列。

(三) 整合资源

集合公安、执法等部门信息资源,建立数字城管主平台。依托主平台,搭建市辖城域数字城管统一平台,拓展数字城管覆盖范围,以"杭州模式"引领区、县(市),开创了"依托市平台、融入区平台、分级监督指挥、按责处置和区镇联动",并适应城镇的数字城管建设运行新模式。

(四) 法制保障

杭州市人民政府颁布244号市长令,正式向社会公布了《杭州市数字化城市管理实施办法》,开创了全国立法的先河,在数字城管相关部门的工作职责、问题处置与解决的依据、数字城管拓展和运行模式的确定以及信息采集市场化背景下采集员的合法身份等方面都给予了法制保障。不仅率先探索和实践数字城管立法工作,也为今后的数字城管运行提供了法定依据。

(五) 统筹城乡发展

坚持"城市化发展到哪里,数字城管就推进到哪里;背街小巷实施到哪里,数字城管就覆盖到哪里;保洁保序到哪里,数字城管就延伸到哪里",六年来不断向城郊接合部和城中村延伸。本着"统筹城乡、全民共享"的原则,加快数字城管向市域各区、县(市)推进,扩大辐射面,在"统一平台、统一流程、统一标准、统一评价"的基础上,初步建成了覆盖13个区、县(市)和2个市级管委会的市辖城域数字城管统一平台,加快了副城城市管理接轨主城的步伐,也加快了各区、县(市)的城市化进程。首推"街镇模式",萧山的临浦镇、余杭的余杭镇率先完成了数字城管建设,开创了依托区平台,建立两级监督、一级指挥、按责处置、区镇联动适应城镇实际的数字城管运行新模式,掀开了杭州市数字城管发展的新篇章。

(六) 坚持民主民生

以"数字城管在您身边,为您服务"为根本宗旨,努力解决与市民生活息息相关的城管热点、难点问题。引导市民参与数字城管工作,举办生活品质体验点活动,开展经常性的数字城管服务进社区、进广场活动,让数字城管和群众直接接触,通过种种形式问需于民、问情于民,充分吸收社会人士的意见和建议,不断提升城市管理水平。为落实"民有所呼,我有所应;民有所盼,我有所为",开通了12319热线,实现了"三零",即零距离沟通、零距离服务、零距离互动,全天候受理市民提出的有关城建、城管的12类问题以及停车诱导等方面的咨询和投诉,将市民反映的问题和诉求纳入数字城管体系一并解决,促进了问题的有效处置,密切了市民百姓与政府部门的联系。

三　杭州实现数字城管可持续发展的对策

中央政治局常委、全国政协主席贾庆林同志曾指出："数字城管是城市管理工作的一个创举，要不断完善、提高，注重时效和配套改革。"发展数字城管，要紧紧围绕市民对城市管理的新诉求，加快服务、创新、效能型数字城管的建设力度，坚持以人为本，着力开展为市民、为城管、为部门、为县（市）"四为"服务，继续做好"四大服务"。要强化与行业监管部门的协同，让数字城管的自身资源更多、更好、更快地服务于行业监管部门的实际需要；要做好对各区、县（市）的指导、服务和保障，有序推进数字城管向各区、县（市）拓展延伸；要在拓展服务渠道和提升服务品质上下功夫，努力建设开放型数字城管。

（一）规范城市管理，牢固树立标准意识

数字城管的考核、评价以及立案、结案等标准，既是管理的标准，更是服务的标准。数字城管运行六年多来，虽然标准意识已逐步树立，但在具体案卷的处置中还存在一定的争议，要继续通过宣传或者培训，突出标准的层次性和差异性，促使各相关单位尤其是疑难案卷较多的单位进一步提高认识，增强高度的责任感、使命感，坚持标准性，减少随意性，使其深刻认识到数字城管是管理流程的再造，使部门职责更为明晰、边界更为清晰、合作更为协调，确保数字城管发挥应有的作用。

（二）强化数据分析，增强服务的主动性

城市管理的目的不仅是要解决问题，更重要的是要减少问题的发生，加强对数据的挖掘分析，有利于发现表面现象下的深层次原因，找准隐含的城市管理规律，从而提出行之有效的解决问题的办法。尤其是在如何减少同类问题的再次发生上下功夫，提出有针对性的意见，为城市管理提出优化建议，为决策者提供有益的参考。

（三）开展事前普查，从解决问题向源头管理转移

城市管理的问题具有一定的季节性、时间性或规律性，如汛期、学校放学期间、街边夜市摆放集中时期等，应根据周期性，按一定的时间段，有针对性地开展普查。例如，在汛期到来前，重点普查破损道路、坑洞等容易造成低洼积水的路面，及时修补；在台风来临前，普查户外广告牌，发现有安全隐患的，应及时修复；普查施工工地，把具体的地点、数量等告知相关部门，及时查处偷盗建筑垃圾的行为。事前普查有利于数字城管从源头上减少问题的发生，为相关部门提供有效信息，落实针对性举措，切实为群众服务。

（四）编制范例教材，实现案卷处理从经验型向科学型转变

在问题派遣或处置时，时常发生个别案卷有疑问或争议的情况，如杆线吊挂、沿街立面等。针对这类疑难案卷，可以选取其中具有代表性的、处理恰当的一部分加以分析、说明，达成共识；编制成问题派遣和处置教材，可对以后的类似案卷处置起到范例作用，逐渐形成一种行之有效的处理模式，为各城区和相关部门提供

借鉴。

（五）建立数字城管QQ群及论坛，强化交流和沟通

数字城管已建立了一套较为畅通的联系网络，如保障热线、上门培训、电话、座谈等，但还缺乏一个更为方便、快捷的沟通手段，建立QQ群及论坛，可以实时发布讯息，更为直接、快速地为网络单位解答疑问，扩大解答疑问的受众面，充分展示市级层面数字城管的良好形象。

（六）深化品质体验点活动，有效宣传数字城管

近年来，在杭州市品牌办的统一安排下，作为全市最具生活品质的80个体验点之一，杭州市数字城管已举办了数次品质体验点活动，吸引了杭州及周边城市的市民参加，收到了良好的效果。今后应继续定期或不定期地举办各类主题鲜明的体验点活动，同时应区分参加人员类型，如纯市民；增加其他参加人员类别，如增加社区工作人员、相关部门工作人员、人大代表、政协委员等；还要细分类别，如按市民年龄、工作性质、区域等分类，这样才能更有针对性、更有效地介绍、推广、宣传数字城管。

（七）进一步拓展社会服务功能，解决热点、难点问题

随着"停车新政"的实施，杭州市"停车难"问题得到一定程度的缓解，然而相对于不断增加的新车上牌量，形势依旧不容乐观。围绕全市做好停车工作的总要求，在继续履行数字城管日常服务职能的基础上，要进一步完善停车诱导服务系统，努力将社会停车资源纳入停车诱导服务范围，进一步优化系统功能，扩大服务内容，为市民提供最便捷的停车服务。同时，充分发挥12319联系政府和市民的桥梁、纽带作用，全面做好市民尤其是停车方面的咨询服务，实现城建城管、打造"国内最清洁城市"以及停车诱导服务热线的"三线合一"，切实履行"当城市好管家，让百姓得实惠"的城管目标和宗旨。

杭州数字城管在高速发展的六年多时间里，经历了"十一五""十二五"时期，现在又站在"十三五"时期的历史起点上，抢抓发展机遇，推进管理创新，实现增效提质，努力增强生命力，继续建设服务型、创新型、效能型数字城管成为新时期的目标。

参考文献

①何荣坤主编《数字化城市管理信息系统基本原理》，浙江大学出版社，2006。
②叶裕民、皮定均主编《数字化城市管理模式》，中国人民大学出版社，2009。
③陈平：《网格化城市管理新模式》，北京大学出版社，2006。

（责任编辑　方晨光）

杭州文化遗产数字化保护的技术演进与机制创新[*]

——基于智慧城市视角

◎ 赵智慧　颜　鹰

提　要：智慧城市与新一代信息技术密切相关，也是未来城市发展的高级形态，为文化遗产数字化保护提供了良好契机。本文通过介绍杭州若干文化遗产数字化保护代表性项目，分析智慧城市建设的技术与机制需求，从优势与问题两个方面深入研究杭州文化遗产数字化保护与智慧城市建设间的关系，提出"智慧文遗"的概念性框架。

关键词：文化遗产　"智慧文遗"　智慧城市　数字化技术　机制创新　杭州

作者赵智慧，浙江工业大学之江学院人文学院讲师（邮政编码　310024）；颜鹰，中国计量学院高级工程师（邮政编码　310018）。

当前，智慧城市建设已成为发达国家与地区一项重要的发展战略。它一方面体现了技术演变与革新的时代趋势，另一方面顺应了现代城市综合性、内涵式的发展需求，成为城市化进程中的划时代事件。同时，世界范围内的文化遗产数字化保护也进入了新阶段，如何将已有的以及不断生成的数字遗产数据进行系统化、标准化、艺术化、社会化的展示与传播，以此重构城市文化机体的生命与活力，促进文化共

---

[*] 本文为2012年度杭州市哲学社会科学规划课题（B12WH05）。

享,满足公众文化需求是这个阶段以及未来较长时期内的主旋律。在这种情况下,文化遗产数字化保护必将受到智慧城市理念及其实践的深刻影响。杭州作为一个有着丰富历史文化资源的现代化都市,在数字化技术快速发展以及智慧杭州建设背景下,以何种路径和何种模式保护、展示与传播自己的文化遗产将在很长一段时间内成为值得研究的问题。

一 杭州文化遗产数字化保护代表性项目概况

自20世纪80年代以来,数字化技术在文化遗产保护中的作用日益增强,应用日益广泛。杭州历史文化资源丰富,近年来各级机构相继在文化遗产数字化保护领域开展了大量工作,为智慧城市下遗产的保护、展示与传播奠定了基础。

(一)西湖世界遗产保护数字化系统

2011年6月,西湖作为文化景观被正式列入《世界遗产名录》,为西湖文化遗产保护提供了制度性保障。然而,随着城市化进程的快速发展,西湖后申遗时代必将面临更为沉重的城市开发、交通恶化、环境破坏、自然灾害以及旅游扩张等压力,加强数字化保护势在必行。早在2009年,杭州市政府就安排1400万元专项资金用于西湖遗产保护数字化系统建设,相继建成了一批数字化管理系统,为西湖申遗提供了重要的技术支撑和决策支持。申遗成功后,杭州西湖风景名胜区管委会进一步加大了对数字化系统的建设和整合力度。目前,景区系统已接入浙江省、市、区各类专线20余条,各类应用系统60余套,实现了西湖文化景观基础资料的管理、监测、预警,西湖遗产地游人量、交通流量、游人行为的控制管理,以及自然灾害预防与处置等功能[1],极大地提升了西湖遗产地的管理与保护水平。

(二)中国江南水乡文化博物馆、杭州博物馆、杭州西湖博物馆之虚拟漫游

中国江南水乡文化博物馆、杭州博物馆、西湖博物馆均以网上虚拟展厅等形式开展博物馆展品的数字化展示与传播工作。其中,中国江南水乡文化博物馆以良渚文化为切入点展示中国江南水乡文化和民俗风情,其虚拟展馆项目建设始于2008年,采用虚拟漫游形式,将博物馆展览陈列生动、真实地还原在网上,为用户提供身临其境的数字化体验,属浙江省博物馆界首创。杭州博物馆是一座反映杭州历史变迁的人文类综合性博物馆,前身为2001年10月开放的杭州历史博物馆,其虚拟展馆以"翰墨丹青——馆藏书画陈列"馆为原型,利用数字化技术复原该展厅的序厅、丹青流韵、扇语清风、翰墨飘香四个区块,用户可以通过点击地图上的区块名称进入相应的虚拟展厅,并利用键盘、鼠标进行虚拟漫游,还可以随时点击漫游画面中的虚拟作品或展板以更清晰的方式显示作品简图及其描述性文字。杭州西湖博物馆是中国第一座湖泊类专题博物馆,其全景数字展厅于2012年10月9日上线,采用实景摄影与后期制作相结合的形式,根据导览路线欣赏西湖博物馆的主要陈列,展板文字、图片、主要展品等都有高清显示,全景沙盘、岩石水晶球、生态树、浚

治多媒体、佛教视频等也可供人们自由浏览，内容丰富翔实，界面设计也十分友好，指向标志清晰，可以在多个展厅间切换，还可以随时对自己感兴趣的内容进行缩放。

（三）文澜在线——杭州数字图书馆的保护行动

近年来，杭州图书馆依托新馆建成优势，把握时机，研究和探索数字图书馆的建设框架与服务模式，形成以"三网联合"为基础的数字图书馆建设框架，将数字电视平台、智能移动终端平台与网站平台整合成综合性杭州数字图书馆——"文澜在线"[2]。文澜在线有效借助网络通信、全媒体等数字化技术，深入贯彻泛在化服务理念，使公众可以随时随地利用电脑、电视、手机等终端获取数字化文化资源。

除了提供常规数据库共享服务外，文澜在线的一个重要内容就是提供了17个本地特色资源库，尤其是西湖古今览胜、石刻造像、杭州老字号、杭州历代地方志集、地方文献数据库、良渚文化特色数据库、淳安睦剧、建德乡土建筑与民俗文化8个资源库与杭州当地文化遗产密切相关，为公众提供了大量历史文化信息。就地方文献数据库来讲，杭州图书馆在灵隐、吴山、中山路等景区城市改造项目中及时保存和整理相关的文化遗产，从摩崖石刻与石窟造像、楹联、诗词、人物、典故、建筑文化、坊巷、民俗风情、自然景观等方面制作完成了灵隐、吴山、中山路三个专题数据库，保存了重要的历史遗产。2010年10月，浙江省文化厅发布《浙江省公共图书馆地方文献资源建设实施意见及考核细则》，对省内各级公共图书馆地方文献资源建设提出了相关要求；2010年12月，浙江省文化厅又颁发《浙江省公共图书馆地方文献资源建设规范（试行）》，进一步明确了各级公共图书馆地方文献资源数字化建设要求。杭州图书馆以此为契机，全面启动了地方文献数字化保护工作。

二 智慧城市建设对数字化技术以及城市管理、服务机制创新的需求

智慧城市以新一代信息技术为依托，着眼于城市有机体的可持续发展，充分重视科技与人文的联合效应，具有较高的技术与机制需求。

（一）技术层面

智慧城市的提法最初是从 Smart City、Smarter City 与 Intelligent City 三个用得比较多的英文词语翻译而来的[3]。它们在西方语境中主要都是从信息技术推进城市发展的角度来使用的，也就是说，智慧城市的基础依然是技术性的，对先进技术的需求始终存在，只是在中文语境里又被赋予了更多"人"的、"人文"的内涵。我们关注技术，目的就在于确保随着时代的发展，新技术得以持续介入，从而构建一个不断发展的、有机更新的智慧城市技术体系。

许多学者、研究机构及企业对智慧城市技术需求进行了分析，如感知层、网络层与应用层技术体系的建构等[4][5]。具体又可归为七大类，即3S一体化类、网络通信类、文化遗产感知类、超算类、视频监控类、虚拟现实类以及安全类，主要涉及

全球定位系统、地理信息系统、遥感系统、3G 与 4G 网络、WiFi 网、物联网、自动识别、传感、IPv6、云计算、大数据、三维可视化、虚拟现实、增强现实、信息安全以及相关标准技术等。其中，地理信息类、有线与无线网络通信类、视频类等技术相对成熟，它们也是数字城市时代的技术基础。而移动网络通信类、感知类、超算类、移动计算类等技术则属于近年来的新生事物，是智慧城市建设中的重要技术类型，决定其关键技术需求。展开来说，一是传感器技术需求，特别是微型化、高性能、低能耗、低成本传感器的普及，目前这类传感器的应用还限于尖端领域。二是移动通信、物联网等新一代网络通信技术需求，应具备多网融合、无线移动、大宽带、泛在化等特性。三是大数据、云计算等新一代平台处理技术需求，涉及 No-SQL 数据库管理系统、虚拟化、SOA、自主计算与效用计算等。四是地理信息系统的升级需求，要求 GIS 的 SOA 化、支持云计算与移动计算以及 GIS 与 BIM 的集成[6]。五是标准需求，要在基础标准、支撑技术标准、管理与服务标准、信息安全标准以及应用标准方面早研制、早试点、早推广，以消除信息孤岛，实现互联互通。

（二）机制层面

早在 2007 年 10 月，由欧盟委员会发布的《欧盟智慧城市报告》就从智慧经济、智慧流动、智慧环境、智慧公众、智慧居住与智慧管理六大维度界定了智慧城市的概念。如今，智慧城市的应用规划体系早已超出当时的范畴，全面触及城市公共管理与服务、产业发展以及人类生活等方方面面，由此也催生了一系列林林总总的制度性、机制性问题研究。有学者从智慧城市建设保障需求角度探讨了组织保障机制、政策保障机制、资金保障机制、人才保障机制、技术保障机制、项目保障机制、企业保障机制与安全保障机制[7]，更有城市实际管理者结合工作实际从业务运营、后台建设、标准化建设、管理与制度创新以及示范试点机制等方面提出了独特见解。其中对管理与制度创新提出有效性、简洁便利性、全面系统性以及合法性与合理性的原则，对推进智慧城市建设示范试点提出共同建设共同享有、争取和统筹各方资源、科学设计政策体系、组织开展示范试点以及发挥社会化评价作用等领导方法，还以宁波博物馆"上下级合资、统筹建设、联合运营的管理模式"为例说明问题导向、"上下结合"的管理创新模式[8]。

三 杭州文化遗产数字化保护与智慧城市建设需求的比较

总的来说，杭州文化遗产数字化保护在技术与机制层面上已开展了大量工作，前文提及的西湖世界遗产数字化保护系统建设、杭州西湖博物馆全景数字展厅虚拟漫游、文澜在线的泛在化服务理念等均表明了这一点。同时，因应智慧城市建设的时代浪潮，也需要看到存在的不足，从而明确前进的方向。

（一）已有基础

首先，在技术层面上，一是已具备一定的后台集成化管理与前端智能化应用基础。例如，西湖世界遗产保护数字化系统的主体是一个由硬件设备层、系统软件层、技术构件层、系统应用层与用户接口层组成的自下而上的连贯体系。其中，硬件设备层包括服务器、网络设备等，系统软件层包括数据库管理系统、虚拟化平台等，技术构件层包括内容管理引擎、信息交互引擎、中间件与数据交换平台等，系统应用层包括景区管理类系统、遗产监测类系统、文物保护类系统、公共服务类系统等，用户接口层包括通信平台以及电脑、手机等多种终端接口。进一步以西湖文化景观监测预警管理系统为例，该系统以 ARCGIS 技术为底层技术，整合 GIS、视频、传感、GPS、智能识别五种技术模块，集成景区内如交通、气象、客流量、环境质量等所有实时监控系统，并采用多类型传感设备和影像监控设施，数据获取的自动化程度较高，实现了监测信息的空间定位及可视功能，集成功能强大，即时化管理效果明显[9]。二是多项公众化智慧应用平台相继落地。2012 年"五一"节前夕，由杭州市旅游委员会推出的杭州智慧旅游手机 APP 应用正式上线，它以电子地图为基础，结合 GPS 定位功能和搜索功能为游客提供文字、图片、音频等形式的杭州旅游资讯，尤其是实现了景区的自动语音讲解功能，在自由享受旅途的同时，还可以了解景区深层次的内涵和背后的人文典故。在之后的 2012 年 7 月 27 日，由杭州市人民政府主办、杭州市经济与信息化委员会牵头，并与中国电信杭州分公司共同开发建设的"智慧杭州"手机门户项目也正式启动。该门户依托云平台，采用智能插件、应用容器等先进技术，包含"我的城市、我的新闻、我的云"三大版块，内容涵盖政务、交通、旅游、公共事业、生活、医疗、教育、金融等，通过手机终端提供多方位的城市信息及应用服务。

其次，在机制层面上，杭州市第十一次党代会明确提出要建设智慧城市，打造"智慧杭州"，并发布《"智慧杭州"建设总体规划》。该规划着眼于品质生活的共建共享，着重于城市运行系统的优化提升，着力于城市竞争力的提升。《杭州西湖风景名胜区和园林文物信息化"十二五"总体规划》也提出要建设"智慧西湖"。这为杭州文化遗产数字化保护各项机制创新提供了动力。例如，在项目保障机制上，杭州近年来在智慧城市相关领域大力开展项目统筹、引进、落地、管理、考核与评估工作，初步建立起部分重点领域的项目保障机制，如"智慧中国、智能杭州"4433 工程、智慧西湖项目等，2013 年 3 月更是启动了"文化遗产数字化公共服务平台及产业化应用示范项目——西湖示范工程"，积极开展基于数字博物馆的文化遗产公共服务应用示范以及数字化旅游服务的应用示范研究等工作。

（二）存在的问题

首先，现有文化遗产数字化保护程度、水平参差不齐，模式单一。与国外或国内一些著名文化遗产较多采取三维数据采集与成像、数字化虚拟修复与复原重建等方式不同，杭州将数字化保护重点放在了数字化信息管理与监测、数字化检索与展示等方面，且主要通过外包方式建立网站或数字化保护管理平台以及搭载虚拟现实等手段实现。这一方面是由于数字化保护起步较晚，另一方面也与相关遗产机构的保护理念、资金投入乃至数字化技术人员、管理人员匮乏等有关。这导致杭州各类文化遗产数字化保护程度、水平参差不齐，前文的西湖世界遗产保护数字化系统以西湖申遗以及后申遗时期可持续保护为契机采用了较为先进的技术保护与管理系统，而大多数遗产机构尤其是近年来日益增多的民营博物馆等在数字化保护方面则处于不利地位，从而使得这些文化遗产无法较好地实现数字化保护、展示与传播，更无法融入新时期智慧杭州的建设。此外，数字化保护模式单一也是常见的现象，许多保护机构将数字化保护与展示简单理解为一套系统、几台服务器、若干触摸屏与显示屏等的机器化组合，且一种普遍现象是，现场终端经常处于无反应状态，相关网站信息没有及时更新，重复性资源浪费，等等。而对于自身如何真正理解与有效传播文化遗产，以及如何通过数字化手段促成公众对遗产的当代理解与未来延续等问题缺乏回应。

其次，文化遗产数字化保护顶层设计不到位。一方面，依据相关规划，智慧杭州建设已陆续展开，但其主要应用领域界定在智慧交通、智慧城管、智慧医疗、智慧社区、智慧公共安全、智慧环保、智慧教育、智慧旅游等方面，其中的智慧旅游虽然与文化遗产保护具有相关性，但其出发点仍然是纯商业性的，在一定程度上会削弱以文化遗产保护公益为主的本质要求。同时，《杭州西湖风景名胜区和园林文物信息化"十二五"总体规划》中虽然也提出了要建立智慧博物馆，但博物馆只是整个遗产保护体系的一部分，且该规划提到的智慧博物馆建设仍局限于"将现实存在的实体博物馆的职能以数字化方式完整呈现于网上"，这是数字城市建设的主要内容，与智慧城市更透彻的感知、更全面的互联互通、更深入的智能化要求有一定差距。另一方面，杭州文化遗产保护也以政府主导为主，政府虽然也鼓励社会力量广泛参与，但无论是社会机构还是公众领域的相关参与机制尚未形成，这与智慧城市建设公众服务的最终目标不相符，也与杭州生活品质之城的城市定位不相符。

最后，与智慧城市下文化遗产数字化保护密切相关的技术支撑体系尚未建立。由于智慧城市不同于数字城市，这样，在数字城市时期建构的文化遗产数字化保护技术支撑体系也将不完全适用于智慧城市的发展要求，必将面临调整与升级。就杭州而言，根据调研，当前比较关键的技术问题或技术需求包括以下几方面。第一，全市文物保护基础数据库尚未完善，更加缺乏统一、优质的文化遗产保护基础数据库。第二，相对于已有较多应用的3S一体化类、网络通信类、视频监控类与虚拟现实类技术而言，文化遗产感知类、超算类、安全类技术应用较为紧缺，同时，已有虚拟现实类技术的交互性普遍不高。第三，缺乏强烈的标准化意识，导致已数字化了的文化遗产没有形成统一的信息表达和交换标准规范，各部门间信息交互不畅，各类数据资源不能有效共享和利用，整个保护领域也缺乏面向文化遗产公共服务的技术标准体系等。这些问题无疑将直接影响智慧城市下文化遗产的数字化保护水平与成效，最终不利于本地文化遗产的长效保护与传播。

四 "智慧文遗"——杭州文化遗产数字化保护的技术演进与机制创新探讨

文化遗产数字化保护是有关历史文化命脉延续与新文化构建的重要事项。十八届三中全会明确提出要"构建现代公共文化服务体系",杭州"十二五"发展规划对发展文化事业和文化产业也提出了完善公共文化服务体系、推进文化传播工程以及深化文化体制改革等若干要求,其中特别提到要推进文化资源共享,狠抓文化惠民工程,加快发展移动多媒体广播、网络广播电视,开拓新型传播载体和业务,深化公益性文化事业单位改革,建立市民文化需求表达机制和公共参与机制,培养市民表达需求和参与决策的自觉意识,等等。同时,随着时代的发展,文化遗产数字化保护成为城市文化信息管理以及城市现代化服务的重要内容。杭州"十二五"发展规划对此也有明确要求,即提高城市管理现代化水平,增强政府公共服务能力,创新公共服务管理体制,等等。为此,本文在前述研究以及智慧文博的基础上,进一步提出以高"瞻"深"谋"、张"网"布"云"以及接"人气"为主要内容的智慧文化遗产(以下简称"智慧文遗")概念性框架与演进路径,服务于智慧城市下杭州文化遗产数字化保护工作。

(一)高"瞻"深"谋"

杭州既是文化遗产十分丰富的历史文化名城,又有打造国际重要旅游休闲中心、全国文化创意中心的雄心壮志,势必需要更具前瞻性与战略性的理念。如何将文化遗产数字化保护与智慧城市建设密切结合,走出一条既适合杭州特色又有国际视野的保护道路正是这种理念的一个方面。

"智慧文遗"可以作为一种文化遗产数字化保护顶层设计理念运用于杭州实践。首先,经由遗产主管部门与相关部门的协同,从组织与政策机制上确立智慧城市下杭州市文化遗产数字化保护的总战略,积极推动各遗产机构主动顺应时代发展要求,制订具有前瞻性的遗产数字化建设方案。其次,根据各遗产机构数字化保护现状,对照智慧杭州建设需求,建立遗产机构数字化发展的分类评估体系,对发展较好的、具有明显地域文化特色的优先提供政策与技术支持,同时为发展相对较缓、技术基础薄弱的遗产机构提供更多的发展空间,以及创新遗产机构间结对帮扶机制。最后,选取适当时机,设立杭州文化遗产数字化保护与发展专门机构,统筹协调各利益相关方,从顶层设计角度开展管理与服务工作,特别是在现阶段还未出现大量重复建设问题的时候尽快设立,推进数字化遗产资源统一平台共享、由下向上的分级共享、财政与考核制度创新等工作,及时建立数字化资源共建共享机制,等等。该机构更为重要的功能还在于对未来文化遗产保护主体构建上的推动作用,由于智慧城市是未来城市发展的高级形态,在这种形态下,文化遗产保护明显发挥出独特的乃至具有立市之本的效用,其保护主体也同时转化为公民社会[10],该机构的设立为各类社会公益组织参与文化遗产保护创造了条件,有利于文化遗产委托管理与长效保护机制的形成。

（二）张"网"布"云"

智慧城市首先是基于新一代信息技术的城市，在此基础上以一种"智慧"的方式运行。它必然包括广泛的感知网、集成的资源平台以及由此而带来的智慧应用。因此，对于未来的文化遗产数字化来讲，一张无所不在的遗产"网"与一个无所不包的遗产"云"是实现"智慧文遗"的基础与关键，它们构成了遗产数字化、智能化收集与归类、整合与分发的生态体系。

在国外，柏林国家博物馆将其博物馆网上联机系统与整个普鲁士文化遗产基金会网上联机系统结合起来，整合成统一的网上联机目录信息，从而最终实现欧洲所有馆藏信息资源的共享平台。对于杭州来说，张"网"布"云"可以根据现阶段的实际情况，从技术引进、机制创新等方面分阶段、分步骤地有序推进。首先，各遗产机构应根据自身情况综合考虑现阶段与今后一段时期内的相关技术引进策略，不宜一味求全，而应在某类数字化产品上集中优势，形成特色，同时应注重技术更新中的可用性与易用性。其次，有效整合杭州现有数字图书馆与数字博物馆已有优势，将数字图书馆强大的检索功能与数字博物馆丰富的存在经验密切结合，创新不同部门间、机构间信息协同共享机制，形成有效的遗产资源"网"。最后，充分借鉴西湖世界遗产信息化建设经验，分类、分阶段地合理规划全市文化遗产传感识别"网"，完善基础数据库，搭建全市统一的文化遗产云平台。在这个过程中尤其要注意的是，在成效与成本中寻求平衡，以及充分重视标准化建设，从源头上建立标准化机制，积极制定各类技术标准、服务标准，逐步形成清晰统一的标准体系。

（三）接"人气"

"智慧文遗"不仅是技术的智慧，本质上更多的是人文智慧的融入。这就要求"智慧文遗"的建构过程要充分重视人、服务人，不仅将人作为遗产接受对象来看待，也要将其和遗产机构与相关各方一道作为遗产意义建构的主体来对待。就杭州而言，就是要在遗产数字化保护、展示与传播的用户参与机制及其技术演进上进行创新。

首先，在智慧博物馆等项目建设方面，一是在杭州现有相关网站、虚拟漫游基础上，针对大多被调查用户反映的现代科技手段运用不够、互动内容不多的现实问题，科学研究用户认知需求，增强虚拟遗产的交互性与体验性；二是对于用户在场的情况，可以借助场景重现、手机等智能终端、传感智能识别与响应等手段增强用户现实的体验，还可以在传统单一用户体验的基础上，实现多人、多用户集体性的社会化体验。其次，依据杭州"十二五"发展规划，遗产主管部门及各遗产机构要在市民文化需求表达机制和公共参与机制建立方面积极行动，联系当前杭州智慧旅游、智慧文博、智慧教育等建设实践，可以在文化遗产社会化媒体传播方面进行技术创新与机制创新。一方面，相关遗产方可以充分利用社会化媒体大众参与、社会化传播的优势，为用户创造良好的参与平台与诉求表达氛围；另一方面，在社会化媒体传播中注重利用手机等智能终端，扩大传播范围，提升传播效果，如开发APP

应用等，积极建构文化遗产数字化传播新机制。

综上所述，文化遗产数字化保护在经历了文件化与视觉化、虚拟探究与展示等阶段后，必将进入新的发展阶段，这个阶段最明显的特征就是物联网、云计算、新一代互联网等技术进步与人文需求所带来的影响。一方面，"智慧文遗"同时关注技术、机制与人文，积极建构面向公众、面向用户的新型文化遗产数字化保护技术与机制新路径，扩展了文化遗产数字化保护、展示与传播视野；另一方面，基于遗产对当代与后代意义及其不同层面理解上的同一性与差异性，"智慧文遗"又是一个高度开放、兼容并蓄的系统，将随社会发展与技术进步而有机演进，需要相关各方汇聚集体智慧，不断为其注入新的内容以丰富其内涵。

注　释

[1] 房城、包静、吴长虹等：《数字化系统在杭州西湖世界遗产保护管理中的应用》，载孟兆祯、陈晓丽编《2012国际风景园林师联合会（IFLA）亚太区会议暨中国风景园林学会2012年会论文集》（上册），中国建筑工业出版社，2012。

[2] 杨向明、寿晓辉：《全媒体时代图书馆建设与服务创新——以杭州数字图书馆"文澜在线"为例》，《河南图书馆学刊》2012年第1期。

[3] 杨冰之、郑爱军：《智慧城市发展手册》，机械工业出版社，2012。

[4] 同注释［3］。

[5] 段淑敏：《智慧城市关键技术研究》，《电子世界》2013年第21期。

[6] 同注释［3］。

[7] 李贤毅、邓晓宇：《智慧城市开启未来生活——科学规划与建设》，人民邮电出版社，2012。

[8] 毛光烈：《智慧城市建设实务研究》，中信出版社，2013。

[9] 施春煜：《空间技术在集中型遗产地和分散型遗产地保护监测中的应用——以杭州西湖文化景观和苏州古典园林为例》，《中国园林》2013年第9期。

[10] 周膂、吴晶：《杭州市文化遗产的制度性保护》，《杭州研究》2010年第1期。

（责任编辑　方晨光）

移动开放式平台下高校图书馆个性化服务创新模式与提升策略[*]

◎ 张 真

> **提　要**：在移动化、社交化和大数据化的互联网新情境下，高校图书馆如何实现创新型、个性化的信息服务模式成为一项重要的研究课题。本文通过对个性化服务模式的文献研究和实证探索，以微信公众服务平台为典型的移动开放式平台技术，构建了基于移动开放式平台下的高校图书馆用户－数据－社交驱动的三维互动理论框架，分析了技术实现原理，并提出了高校图书馆个性化服务的提升策略。
>
> **关键字**：高校图书馆　移动开放式平台　微信　个性化服务　创新模式
>
> 作者张真，中国美术学院图书馆馆员（邮政编码　310002）。

随着通信技术、网络技术、计算机技术的飞速发展，信息资源变得愈来愈纷繁复杂，同时也改变了广大用户的信息获取方式。人们不仅从实体图书馆中汲取资源，更喜欢通过在移动开放式平台下的智能手机等新型媒体来获取知识。高校图书馆作为高校知识和信息的集散地，在信息数字化、虚拟化、网络化的环境下应及时更新图书馆服务的观念和意识，改变服务方式方法，建立以方便用户、服务读者为宗旨的新型信息服务模式，向广大图书馆用户提供个性化、差异化的服务。早在1999年，

---

* 本文为2014年度杭州市哲学社会科学重点规划课题（A14TD01）；浙江省教育技术研究规划课题"微信时代美术院校图书馆服务模式创新研究"（JB002）；浙江省社会科学界联合会课题"移动开放式平台下高校图书馆个性化服务创新模式与提升策略研究"（2014N01）。

美国图书馆与信息技术联合会（LITA）的10位数字图书馆的权威人士在研讨会上把个性化定制服务列为数字图书馆发展的七大趋势之首。而个性化服务的开展正是推动个性化定制服务的坚强后盾，能够在现有的基础上有效提升数字图书馆的服务质量。

相比传统的图书馆信息服务，在移动开放式平台下开展高校图书馆个性化服务正逐步普及。基于移动终端的图书馆信息服务，能让用户彻底摆脱时间和空间的束缚，随时随地获取所需的信息资源。在移动开放式平台下开展图书馆信息个性化服务，能够拓展图书馆服务对象的范围，有效地改善图书馆服务的便利性，更好地满足用户不断变化的需求。

一 移动开放式平台下高校图书馆个性化服务研究现状

（一）国外研究现状

早在2000年9月，日本富山大学图书馆就开始了基于手机终端的信息推送服务。通过i-mode手机向图书馆用户推送书目查询结果，这标志着基于手机或者基于移动终端开展图书馆服务的兴起与发展。在Web of Science核心合集数据平台中检索文献，检索条件为：主题=（"Personalized Information Service" OR "Personalized Service" OR "Information Service"）AND "Library" AND "Mobile"，时间跨度为2003～2013年，期刊范围为所有期刊，共获得1267篇文献（见图1）。

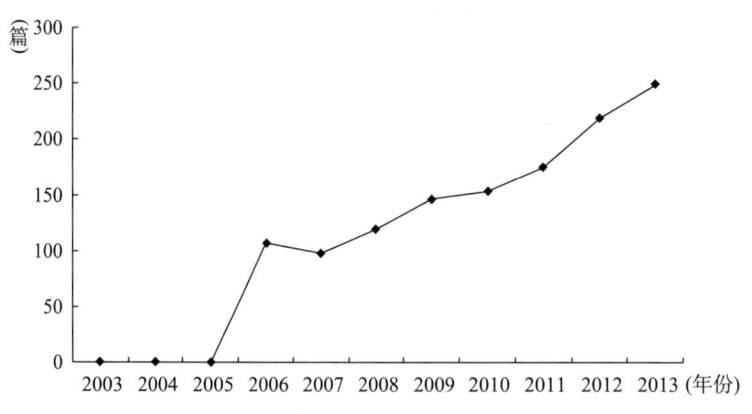

图1 国外移动开放式平台下图书馆个性化服务文献

由图1可知，国外对移动开放环境下图书馆个性化服务的研究，从2006年开始加速，至今都是一个比较热的研究领域，并且呈现上升趋势。2008年10月在北京召开的"图书馆：学科化、个性化服务的发展"国际学术研讨会上，来自美国伊利诺伊大学图书馆的蒋树勇教授认为，社会软件和网络新兴工具使得网络环境下的用户获取信息的途径多元化，这给图书馆带来更大的挑战：如何让用户在更短的时间里获得更多、更准确的信息资源，是图书馆必须面对的。芬兰、英国、美国、日本、韩国、新加坡等国家都在研究与推广基于手机或者移动终端的图书馆信息推送服务，凭借其先进的移动通信技术和雄厚的科研实力，在个性化信息推送服务方面走在当今世界的前列。因此，利用各种可能的手段满足用户个性化的信息需求，是目前图书馆需要竭诚为用户努力构造的。

（二）国内研究现状

国内开展基于手机或者其他移动终端信息推送服务的时间稍微晚一些。2003年北京理工大学图书馆开始开展基于手机的图书馆信息服务，随后国内的很多公共图书馆和高校图书馆也开始研究和推广基于手机的图书馆信息服务。利用CNKI数据库，选择中国学术期刊网络出版总库、中国学术辑刊全文数据库、中国优秀硕士学位论文全文数据库及中国重要会议论文全文数据库，利用高级检索对移动开放环境下图书馆个性化服务的文献进行分析，检索条件为：主题 =（个性化信息服务 OR 个性化服务 OR 个性服务）AND"图书馆"AND"移动"，检索年份为2003~2013年，期刊范围为所有期刊（见图2）。

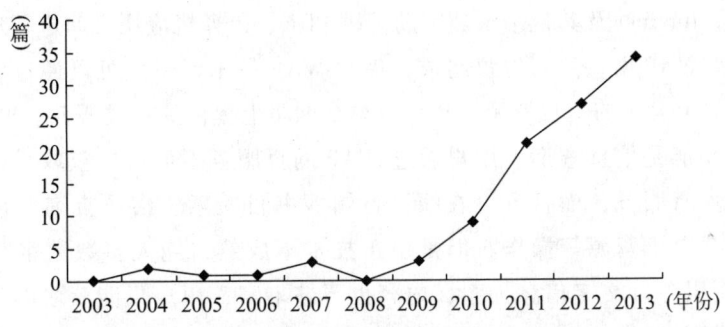

图2　国内移动开放式平台下图书馆个性化服务文献

由图2可知，国内对移动开放式环境下图书馆个性化服务的研究，从2004年的2篇文献发展到2013年的34篇相关论文，从2009年开始加速，至今一直处于高增长的状态。服务模式从起初的手机短信息服务到后来的WAP网页服务，再到之后的APP客户端程序服务。服务终端也从最初的普通手机拓展到后来的电子阅读器、掌上电脑、智能手机等移动终端。

因此，研究在移动开放式平台下图书馆个性化信息服务，能够有效地应对在移动浪潮中用户对信息资源需求的变化，能够通过目前发展快速并且相对成熟的无线移动网络，让读者在任何时间、任何地点，通过以智能手机为主要代表的移动终端设备，方便灵活地获取图书馆的信息资源。这是未来图书馆服务发展的重要趋势。

二　移动开放式平台下高校图书馆个性化服务创新模式

随着3G、4G移动通信技术的快速发展，以及智能手机移动终端的普及，中国互联网络信息中心（CNNIC）发布的数据显示，2007年使用手机上网的人数仅为5040万人，占所有网民的比例为24%，而2013年用手机上网的人数达到惊人的

50006万人,占所有网民的比例为81%。在新增的网民中,手机网民的比例高达73.3%。移动互联网正在逐步取代传统的互联网而成为当今世界发展的主要潮流。数字图书馆在移动开放式环境下向用户提供个性化信息推送服务,是顺应时代发展潮流与用户行为习惯的需要。

目前在移动开放式平台下开通了个性化信息推送服务的高校图书馆,其信息推送模式主要包括WAP网页服务、APP客户端程序服务和图书馆微信平台一站式服务。基于移动终端移动开放式环境下图书馆个性化信息推送服务是以用户为中心,在研究用户行为、兴趣爱好、专业和习惯的基础之上,分析用户的个性化信息需求,向用户推送其所需的信息资源,具有很强的针对性、主动性、易用性、知识性、专业性和安全性,能够有效提升用户对数字图书馆信息服务的满意度。

(一)网上图书馆

WAP网页服务〔WAP(Wireless Application Protocol)即无线应用协议〕是在数字移动电话、Internet及其他个人数字助理机PDA、计算机应用之间进行通信的开放性全球标准。WAP由一系列协议组成,借助WAP技术,用户可以通过手机等移动终端访问网络上大量的信息资源,还可以享受网络上提供的各类服务。WAP网上图书馆的核心功能是信息查询。用户通过WAP网页服务不但可以获取手机短信服务能够推送的所有服务,而且可以在线进行馆藏书目检索、借还查询、查看热门图书排行和检索电子资源等操作。但是由于技术不成熟,绝大多数数字图书馆提供的WAP网页服务以文字信息为主,内容也不够丰富,用户仅能获取电子文献的基本信息。也就是说,WAP网页服务仍然无法满足用户随时随地阅读电子文献的需求。

(二)手机图书馆APP客户端

APP客户端程序是安装在智能手机等移动终端上的一个软件产品,它与电脑上的软件程序一样,通常是以一个图标的样式显示在移动终端屏幕上的,图标背后是一个集图书馆服务和功能于一身的应用。用户可以自行下载、安装和删除。相比传统的WAP手机网站,APP客户端程序在功能上具有资源的有效挖掘与集成、个性化定制与推送、方便易获取及迅速广泛传播、功能丰富及形式有趣等优势,从而实现与图书馆的无缝对接。截至2011年底,世界排名前15位的大学图书馆大都依托于独立客户端或大学移动服务程序提供基于手持终端的图书馆移动服务。

在国内,清华大学图书馆于2011年底成功推出了基于安卓系统的图书馆客户端,开始利用APP为用户提供馆藏目录查询等10个电子资源数据库检索、个人借阅记录查询等服务。随后北京大学图书馆、北京理工大学图书馆陆续推出了APP客户端程序服务的数字图书馆,均能实现让用户在移动终端上进行全文阅读。

APP客户端程序是把图书馆从线下搬到了线上,将图书馆所有的服务和功能都数字化了。APP客户端程序在数字资源推荐、信息素养培训、虚拟技术体验等多个方面都能很好地满足用户个性化、即时移动的需求。但是图书馆 APP 客户端是图书馆自身封闭的移动入口，无法满足图书馆用户实时、便捷交互体验的个性化需求。

（三）微信图书馆

2011 年 1 月，腾讯公司推出了一款快速发送文字和照片、支持多人语音对讲的手机聊天软件。因其新颖、实用、方便的特点，迅速赢得了广大用户，特别是青年群体的青睐。在此基础上，2012 年 8 月，腾讯公司又推出了微信公众平台——一个以移动手机作为接收终端，实现即时交流的自媒体平台。通过这个平台，符合条件的单位可申请一个专属的微信公众账号。进入微信公众媒体后台，管理者可以进行素材管理、消息推送以及实时交流。微信用户也可以通过订阅感兴趣的微信公众账号，实时掌握平台推送的最新动态信息，是当前用户宠爱的社交新型媒介产品。

高校图书馆自微信公众平台推出的第三个月即 2012 年 11 月起，就陆续开通微信公众账号。2014 年 10 月，笔者在微信公众平台上对"图书馆"关键字进行查找，共搜到 1895 条记录，其中 126 家高校图书馆开通了图书馆微信平台服务，而在 2013 年 7 月，有发帖记录的高校图书馆微信平台仅有 46 家，短短一年时间，高校微信图书馆平台在数量上增加了近 2 倍。高校微信图书馆的发展用"浮出水面"来形容已经不够贴切，简直就是喷涌而出。微信图书馆已成为高校图书馆为读者提供深层次个性化服务的主要方式。图书馆微信公众平台比例见图 3。

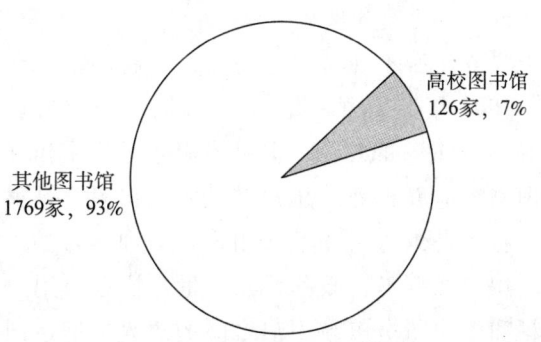

图 3　图书馆微信公众平台比例

微信图书馆的推出，不仅是微信平台与高校图书馆服务的结合，更是反映了传统图书馆管理思路由封闭向开放、服务理念由传统的以馆藏资源为核心向以图书馆技术为核心再到以客户需求为核心的转变。微信图书馆与传统手机图书馆最大的不同就在于自其诞生起就是一个开放的、纯粹的移动互联网产品，而其最重要的属性之一就是开放。有别于手机图书馆，APP 客户端是图书馆自身的封闭性移动入口，通过 APP 客户端或 WAP 浏览器可提供类似 PC 端网上图书馆的内容和服务。微信图书馆则从一开始就立足于移动互联网。其设计思路应该是基于移动互联网，结合手机图书馆 APP，在此之上对图书馆业务进行创新，而不是将图书馆现有网上图书馆功能简单地移植到微信客户端。这也是微信图书馆产生与发展的内在逻辑。基于上述结论，重新审视各高校图书馆推出的微信图书馆，其中高下自现。目前，各高校图书馆微信服务号的功能由低到高可分为三个层次：①信息推送；②馆藏资源查询；③社交互动、用户体验。大多数微信图书馆只是实现了较低的前两个层次的服务，不少微信图书馆实际上只是简单地将图书馆网页链接到微信服务号上，通过网页跳转方式来引导读者获取服务，从而失去了微信沟通的趣味性和友好性。此外，微信服务号定制菜单涵盖的服务只是类似"你问我答"的简单业务咨询，从而失去了微信图书馆服务的个性化和便利性。真正出色的微信图书馆，应该是在提升前两个层次服务用户体验的基础上，努力在第三个层次实现社交互动、用户体验的服务创新。

三 移动开放式平台下的微信图书馆个性化服务模型

微信图书馆的出现，是"泛在图书馆理论"的实践，基本实现了"人们可以随时随地地使用图书馆的任何资源"的5A目标（Anybody，Anytime，Anywhere，Anylibraries，Anyresources），构建了图书馆与用户崭新的人际关系和沟通方式。移动开放式环境下高校图书馆应利用微信移动社交用户高普及性的特点，运用大数据及云计算技术创新图书馆个性化服务新模式。

（一）创新微信图书馆服务原则

1. 以用户为中心的泛在化服务原则

泛在化服务即指服务无所不在。以人为中心、高度智能化、无所不在是服务泛在化的重要特征。2004年，美国学者Neal Kaske在《泛在图书馆在这里》一文中首次提出了"泛在图书馆"的理论。其基本思想是图书馆在任何时刻、任何地点都是可存取的，图书馆应真正地从用户及其需求出发，遵循用户新的需求，适应用户的行为变化，将图书馆的服务融入用户科研和学习的一线，嵌入用户的科研和学习过程之中，用户在哪里，服务就在哪里，拉近与用户的距离，消除与用户之间的隔阂，模糊和淡化图书馆与用户之间的边界，创造图书馆服务与用户空间和过程有机融合的一种新的平衡状态，为用户提供一种到身边、到桌面、随时随地的服务。

微信图书馆与传统图书馆、数字图书馆的特征比较见表1。

表1 微信图书馆与传统图书馆、数字图书馆的特征比较

项目	传统图书馆	数字图书馆	微信图书馆
组织形式	书刊、物理实体、装订与保护	资源数字化、计算机组织管理	知识网、网格
实现技术	人工组织	数字化、程序管理	智能网络

续表

项目	传统图书馆	数字图书馆	微信图书馆
目标	大而全、社区内共享或扩展图书馆	计算机查阅、资源共享	无所不在、无缝链接的知识服务
提供者	图书馆	图书馆乃至网络资源库	全社会,包括人、物、信息、网络等
服务方式	人工借阅方式	标准化,以信息组织获取、提供服务为中心	知识服务、虚拟资源、个性化、知识创新、以用户为中心
局限性	受到时间、空间的制约,资源数量品种相对固定	数字资源容量,版权共享,交互功能弱	知识的海洋,如何获取更有用的信息、知识

2. 基于大数据个性化定制原则

"大数据"是海量、高增长率和多样化的信息。高校图书馆在移动开放式平台下的大数据主要包括馆藏资源信息大数据和读者行为信息大数据。馆藏资源信息大数据是指集传统馆藏、数字资源与网络资源于一体的文献信息数据资源库。读者行为信息大数据是指读者使用图书馆所产生的行为数据信息,包括进出图书馆门禁的流水信息、借阅图书信息、参考咨询信息等。移动开放式环境下高校图书馆利用和挖掘大数据信息,发现和优化读者个性化需求,并通过对数据的深度分析整理,向读者推出有针对性的个性化定制服务,以满足不同读者的不同需求。

3. 基于社交化阅读互动原则

社交化阅读是指以读者为核心,强调分享、互动、传播的全新阅读模式,它是相对传统以书为核心、强调内容本身的阅读模式提出来的,社交化阅读更加注重人、注重基于阅读的社交,倡导共同创造、共同传播和共同分享。在多方互动的基础上,实现阅读价值的无限放大。移动开放式环境下,高校图书馆应转变读者只关注阅读内容本身的传统阅读模式,创新推广移动阅读新模式,注重读者与读者、读者与图书馆员、读者与作者之间的互动、交流、分享与共创,注重读者个性化服务体验。

(二)构建微信图书馆平台框架

构建移动开放式环境下的微信图书馆平台框架可以依据图书馆馆藏资源大数据和读者行为大数据进行云计算分析,充分挖掘图书馆馆藏数据、读者数据、业务数据分析统计不同层面下的数据信息,创建移动开放式环境下的高校图书馆基于用户-数据-社交驱动的三维互动微信平台模型(见图4)。

1. 微信图书馆平台的实现路径

基于泛在化、社交化和大数据化三原则构建微信图书馆平台,在实际运行中还需要遵循从初级服务到高级服务、从简单服务到复杂服务的实现路径。①泛在化原则下的实现路径。微信图书馆平台具有跨平台性,它全面支持IOS、WindowsPhone、Blackberry、Android和Symbian平台的智能终端,也支持高级版的将各种APP客户端程序逐渐变为微信组件或蜕化为微信账号,实现基于微信的一站式入口。②社交化原则下的

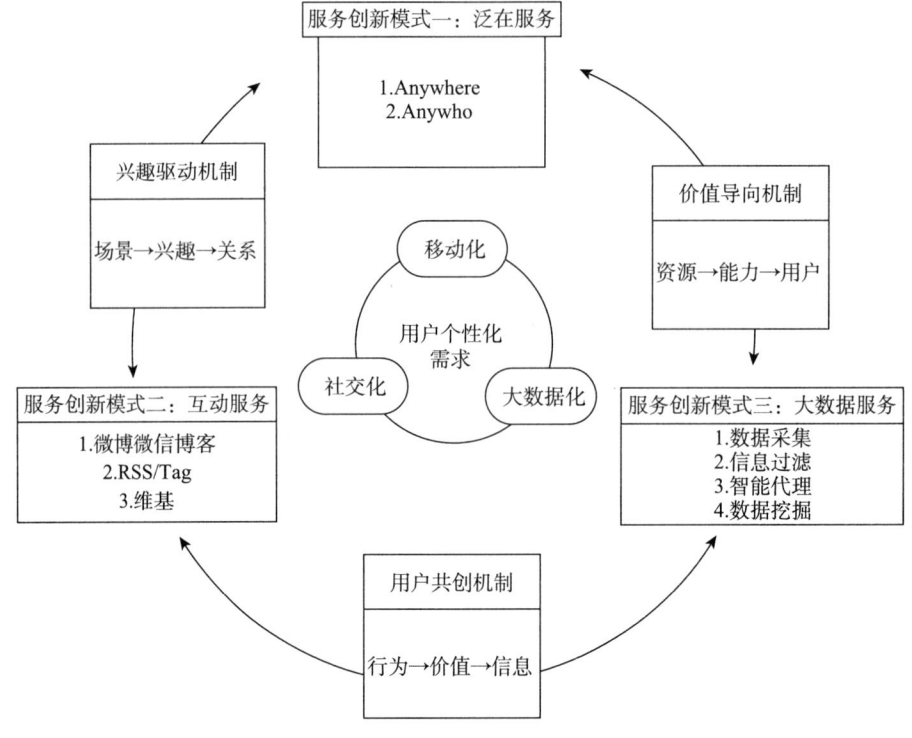

图4 微信图书馆三维互动框架

实现路径。高校图书馆可以依据微信平台上读者的阅读点评、读书笔记等基础服务内容逐步实现组织线上交流、线下读书活动，如图书漂流、二手书籍交换、科研小组和兴趣小组等多样化的社交互动方式。③大数据原则下的实现路径。从图书到期提醒、书刊续接等简单信息推送，到基于统计、兴趣和LBS的个性化图书、文献和活动推荐，最终结合云服务实现面向移动互联网的个性化、全面的知识服务体系。

2. 微信图书馆平台的运行机理

泛在知识环境下，微信图书馆用户价值实现机制的运行，需要将用户基于兴趣的信息需求引导到微信应用上来，并通过内容共创实现社交互动和价值增值，提升用户体验和满意度。①随时随地的兴趣驱动信息需求机制。当前用户喜欢通过互联网、手机等新型媒体来获取知识，随时随地产生由兴趣驱动的信息需求，以满足用户个性化、及时性、新颖性和多元化等潜在意愿。②内容共创机制。移动开放式环境下，微信图书馆能够实现基于阅读的社交，倡导共同创造（用户生成内容）、共同传播，在多方位的互动基础上（读者与读者、读者与作者等），实现阅读价值的无限放大。读者在阅读的同时，可以利用微信图书馆平台功能将喜欢的文章收藏、分享给好友，还可以对文章发表评论、点评，与好友或者图书馆员互动。

3. 微信图书馆平台的服务内容

移动开放式环境下的微信图书馆个性化创新服务内容主要包括以下三类：①信息类，主要用于发布图书馆常用信息、图书馆最新消息、图书馆新书推荐信息等；

②功能应用类，主要向读者提供馆藏查询、数据库查询、借阅查询、自修室座位预约等功能；（3）服务类，主要用于向绑定图书馆平台的微信群体提供文献速递、查收查引、教学服务等相关服务。在高校图书馆微信服务平台上，读者不仅可以使用传统图书馆功能，而且可以获得与文献信息衍生相关的社交、音乐、电影、书籍、生活等一系列体验服务（见图5）。

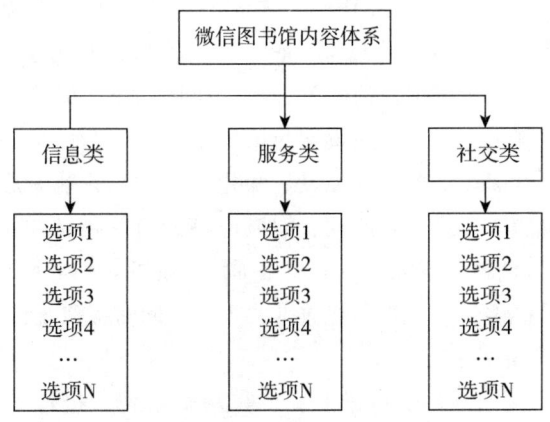

图5 微信图书馆内容体系

（三）微信图书馆服务平台的实现

在开放式创新模式的移动互联环境下，以微信公众平台为典型开放式平台，提出高校图书馆个性化服务系统的总体设计原则，对系统采用的技术进行了概括。重点设计了系统架构，并对各个子系统进行说明，分析了高校图书馆典型业务在本系统中是如何实现的。微信图书馆平台系统架构见图6。

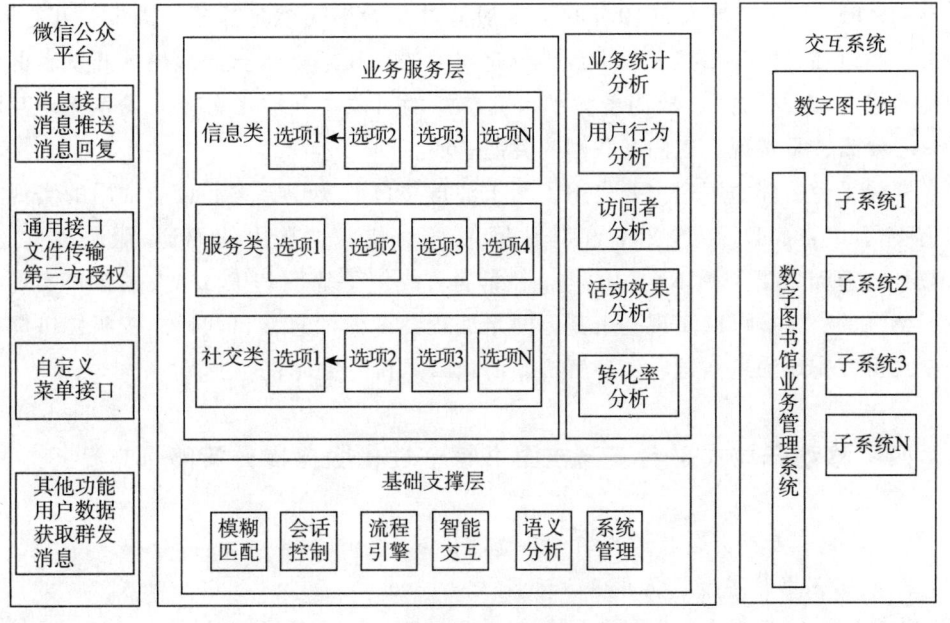

图6 微信图书馆平台系统架构

1. 微信图书馆平台的技术可行性

微信公众平台是一个开放的平台，任何机构和个体都可以免费申请注册并拥有自己的公众账号。同时，微信公众平台开放了其 API 接口。微信公众平台渐渐成为企业营销、客户关系管理和业务办理的新工具，嗅觉灵敏的商业银行、民用航空、酒店、医院、电商等已开始尝试使用这个平台。各行各业都在积极探索适合行业特点的微信服务方式，并取得了积极的成果。当前基于微信公众账号的服务方式主要有基于查询的服务方式、基于注册用户的服务方式、基于 LBS 的服务方式和主动推送服务方式四种。从技术原理上看，该系统由微信网关、智能客服（智能机器人）、微信 WEB 端和系统管理平台组成。其中，微信网关负责与微信系统及银行内部各后端系统进行通信连接及信息转发，负责保证数据传输畅通、稳定、有序；智能客服组件隶属于微信网关应用，负责实现自然语言解析及匹配、智能应答、内部跳转控制、贴尾等功能；微信 WEB 端针对安全级别较高或复杂业务模型提供便捷的操作界面及安全保障；系统管理平台为系统管理员提供信息发布和参数维护入口，同时提供统计分析支持。

2. 微信图书馆平台的搭建

功能模块设计，包括基础支持子系统、交互子系统、接口子系统、用户界面子系统。功能模块有微借阅、微助手、微论坛。其中，微借阅包括我的借阅、馆藏查询；微助手包括新书推荐、图书导航、期刊导航、在线图书馆；微论坛包括馆员论坛、读者论坛等。

3. 微信图书馆平台的关键技术

微信图书馆平台的关键技术主要源于开放平台（Open Platform）及其相关技术。Facebook 自 2007 年通过开放式平台技术取得令人瞩目的成就以来，一直刺激着国内互联网界的"神经"。自 2008 年起，天涯、康盛创想、51 网、人人网等陆续开放了自己的 API。特别是进入 2010 年后，这股开放平台潮突然加速了，淘宝、开心网、新浪、腾讯和百度等相继开放平台，与此相关的且长期处于弱势地位的开发者群体也突然成为"香饽饽"，成为各大平台商热捧的对象。开放平台俨然代表移动互联的核心要素，是实现真正的互联网的关键一环。

开放平台的技术原理主要应用了基于消息接口的实现方案。目前常用的实现方案有基于 PHP、J2EE、.NET 和其他网络编程技术，常用的 WEB 服务器有 APACHE、TOMCAT、NGINX、IIS 等。微信官方提供了基于 PHP/JAVA 的接口实现方案，熟练的程序员可以实现基于其他网络编程技术的消息接口代码。按照接口规范的格式可以实现消息推送、消息解析、消息回复和消息封装等步骤。

四 移动开放式平台下高校图书馆个性化服务提升策略

（一）完善面向大数据时代的信息资源体系

1. 构建图书馆资源一体化保障体系

高校图书馆是高校的文献信息中心，在大数据时代移动开放式网络环境下，高校图书馆需不断整合优化纸质资源、数字资源、开放存取资源及网络资源；收集整理本校师生分散的学术成果，如论文、报告、著作等学术信息，创建本校的机构知识库，形成具有本馆特色的文献资源保障体系。

2. 精心打造图书馆员服务团队

在大数据时代移动开放式网络环境下，图书馆新服务模式的开展主要依靠馆员的专业素质和综合素质。图书馆领导要注重创新工作思路，选拔优秀人才。招聘和选拔那些具有宽泛知识基础和专业知识的优秀人才，同时加强对馆员进行现代通信技术相关知识培训，以保证在移动开放式平台下的图书馆个性化信息推送服务顺利开展和持续进行。只有高素质的图书馆团队才能在新媒体时代更好地为读者服务。

（二）构建个性化服务的信息资源组织机制

1. 了解读者个性化信息需求

图书馆个性化推送服务的开展需建立在充分调查与捕捉用户个性化信息需求的基础上。建立多种用户信息行为收集渠道，建立信息反馈与学习机制，充分揭示用户的信息需求。构建整合各种载体、各种类型信息资源的个性化信息资源组织体系，提高信息资源的可用性，实现用户与信息资源的交互以及资源与服务的高度集成；要求资源组织实现智能程度更高的"知识组织"，即实现无缝整合有效资源，各种知识模块之间实现自由灵活的链接；能够根据检索指令自动形成数据链接，以组合成知识或由知识单元构成的基于解决问题的知识系统。

2. 构建读者个性化服务信息机制

在大数据时代移动开放式网络环境下，用户的信息需求日益呈现多元化、个性化的特点，读者需要类似"一站式服务"的个性化服务。传统的信息资源组织不能满足个性化服务对信息资源组织的需求，存在诸多不足。个性化的服务必然需要个性化的信息资源组织。个性化服务的信息资源组织需要的是一种跨仓储的、统一的，能够高效访问和利用的，具有高质量信息的生成、组织和提取途径的，充分满足用户个性化需要的组织方式。个性化服务要求信息资源组织的内容揭示兼具深度和广度，且内容清晰、可理解、针对性强，具有很好的开放性和柔性。

（三）建立与读者交流互动的移动信息服务机制

1. 以读者为中心，注重与读者开展互动，注重用户体验

注重用户体验、与读者开展互动是移动开放式网络环境下高校图书馆的主要特征。所谓用户体验，是指使用一件产品或者享受一项服务时的所为、所想、所感，包含通过使用产品或者享受服务给用户带来的最直接的感性体验和由此产生的理性价值。泛在知识环境下图书馆必须站在用户角度，考虑到用户在移动开放式平台下使用馆藏资源和享受数字图书馆个性化信息推送服务时的经历和感受，为用户提供良好的服务。为此，图书馆要从与用户的交互过程中，根据用户的体验，不断提升馆藏资源和服务的质量，不断向用户提供更符合他们实际需要的个性化服务。个性化信息推送服务正是为用户提供良好用户体验的重要手段，用户体验和个性化信息

推送服务是相辅相成、相互促进的。良好的用户体验能够有效地提升个性化信息推送服务的品质，这也是移动开放式平台下微信图书馆努力奋斗的目标。

2. 打造微信图书馆用户社交关系网

社交关系是指通过人生观、价值观、理想、友谊、血缘关系等一种或多种关系将不同的人或者组织维系在一起而形成的一种社会结构。美国图书馆协会（ALA）在2008年指出，社交网络是图书馆界应密切关注的热门技术趋势之一。社交关系网是用户密切关注的平台，互动性、现实性、分割性、持续性、参与性、依存性、个性化是社交网络的显著特点。将社交网络的思想引入图书馆的个性化服务中，可以扩大图书馆的受众面，加强图书馆与用户的联系，通过微信朋友圈关系网，用户可以认识新朋友，与现有的朋友进行沟通交流，收集、分享和传递各种信息资源。用户与用户之间真实的交流，能够将用户的现实生活圈、兴趣爱好、科研工作等与图书馆的个性化服务有机地结合在一起。图书馆参与用户的精神文化世界，能够实时地了解用户及与用户相关人的信息需求，提升和扩大图书馆在用户个人精神文化生活中的作用和影响。

参考文献

陈盈：《微信公众平台及其在图书馆移动服务中的应用与研究》，《图书馆学研究》2013年第20期。
张秋、杨玲、王曼：《高校图书馆微信公众平台服务发展现状及对策》，《图书馆建设》2014年第2期。
陈雅、郑建明：《我国图书馆个性化服务管理机制研究》，《图书与情报》2011年第1期。
刘圆圆：《基于Lib 2.0的图书馆个性化服务》，《大学图书情报学刊》2010年第4期。
曹树金等：《论图书馆个性化服务的几个基本问题》，《大学图书馆学报》2005年第6期。
唐秋鸿等：《基于Web挖掘的图书馆个性化服务系统研究》，《合肥工业大学学报》2012年第2期。
曾妍：《移动阅读在图书馆实行的可行性分析》，《图书馆建设》2009年第2期。
郭家义、张晓林：《个性化信息环境研究》，《中国图书馆学报》2004年第3期。
刘卫忠：《图书馆个性化信息服务模式研究》，《图书馆论坛》2006年第5期。
Enis, Matt, Palo Alto, "Library Shares Data on Open Platform", *Library Journal*, 2013, No. 5.
Li Aiguo, "Mobile Library Service in Key Chinese Academic Libraries", *Journal of Academic Librarianship*, May 2013, Vol. 12.
Aharony, Noa, "Librarians' Attitudes towards Mobile Services", *Aslib Proceedings*, 2013, Vol. 65.
Lai Yuangen, Zeng Jianxun, "Across-language Personalized Recommendation Model in Digital Libraries", *Electronic Library*, 2013, Vol. 31.
Kai Tang, "Research on the Construction of Personalized Active Information Service Model in Digital Library", *Advanced Materials Research*, 2013, Vol. 753 - 755.
Jason J. Jung, "Personalized Information Delivering Service in Blog-like Digital Libraries", *Lecture Notes in Computer Science*, 2006, Vol. 4312.
Cui Fenghan, "The Module Design of Personalized Information Service System in College Library Based on Agent", *Advanced Materials Research*, 2011, Vol. 268 - 270.

（责任编辑　方晨光）

杭州深化经济体制改革的任务与机制创新

◎ 课题组

提　要：《中共中央关于全面深化改革若干重大问题的决定》指出，经济体制改革仍然是全面深化改革的重点。作为国内较为发达的城市，杭州理应走在全国经济体制改革的前列。本文通过回顾杭州经济体制改革的基本情况，探讨杭州全面深化经济体制改革面临的问题，提出需要着力推进的八项改革任务，进而形成杭州深化经济体制改革的工作机制。

关键词：经济体制　深化改革　工作机制　杭州

课题组执笔人姚如青，中共杭州市委党校副研究员（邮政编码　310024）。

2013年，杭州按照常住人口计算的人均GDP为15271美元。尽管已经取得了30余年快速发展的成就，但是杭州仍然处在中等收入发展水平阶段。一是从国际比较看，杭州人均GDP水平与长期处于"中等收入陷阱"的南美国家相仿。2013年杭州人均GDP水平高于阿根廷（12019美元）、巴西（12291美元）和委内瑞拉（11527美元），略微高于乌拉圭（15254美元），但是低于智利（16273美元）。二是根据赶超指数理论，若以作为世界经济"领头羊"的美国人均收入水平作为赶超指数标杆，一个国家或地区的人均收入与美国人均收入之比（CIU）大于55%是高收入地区，CIU小于55%并且大于20%则是中等收入地区，CIU小于20%则是低收入地区。2013年杭州CIU仅为30%，距离高收入标准还差25个百分点，属于越过低收入标准的中等收入地区，仍然面临要求经济快速增长的压力。当然，已经处于中等收入发展水平阶段的杭州，不可依靠发展水平较低之时的发展办法，而是需要深化经济体制改革，转变发展方式，寻求改革红利，主动适应中国经济发展的"新常态"，打造杭州经济的升级版，从而也为中国走出"中等收入陷阱"创造可供借鉴的经验。

一 杭州现有经济体制改革的基本情况

杭州积极有为地实施经济体制改革，已经取得较为明显的阶段成果。从企业体制改革看，围绕激发企业这一市场经济主体的内在活力，通过鼓励民营企业做大做强，完善国有企业经营管理制度，引导国有经济和民营经济比翼发展，竞争环境更趋公平，多层级、重互补的市场生态渐趋成熟。从产业政策改革看，围绕推进产业结构优化这一主线，基于尊重市场配置资源的基础作用，主动弥补市场的缺陷，将培育壮大"十大产业"作为杭州保强争优的关键环节，充分发挥政府推动产业多样化和产业升级的引导作用。从人才体制改革看，围绕调动人才这一决定城市发展命运的关键要素，坚持外部引进和内部提升并举，坚持率先发现和重点培育并举，坚持人力资本和物质资本并进，实施"人才强市"战略，努力营造尊重劳动、尊重知识、尊重人才和尊重创造的氛围。从科技体制改革看，围绕建设创新型城市这一目标，通过强化企业创新主体地位，推进科技创新平台建设，优化孕育科技创新环境，发展创新型经济，实施"创新强市"战略，最大限度地发挥科技推动杭州发展的支撑引领作用。从金融体制改革看，围绕建设区域性金融服务中心这一定位，通过丰富资本市场的运营主体，鼓励金融产品创新，集聚金融行业总部，发展互联网金融，努力推进地方金融服务行业创新发展，金融生态得到优化，多渠道、多元化的融资格局初步形成。从土地制度改革看，围绕提高土地利用的综合效率这一中心，更加凸显土地要素作为稀缺资源的经济属性，按照打造"美丽杭州"的理念，协调土地利用主体之间的利益关系，实现城乡土地生产用途、生活用途和生态用途之间的合理配置。从扩大对外开放看，围绕推进城市国际化这一战略，立足经济全球化大背景之下思考杭州发展，开拓国际国内两个市场，用好国际国内两种资源，依照比较优势的改变，适时推进产品品牌化、企业国际化、产业高端化，努力提升杭州这座城市的国际知名度、美誉度。从区域体制改革看，围绕打造城乡统筹示范区这一目标，走新型城市化道路，坚持提升市区功能品质不动摇，坚持五县（市）加快发展不动摇，坚持"美丽乡村"建设不动摇，共建都市圈，融入长三角，接轨大上海，形成城乡区域发展一体化新格局。

二 杭州深化经济体制改革面临的问题

社会经济发展永不停步，经济体制改革永不停顿。杭州深化经济体制改革受到全国经济体制改革形势的影响,全国经济体制改革形势在很大程度上决定了杭州改革的进度、力度和方向。同时,杭州改革还会受到自身发展情况的影响,面临自己独特情景的改革抉择,使得杭州改革具有不同路径,形成地方特色。面对这种独特情景的改革决策,杭州改革既有全国或者全省共通的全局性问题,又有杭州这座城市个性的局部性问题;既有过去改革没有彻底解决的历史遗留性问题,又有未来发展过程可能遇到的预见性问题;既有可以通过"门诊"就能得到解决的小问题,又有需要进行"伤筋动骨式"的大手术才能解决的大问题;既有刻不容缓、亟待解决的急性问题,又有需要长久调养才有机会得到解决的慢性问题。总的来看,杭州深化经济体制改革还需破解八类问题。

(一) 深化企业体制改革还需破解的问题

一是民营经济优势相对较弱。从500强民营企业数量看,2008年杭州有81家企业入选全国民营企业500强,2013年仅有53家入选,五年之间减少28家;从民营经济占GDP比重看,苏南模式是以外资见长的,但是处于苏南地区的无锡2013年民营经济占GDP比重达到64.5%,超过杭州5个百分点。二是国有企业和民营企业,特别是民营中小企业仍然存在不平等竞争的问题。在行业准入方面,仍然不同程度地存在"铁门""玻璃门""弹簧门"问题;在市场要素竞争方面,民营企业缺乏与国有企业、外资企业相比相对平等的土地资源、金融要素和劳动力雇用方面的竞争环境。三是大企业大集团的培育力度尚需加强。相比江苏和山东大企业大集团培育的扶持政策,杭州需在新一轮培育计划中加大扶持力度,创新扶持方法。例如,江苏对购买国外研发机构、品牌营销网络的省内企业,按照合同金额的5%给予不超过500万元的一次性奖励。

(二) 深化产业政策改革还需破解的问题

一是过于看重三次产业结构的变动。产业结构是由比较优势决定的,产业结构的过快变动可能会违背比较优势,将会影响经济发展速度。2013年杭州第二产业比重相比2012年下降1.9个百分点,第三产业比重则同比增加2个百分点。因此,当前条件之下杭州服务业比重的提升,意味着第二产业比重的下降。根据2013年人均GDP已经达到2万美元并且人口超过400万人的国家或地区的发展经验,第二产业比重下降越多,人均GDP由1万美元跨越2万美元的时间就会越长。例如,中国台湾的第二产业比重下降最多,达到17个百分点;跨越时间花费最长,达到19年。二是民间探索产业的发展方向潜力受到限制。"十大产业"总体来看符合杭州比较优势,能够对杭州未来发展起到支撑作用。但是,在"十大产业"之外,还应允许民间通过自身努力发展符合杭州比较优势的产业。在这些产业之中,政府还应积极发现和选择发展前景不亚于"十大产业"的产业,并且给予其与"十大产业"相同的政策待遇。

(三) 深化人才体制改革还需破解的问题

一是对企业家人才重视程度相对不够。杭州需要科技专家型人才,更需要鲁冠球、宗庆后和马云式的企业家人才，通过这些企业家人才引导杭州经济又好又快发展。当前一部分民营企业家缺乏社会安全感，创业激情逐渐减弱，投资心态趋于保守；第一代民营企业家由于年龄因素正在退出，第二代民营企业家面临稳健接班问题。二是吸引人才创业的环境整体没有改观。随着城市房价和生活成本的过快上涨，创业人才的留杭创业成本增高，创新创业环境趋于恶化。人才创业成功是个长期坚持的过程。如果没有好的创新创业环境让创业人才杭州化和本土化，既不能吸引人才来杭创业，还会造成已在杭州的将来很有可能成功的人才流向外地，导致杭州财政资金成为外地发展的补贴。例如，"中国杰出女装设计师发现计划"受到杭州政府的全额资助，在前两期的12位设计师之中，只有8位选择继续留在杭州发展。

（四）深化科技体制改革还需破解的问题

一是技术升级的约束更加严厉。随着杭州经济进入中等收入发展水平阶段，相比先进地区的技术发展差距缩小。先进地区不仅不会转移技术，反而利用先发优势，通过知识产权制度形成行业进入的技术壁垒，原先的技术模仿已经难以实现技术升级，先进地区的技术难以通过模仿进行引进和使用。二是技术模仿陷阱的风险客观存在。杭州经济发展模式的主要特征之一，就是"民营企业＋劳动密集型产业＋技术模仿"。现在，杭州经济发展已由技术模仿阶段转向自主创新阶段。这个时间漫长的渐进性过渡时期，原先能够较好地支撑技术模仿的制度环境仍然存在，绝大多数企业经济主体还是能够适应这种支撑技术模仿的制度环境的。具有创新精神的企业家需要突破先前支撑技术模仿的环境制约。如果这种突破没有形成一定规模和规模效应，那么经济发展可能就会陷入技术模仿陷阱。

（五）深化金融体制改革还需破解的问题

一是金融结构约束问题仍然存在。2013年杭州重工业发展速度快于轻工业，杭州尚处在以劳动密集型产业为主的阶段转向以资本密集型产业为主的阶段。但是，现有的金融创新主要还是服务知识密集型产业，对于服务资本密集型产业发展的金融创新重视不足，发展力度相对较弱，这使得实体经济难以进行相应转型。二是杭州金融体制改革缺乏国家层面的支撑。杭州作为区域性金融服务中心的地位正在下降，2008~2013年杭州存款余额占全省的比重已经下降了1.8个百分点，贷款余额占全省的比重下降了3.4个百分点。国务院已把杭州定位为区域性金融服务中心，但是浙江省的国家级金融综合改革试验区不在杭州，包括民间融资规范、地方金融创新、信用体系建设和个人境外直接投资在内的各方面先行先试将会受到较大的制约，杭州作为区域性金融服务中心的地位受到冲击。三是国家层面市场导向的金融体制改革对于杭州金融行业发展的影响。既要抓好国家层面金融体制改革对杭州的积极作用，也需应对这种改革对于杭州的挑战，防范杭州出现金融风险。

（六）深化土地制度改革还需破解的问题

一是城市土地利用效率仍然偏低。城市建成区面积平面扩张有余，3068平方公里的市区土地开发面积已经超过30%这一国际公认的临界点，接近生态承载极限。

城市土地垂直利用水平不高，683平方公里的老城区人口密度为5000人/平方公里，相比面积相似区域可知，土地利用效率还有巨大的提升空间。例如，633平方公里的东京23特别区人口密度为14000人/平方公里，714平方公里的新加坡人口密度为7000人/平方公里，624公里的内伦敦人口密度为9000人/平方公里，600平方公里的上海中心城区人口密度为16000人/平方公里，1991平方公里的深圳市域人口密度甚至达到8000人/平方公里。二是农村土地制度改革任重道远。如果将农民土地征用补偿改为公平补偿，农房征用按照市价补偿，加快推进农村土地交易市场化，那么地方政府土地财政的收益将会严重缩水，没有相应的国家层面税收体制改革作为配套跟进，依赖土地财政的城乡公共产品供应将会受到冲击。同时，这种土地市场化改革将会增加以前被征地农民的剥夺感，引发更大的社会冲突。

（七）扩大对外开放还需破解的问题

一是国际市场约束更加严厉。随着国际市场受到金融危机的影响和中国产品的持续占领，继续依托国际市场实现产业高速扩张的空间相对缩小。二是浙商总部中心建设受到浙商品质的制约。虽然浙商已经积累了较为雄厚的资本，但是仍以从事劳动密集型产业为主，相对缺乏研发投入和品牌优势。杭州浙商总部中心的建设受制于浙商向研发环节和销售环节延伸的学习能力。三是适应比较优势转变的出口竞争新优势尚未形成。随着劳动力成本的上升，必须加快形成一批更加依靠资本或知识进行生产的出口产品或服务。四是国家层面的政策支撑相对缺乏。如果缺乏国家层面的政策支撑，杭州则难以制定适合自身需要的应对全球贸易竞争和金融国际化的政策，在城市之间对外开放水平竞争之中处于下风，甚至已有的优势也会被获得国家政策试点的城市削弱。例如，中国（上海）自贸区的设立，使得杭州更多金融服务行业的高端资源流向上海；再如，义乌国际贸易综合改革试点的推进，使得杭州口岸服务功能受到冲击。

（八）深化区域体制改革还需破解的问题

一是县域经济和都市经济之间的分工还是较为模糊。县域经济发展缺乏协调，同质竞争泛滥，资源浪费严重。这样也会制约原来就是都市经济的杭州主城的发展，高端人才、高端要素和高端产业不能形成集聚优势，都市经济的辐射带动作用难以发挥。二是区域规划没有契合人口流动的需要。例如，杭州主城的规模效应明显，还可集聚人口，外来人口也希望来到主城。城市规划却违反人口流动的意愿，结果造成主城建设相对滞后，周边建设却相对超前，不仅放大交通流量，而且造成资源闲置。三是城市基础设施统筹规划和超前建设机制尚未完全建立。根据国际经验，随着生活水平的提高，汽车保有量将会趋于上升。2013年，浙江每千人拥有的汽车超过150辆，并且呈现快速增长的趋势。但是，作为浙江省会的杭州道路建设已经大大滞后。仅计算杭州市区车辆，2013年末，每千米道路的汽车数量达到444辆，就已高于新加坡每千米道路223辆汽车和中国香港每千米道路251辆汽车的水平。杭州道路系统建设需从全省层面规划和超前建设。四是区域协作机制还需加强。例如，作为一个独立的城市区域，新加坡和中国香港可以采取严格的限车措施，新加坡和中国香港每千人拥有的汽车数量分别仅为150辆和77辆。但是，杭州采取限车措施需要考虑全省的影响，只有通过全省范围之内的区域合作才能达到限车目的。

三 杭州深化经济体制改革的主要任务

（一）提升民营经济优势，激发微观经济活力

杭州需要正确处理公有经济与非公经济的关系，大力发展民营经济，巩固民营经济优势，优化经济生态系统，打响民营经济强市品牌。

1. 申请国家级和省级民营经济综合配套改革试点

从全国和全省看，杭州最有基础成为民营经济综合改革的试点城市。作为全省乃至全国的民营经济大市，杭州率先遇到民营经济发展领域和空间相对缩小问题，需要通过综合配套改革解决民营经济当前发展中的问题，通过问题的解决形成具有全国影响意义的经验做法，起到引领全国民营经济发展的作用。同时，杭州可在获得民营经济综合改革试点的基础之上，围绕推动民营经济发展这一中心工作，出台一系列政策措施，提升民营经济产业层次，推动民营企业自主创新，促进民营经济集聚发展，引导民营企业制度创新，完善民间投资扶持政策，扩大民营经济对外开放，推进金融服务实体经济改革试验，健全民营经济发展的土地保障体制机制，创新服务民营经济发展的城镇和社会管理，优化服务民营经济发展的政务环境，创造杭州发展环境的政策优势。

2. 营造公平竞争的市场环境

在行业准入方面，坚持"非禁即入"，拓宽准入领域，打破限制民营经济发展的"铁门""玻璃门""弹簧门"，努力创造国有企业和民营企业可以自由进入的竞争舞台。在市场要素竞争方面，实施土地配套扶持政策，支持民营企业扩大直接融资规模，加大民营企业金融扶持力度，加强用工服务，支持和鼓励民营企业建设员工公寓；只要给予外资和央企的政策，具备同样条件的民营企业也可享受。在大企业大集团的培育方面，坚持大企业大集团培育不动摇。出台具有含金量的扶持政策，建立高效科学的保障落实机制，充分发挥大企业大集团的中坚力量作用，通过民营企业的发展壮大培育一批大企业大集团，通过国有企业的资产重组和做大做强形成一批大企业大集团，通过浙商总部、央企和外企的引进招来一批大企业大集团，通过民营龙头企业和央企或外企相互结合发展一批大企业大集团。

（二）立足动态比较优势，促进产业结构升级

杭州应当遵循动态比较优势实施产业结构转换，坚持工业化、信息化、城镇化、农业现代化同步发展，推进"三大建设"，而非简单地放弃传统的发展模式。

1. 坚持制造业和服务业并举，推进"大产业"建设

鼓励优化发展劳动密集型产业和加快发展资本密集型、科技密集型产业相互结

合，继续突出杭州作为制造业大市的特色优势，更加突出做强工业的核心位置，大力发展战略性新兴产业和装备制造业，迎接新工业革命的挑战，择优发展重化工业，改造提升传统优势工业和建筑业；深化国家服务业综合改革试点，积极拓展服务业新领域、新业态，提升包括金融、物流、商贸、旅游在内的产业发展水平，促进房地产业健康发展，重点推进高技术服务业发展，促进现代服务业和现代制造业的联动融合发展。创造条件让群众主动发现符合杭州动态比较优势的产业，并在群众取得成效的基础之上，给予这些产业和"十大产业"同样的政策待遇。

2. 坚持硬件和软件并举，推进"大平台"建设

建设国际重要的旅游休闲中心、国家级文化和科技融合示范基地、海峡两岸文化创意产业合作实验区、全国文化创意中心、全国电子商务中心和金融集聚区，建设产业集聚区、经济技术开发区和高新技术园区，加快形成全国首屈一指的科技城、人才城、文化城、会展城、旅游城，优化提升"大平台"作为"大产业"的空间载体。

3. 坚持市场发挥基础作用和政府发挥引导作用并举，推进"大项目"建设

基于发现动态比较优势的需要，政府积极做好提供发展新兴产业的必要信息，协调同一产业不同企业的关联投资，弥补先驱企业的信息外部性，有效支持企业跳出技术模仿的陷阱，推进产业转型升级工程、统筹城乡建设工程、基础网络完善工程、公共服务提升工程，鼓励和引导市场主体扩大有效投资，发挥政府作为经济发展的协调者、促进者和引领者功能。

(三) 营造人才高地优势，优化人才成长机制

处在人口结构和人口素质的双重约束之下，杭州应当主动适应人口结构约束，积极破解人口素质约束，改善人才创业的整体环境，加快建成人力资源强市。

1. 通过淘汰落后产业分流低端劳动力

面对人口结构老化和人口数量红利的衰减，需要按照中央提出的"化解产能过剩矛盾"的要求，彻底淘汰落后产能，分流这方面的劳动力；提升块状经济的总部经济及研发和销售环节的赢利水平，向邻近区域或省内落后地区转移以低技能劳动力需求为主的传统低端的块状经济，以块状经济转移带动外来人口回流。同时，还要通过发展资本密集型和技术密集型产业，以技术创新驱动代替劳动力驱动，降低低技能、低素质的劳动力需求，实现"机器换人、减人增效"。

2. 通过优先发展教育培训提高人口素质

坚持内涵发展为主，着力发展高等教育，提升高等教育水平。适应产业转型需要，加大中等职业教育投入，改变中等职业教育不受重视的状态，统筹中等职业教育与高等职业教育发展，继续推进知识更新工程、人才培训工程和人才发现工程、技能人才振兴工程、"名校名师名专业"工程、职工技能提升计划、拔尖技能人才集聚示范计划、首席技师龙头带动计划和大师工作室核心能力建设计划。

3. 继续实施人才引进工程

优化"能创业、好创业、创成业"的创业环境，通过环境优势吸引包括海外高

层次在内的各类创业创新人才。同时，创新人才培养、引进、使用、评价和激励政策，加大人才开发投入力度，健全人才公共服务体系，充分激发人才创造活力。

4. 加强企业家队伍建设

通过"一个企业家带动一批企业家"的模式，继续实施企业经营管理人才"356"培训工程、"千家企业万名经营者培训计划"和开展"万名经营业主进课堂"活动，培育一批具有国际经营能力的企业家；建立权威的企业经营管理人才数据库，推进企业经营管理人才和职业经理人资质社会化评价，探索企业家培养的国际合作途径。

5. 积极鼓励企业建立人才引进和培训机制

鼓励建立教育培训制度和人才储备制度，提高职业技术水平，全面推行技术上岗制度；鼓励企业建设院士专家工作站、博士后科研工作站，鼓励高校、科研机构选择企业攻关项目作为研究方向，通过项目开发培养人才。

（四）涵养自主创新优势，跳出技术模仿陷阱

杭州已经处在中等收入发展水平阶段，过去利用日臻完善的技术进入现有产业的做法开始失效，技术模仿陷阱开始制约经济发展，需要培育自主创新能力。

1. 吸引和培育灯塔型企业不动摇，形成高新产业集群磁场

通过大企业大集团培育，形成一批具有自主创新能力、自主知识产权、自主品牌、自主营销网络的大企业大集团。通过"灯塔"形企业的到来和成长实现技术升级，引来它们的竞争者和合作者，这也为中小企业成长提供土壤，形成区域协同技术创新体系，进而逐渐形成高新技术产业的集群优势。结合杭州制造业的结构调整，鼓励大企业作为主制造商与零配件供应商相互结合，实施整合创新；鼓励大企业作为主制造商与渠道供应商相互结合，推进技术创新。

2. 促进高新技术企业孵化不动摇，涵养创新创业活水源头

坚持孵化高新技术新企业和新产业，继续实施"雏鹰计划""青蓝计划""瞪羚计划"，培育发展科技型初创企业和中小企业，着重优化孵化之中的"软件系统"，完善企业成长全过程的政策扶持办法，建立"宽容失败，欢迎再来"的创业文化。

3. 确立和推进国际化战略不动摇，实现国内国外双轮驱动

通过建立国际先进的科技创新园区，了解和运用世界高新技术产业的最新动态；坚持外智、外资、外经、外贸"四外"齐上，集聚国际创新资源，实现"研发全球化"和"研发本土化"的有机融合；支持行业龙头企业组建产业研究院，引导企业建立境外研发机构；引进掌握核心关键技术的海外高端专业技术人才、海外高级工程师和科技创新团队；针对全球化利弊共存问题，高度警觉先进国家或地区对杭州创新发展的设限和施压；围绕"十大产业"重点，深入实施"十大科技专项"，集中力量协同突破技术瓶颈，发展战略性新兴产业，抢占发展制高点。

4. 提升产业集聚区和科技平台发展不动摇，打造一流创新创业环境

按照要素集中、产业集聚、政策集成的要求，继续加快推进大江东、城西科创

两大产业集聚区和包括杭州高新开发区、青山湖科技城、未来科技城和"西溪谷"在内的科技平台建设,推动各级各类开发区转型升级,争创国家自主创新示范区。

(五)强化金融中心优势,创新金融服务体制

在整个经济技术创新风险和产品创新风险日益凸显的情况下,杭州亟须发挥区域性金融服务中心功能,发挥互联网金融优势,通过金融服务创新推进实体经济转型。

1. 创造服务实体经济的金融生态

引导银行机构的信贷支持,完善对在杭银行机构支持杭州实体经济发展的评价激励办法,引导鼓励在杭银行机构加强包括小微企业、涉农企业和重点项目在内的实体经济发展支持,开发适应实体经济发展的金融创新产品,降低企业实际融资成本。发挥股权投资业的资本支持,出台促进股权投资业发展实施办法的补充意见,吸引更多的知名股权投资机构落户杭州,鼓励股权投资机构为传统产业转型升级、"十大产业"做大做强、战略性新兴产业提升发展和科技创新型小微企业加速成长提供直接股权融资支持。扩大企业直接融资规模,继续加大对后备企业上市培育和扶持力度,继续推荐符合条件的实体企业参与"区域集优债务融资合作项目"计划。

2. 争取国家级和省级政策支持杭州区域性金融服务中心建设

积极争取杭州能够适用温州金融改革和义乌金融改革的举措。着力开发资本市场创新业务,抓住"新三板"市场的试点机会,探索和推动私募股权市场,着力推进债券市场建设,完善杭州知识产权交易机构。打造"互联网金融创新基地",抓住互联网金融机遇,利用包括网上支付、移动支付、小额信贷、金融产品销售、财产保险和资产证券化在内的互联网金融新模式,鼓励电子商务企业发展形式多样的互联网金融服务。打造中国(上海)自贸区金融后台服务基地,引进大型金融机构的后台机构,吸引高科技金融服务团队,承接金融外移外包业务,形成金融外包产业链。发展金融电子设备制造和金融软件服务。

3. 顺应国家层面市场导向的金融体制改革

抓住国家建设多层次金融市场体系的机遇,推进杭州多层次金融市场体系建设,强化防控金融风险和保护金融消费者的监管。利用利率市场化的机遇,推进"中小企业金融服务中心"和"民间财富管理中心"建设。

(六)创造集约利用优势,提高土地利用效率

杭州城乡土地的粗放利用方式已经越来越难以支撑经济的持续发展,亟须通过市场配置和行政配置互为补充、相互结合,提升城乡土地的合理利用水平。

1. 加大城市规划区之内土地利用的行政配置力度

继续推进城市规划内"三改一拆"工作,加大旧住宅区、旧厂区、城中村改造和拆除违法建筑力度,腾出土地建设指标,加大地下空间利用强度,提高城市土地利用效率。明确城市规划区内的土地增值收益分配还是应以用途补偿为主,农房按

照市价的一定比例给予补偿,同时政府通过征地收益让被征地农民纳入城镇社保体系。还可探索杭州市滨江区白马湖农居SOHU模式,政府可以作为唯一的农房承租方,与农民进行房屋出租的谈判,突破以往"拆迁-重建"的固有模式,在保留农居特色的基础之上进行农房改造,降低城市更新成本,盘活集体资产,提高农地利用效率,同时引导农民由从事第一产业变为从事非农产业。

2. 加大城市规划区之外土地利用的市场配置力度

推进包括农村承包地、宅基地、林地和房屋在内的各类资源确权,实施以土地为基础的不动产统一登记制度,赋予农民集体土地处置权、抵押权、转让权。

3. 构建城乡土地要素流动机制

农村宅基地作为财产性收入,农民工市民化过程中可用于置换城市房屋,解决居住问题。严格规范城乡建设用地增减挂钩试点和集体经营性建设用地流转,农村集体非经营性建设用地不得进入市场。

4. 加大农居点规划和建设

对于城市规划区之内暂时难以拆迁的区域和城市规划区之外的区域,通过规划农居点,引导农户集约利用土地。

5. 加大工业用地的集约利用程度

政府招商引资的批地合同应当包含土地亩产的条件;对达不到条件的,政府收回土地,实施土地二次开发。

6. 开征土地财产税

建立土地价值评估体系,将土地税收征收重点从流转环节转为保有环节,从价计征。率先对集体建设用地、储备土地和囤积土地征收土地增值税。

7. 完善耕地保护制度

健全基本农田保护补偿制度,探索实现区域耕地占补平衡的多种途径,保证占补耕地质量相当,鼓励占补耕地集中连片。

(七)培育对外开放优势,应对国际市场约束

随着西方国家陷入经济发展困境和中国入世红利的消耗殆尽,杭州需要尽快适应动态比较优势的变化,加快城市国际化步伐,推进国际市场的占领从以量取胜向以质取胜的转变。

1. 提高出口行业的经济效益和国际竞争力

适应和顺应传统成本竞争优势正在减弱的形势,加快改变对外贸易只有浙江产品、没有浙江品牌的处于附加值低端环节的现状,推进创建国家、省、市外贸出口基地和出口名牌认定工作,培育外贸公共服务平台,形成新的国际竞争优势,支持企业防范国际贸易风险。

2. 开辟扩大国际市场的潜在区域

金砖国家、非洲大陆、南美国家和东南亚国家的市场需求潜力巨大,这些市场对于杭州对外贸易和投资的持续增长非常重要。

3. 抓住中国内需的升级机遇

随着中国中等收入阶层的快速成长，节能环保型产业、休闲养生类产业和高品质文化消费的潜力将会加快释放，杭州可以着重形成这样一批产业，依托中国内需市场带动经济发展。

4. 提升浙商回归工程的效应

提高对外开放水平，着力吸引浙商回归，鼓励浙商建立总部，设立研发中心、销售中心、采购中心和物流中心，并以杭州作为基地，辐射国内国际市场。

5. 拓展杭州产品销售渠道

继续推进"电子商务进企业"工程，鼓励并引导企业创新网络营销模式，建立网络直销渠道，开设或进入网上展会。支持企业开展总集成总承包，鼓励优势企业组建总集成总承包战略联盟，共同开拓市场。

6. 支持企业"走出去"

加快国内国外的营销网络建设，推动有品牌优势和市场基础的企业在市外设立地区性营销中心、品牌专卖店或贸易代表处，通过并购、参股获取产品销售渠道。支持企业在市外围绕重要资源、先进技术等进行并购投资。

7. 通过城市竞争提升对外开放水平

通过城市竞争的倒逼机制，提升高端服务行业的集聚能力，优化杭州口岸的服务能力，利用中国（上海）自贸区和义乌国际贸易综合改革试点实现杭州对外开放的"借梯登高"。

（八）发挥都市经济优势，推进城乡统筹发展

在城市化快速推进的背景之下，杭州主城具有服务产业和人口集聚的优势，既要发挥主城继续集聚提升功能，又要发挥主城辐射带动作用。

1. 推进"县域经济"转向"郊区经济"

坚持承接产业梯度转移与培育郊区型特色产业相结合，着力构建具有郊区特色的现代产业体系，大力发展郊区经济，形成分工合理、特色鲜明、优势互补的市域经济发展格局，推动主城、副城、组团与周边县（市）集合式、捆绑式发展。引导县（市）增强郊区意识，增强融入杭州都市经济圈的紧迫感和责任感，树立"融入战略"的核心位置，着力用好主城科技、人才和市场的优势资源进行辐射带动，加强省级开发区和城镇特色工业功能区建设，加快特色块状经济向现代产业集群转变。

2. 提升杭州主城的集聚辐射能力

着力优化主城的发展环境，使之成为高端要素、高端产业的集聚地，强化服务"县域经济"发展的能力，带动"县域经济"转向"郊区经济"。对于邻近主城的部分县（市），可以按照构建大都市区的远景规划，按照建设成本合理分配的原则，规划和建设轨道交通体系。提升主城的教育、医疗和文化资源的辐射影响能力，增强主城吸引高端人才、打造宜居环境的重要支撑作用。

3. 超前规划和统筹建设方便快捷的交通网络

杭州发展"郊区经济"必须依靠轨道交通技术，节约土地资源和能源，减少污

染排放，引导人们以"精明增长"的方式向郊区流动，建立城市轨道交通经济带，避免走上主要基于汽车和高速公路技术之上的郊区经济发展道路。

4. 强化城市规划的整合再造功能

尊重人口流动的规律，通过规划编制过程逐步达成共识，形成合力，进而充分发挥规划龙头、调控和保障作用，按照规划蓝图进行建设，实现中心城市和县域经济的有序、科学、有机融合。通过坚持抓"两头"、放"中间"，"一头"抓好规划条件的提出，"一头"抓好规划的审定和优化，中间环节要在全省、全国乃至全球范围整合规划资源，确保规划的科学性、前瞻性和操作性。

5. 构建区域合作机制

设立"区域共同发展基金"，或者各个城市共同出资成立区域建设投资公司；建议省级政府从用地指标倾斜、专项资金补助等方面给予引导支持。

四 杭州深化经济体制改革的工作机制

（一）知识引导

一是研究发达国家或地区迈过"中等收入陷阱"的经验教训。2013年人均GDP超过2万美元的国家或地区平均花费9.9年时间完成从1万美元进入2万美元的历程。按照人均GDP水平区分，处在5万美元之上、3万~4万美元、2万~3万美元的国家或地区完成从1万美元进入2万美元的历程，平均花费的时间分别为10.1年、8.0年和12.1年；按照人口总数区分，人口处在5000万人之上、1000万~5000万人和1000万人以下的国家或地区平均花费的时间分别为9.7年、11.9年和9.0年；按照进入人均GDP 1万美元的时点区分，1980年之前、1981~1990年和1991年之后进入的国家或地区平均花费的时间分别为10.4年、7.5年和11.9年。通过研究和比较这些具有差异的国家或地区的跨越经验，形成指导杭州改革的国际经验明灯，以此确定深化杭州经济体制改革的任务和时序。二是坚持试点先行、循序渐进。实施重点突破和整体推进相互结合的渐进性总体改革战略，可以加深对于改革事业的实践认识，控制改革可能引发的风险。

（二）舆论推动

一是通过舆论推动形成改革共识。衡量改革成功的标准就是通过改革做到既能"做大蛋糕"，又能"分好蛋糕"。每个国家或地区推进改革的路径可以各不相同。例如，英国和美国实行的是"自由市场经济体制＋低失业率保障＋低收入群体的国家福利"，北欧实行的是"社会市场经济体制＋福利国家"，日本和韩国实行的是"大企业竞争力＋福利社会"。杭州需要通过舆论推动，分析自己的经济文化社会特点，避免盲目模仿先进国家或地区的发展路径，达成改革共识，走具有杭州特色的符合杭州市情的改革之路。具有更大共识的可以先改，缺乏共识或者没有共识的可以后改。二是通过舆论推动优化改革时序。通过舆论压力形成改革动力，发现深化经济体制改革尚需破解的问题，探讨深化改革的举措，检验深化改革的成效。同时，还要通过舆论引导，形成人们对改革的合理预期，既要防止人们对改革期望过高，导致改革进程太快的风险，又要防止人们对改革期望太低，改变人们对深化改革没有希望的悲观心态。

（三）组织保障

继续优化由杭州市委书记、杭州市长担任组长的综合改革领导小组季度或年度会议制度，充分发挥综合改革领导小组的决策作用。夯实综合改革领导小组办公室牵头作用，及早编制出台年度改革实施意见，明确改革任务，落实改革主体，制定综合配套改革推进考核办法，发挥综合改革领导小组办公室的统筹协调职能。明确市直相关部门和区、县（市）政府作为改革的实施主体地位，健全综合配套改革领导小组和工作机构，发挥改革项目的具体实施职能。探索实现决策主体、牵头主体和实施主体之间的良性互动，继续完善包括例会制度、激励机制和考核机制在内的推进机制。积极发挥人大的监督作用，对于重要的综合配套改革任务提请人大进行监督落实，使监督真正走向法治化。拓展社会监督，建立和完善外部约束机制，逐步实现包括重大改革方案公告、听证和市民投票在内的制度，增强权力运行的透明度。

（责任编辑　方晨光）

杭州动漫 COSPLAY 文化的市场促进探究

◎ 杨 成

提 要：COSPLAY 活动是依附于动漫产业流行起来的青少年文化现象。在杭州，COSPLAY 已经从一种动漫爱好者玩票式的兴趣爱好和小众文化，演变成一种较具规模的动漫经济文化现象。正确认识 COSPLAY 文化及其价值，了解杭州 COSPLAY 文化发展现状，对于推动杭州动漫及文化创意产业发展具有重要意义。本文结合近年来杭州动漫产业发展的相关数据与案例，系统分析了杭州 COSPLAY 文化发展的现状、特点与所暴露的问题，并在此基础上提出了进一步发展杭州 COSPLAY 文化的对策和建议。

关键词：动漫经济 COSPLAY 文化 市场促进 杭州

作者杨成，浙江科技学院艺术学院讲师（邮政编码 310023）。

一 动漫 COSPLAY 文化及其现实意义

（一）动漫 COSPLAY 文化现象

COSPLAY 是英文 Costume Play 的缩写，中文译为角色扮演或服饰装扮，是指利用服装、道具、装饰品以及化装等手段来装扮动漫、游戏、影视中的某些角色，也

---

* 本文为 2014 年度杭州市哲学社会科学规划课题（B14WH12Q）。

泛指自我原创的角色造型装扮。COSPLAY 活动的表演者一般被称为 COSPLAYER 或 COSER，他们大多是年龄在 15~25 岁的青少年动漫画爱好者。COSPLAY 文化具有悠久的历史，但现代意义上的 COSPLAY 文化根源于 19 世纪 50 年代的美国，COSPLAY 文化真正繁荣发展于日本。20 世纪 70 年代末至 80 年代初，由于日本电子游戏公司 Nintendo、SEGA 以及 SONY 之间的激烈竞争，为了更好地推广游戏，宣传各自的产品，漫画商和电子游戏公司举办了多种动漫展和游戏展，并纷纷聘用大量 COSER 来扮演游戏和动漫作品中的角色以吸引参展人群。截至 20 世纪 90 年代，随着日本动漫文化 ACG 产业与视觉系乐团的快速发展与流行，日本 COSPLAY 文化进入一个繁荣发展的阶段，其活动团体结构与活动形式日益多样化。相比之下，中国大陆地区出现 COSPLAY 活动的时间较晚，直到 1998 年国内开始举办正式的动漫展后才有了零星自发的个人 COSPLAY 秀，如广州动画爱好者团体曾在动画爱好者的小圈子内组织过主题 COSPLAY 表演活动，但表演者和作品的数量都极其稀少。不过，源于日本、中国台湾、中国香港三地 COSPLAY 的成熟，中国内地的 COSPLAY 文化活动依然得以急速稳定的成长。2000 年 8 月，中国内地上海成功举办了第一届 COSPLAY 大赛，并取得了出人意料的成功，往后的一年里，全国各大城市 COSPLAY 赛事如雨后春笋般不断涌现。如主打"石器时代"的网游厂商华义公司举办的"2001 年石器最佳 COSPLAY 大赛"等商家赛事。随着 2004 年国家广电总局《关于发展我国影视动画产业的若干意见》等相关政策的密集出台，内地动漫文化进入了快速发展期，喜好动漫的青少年数量快速增长，并且纷纷组织了自己的动漫 COSPLAY 社团，北京、杭州、上海、广州等重点地区近年来频繁、密集地举办动漫展及同人会展，COSPLAY 比赛或表演已经成为这些动漫展览必不可少的精彩节目。这些赛事的举办极大地推动了 COSPLAY 文化的流行，各类动漫主题网站、期刊等媒体也纷纷开辟了 COSPLAY 专栏，在互联网上以 COSPLAY 为关键词进行检索，仅简体中文网页就达到 170 万条之多。COSPLAY 活动在短时间内表现出的迅猛发展势头，成为现代社会生活中的一种时尚青少年流行文化现象。

COSPLAY 文化是依附于 ACG（动画、漫画、游戏）产业文化而产生和发展的。动漫游戏作品为 COSPLAY 文化活动提供了源源不断的艺术灵感与创作素材。在 COSPLAY 活动中，COSER 所扮演的角色形象、表演的舞台剧等内容都来自自己喜欢的动漫游戏作品。他们出于对动漫游戏作品中的角色与内容的情感依附，为了能"借此置换"，便戴上五彩缤纷的假发，穿上夸张、唯美、极富个性的服装，再配上充满想象力的装备，通过参与的方式尽情表达自己对动漫角色的热爱。一般来说，COSPLAY 文化传播、表达的主体往往是通过一个群体或一个组织的方式来进行的，最典型的便是社团、动漫联盟等团体组织形式。基于相同的动漫 COSPLAY 兴趣爱好者聚在一起，进行动漫 COSPLAY 文化交流和学习，探讨各类动漫服饰的制作、化妆与摄影经验。同时，他们也以群体的形式进行舞台表演，参与竞赛。团体与团体之间，也借助各种类型的动漫会展、COSPLAY 文化节进行交流和合作。这种群体之间的交往与互动，大大提升了参与者的专业水平与思想境界，有利于团队和个人更好地发展。此外，COSPLAY文化活动从诞生之日起，就和商业性脱不了干系。现代COSPLAY活动最初成型的目的就出于一种对动画、漫画与电子游戏产品营销上的考虑。动漫经销商为了更好地销售动漫衍生商品，就要刻意拉近动漫内容、动漫角色与消费者之间的距离，于是纷纷组织COSPLAY的比赛或表演活动，借助参赛者所扮演的动漫游戏作品中的经典形象，以及表演富有创造性的同人节目，吸引消费者的眼球，引起消费者的关注和热爱，从而达到推广与营销的目的。同时，参与COSPLAY活动的COSER们本身也是商业消费活动的主体，如活动最重要的行头COSPLAY服饰往往就价格不菲，在专卖店的成品服，经常要价近千元或上万元。此外，诸如化妆、造型、拍摄、后期制作等方面也需要大量的消费支出。比赛的竞赛水准要求与奖金的诱惑力逼迫COSER们不得不选用最好的服装与道具装备，这使得现今的COSPLAY活动变成了一种较高消费的商业文化狂欢派对。

（二）COSPLAY文化的现实意义

COSPLAY文化活动作为一种新兴的文化现象，深受广大青少年群体的追捧，在美、日、韩等动漫发达国家，COSPLAY在国民经济中扮演着重要的角色。当前，在我国发展COSPLAY文化有着重要的现实意义。

1. COSPLAY文化活动对动漫产业发展具有较强推动作用

动漫产业具有系统化的产业链，其发展与赢利目的的实现必须建立在动漫产品被广泛长期播出并深入人心的基础之上。作为一种动漫产业的衍生文化和营销手段，COSPLAY活动极具视觉观赏性和动漫文化传播效应。历年来在各大城市动漫节与会展上，往往COSPLAY活动舞台前人山人海，而动漫影视作品前则往往观赏者寥寥无几、反响平平。各种帅气的精灵王、古典的传奇美女、奇异的怪兽、炫目的装备等虚拟动漫游戏角色形象走入了现实生活，激发了欣赏者的动漫热情和兴趣。这种视觉营销效果比其他推广手段更为有效。此外，借助COSPLAY爱好社团、学生动漫社、COSPLAY论坛以及各类赛事的广泛影响力和多元化的交流与互动方式，动漫作品得以广泛传播和普及，这将带来社会对动漫作品与产品的广泛关注，提升现实购买力，从而对整个动漫产业发展形成极大的推动作用。

2. COSPLAY文化自身具备极强的商业开发价值

作为动漫产业的附属文化，COSPLAY文化活动涉及服装、表演、影视、化妆、教育等多个产业领域，蕴含着巨大的市场潜能。随着社会经济结构的发展与时代观念的转变，COSPLAY作为传统营销手段的单一形式也正在发生改变，许多COSPLAY动漫社团不仅满足于一些商业促销表演，其业务类型也正逐渐向动漫服饰设计制作、影视表演、道具设计制作、化妆、教育等多个领域渗透，并在不断拓展多种新型业态。作为COSPLAY文化最为发达的日本，每年COSPLAY商业演出和周边服装道具产业就能带来上亿元的收入。在美国，圣迭戈动漫节最大的特色就是COSPLAY，500美元一张的门票经常一票难求。我国广东已经有很多制造企业在从事CO-

SPLAY 衍生产品的开发，其业务量正在逐年攀升。这使得 COSPLAY 产业成为名副其实的"吸金器"，具备较强的商业开发价值和空间。

3. COSPLAY 文化对青少年具有重要的影响力

COSPLAY 文化活动是青少年最喜欢的活动之一，在青少年的成长过程中有着重要的影响。青少年群体正处在人生成长的最关键时期，这一阶段的他们个体自我意识逐渐增强，处于理想自我与现实自我强烈碰撞的时期，对在同龄群体中寻求归属感有强烈需求。他们发现自己的一些兴趣爱好在家庭和学校中往往不能得到满足，便开始寻找同龄伙伴，只有在同龄群体中，他们才能摆脱家长或老师等权威的约束，以一种独立的姿态参与大多数的活动，提高自我的独立意识。COSPLAY 文化活动最大限度地满足了青少年的这种精神需求，通过角色扮演与互换，引导青少年进入一个全然不同的精神场域，使其沉浸在影视作品动漫形象中，青少年通过对喜欢的角色形象的模仿、交流、互动来展现自我。COSPLAY 文化活动保护着青少年的心灵和想象力，不受沉闷、生硬、单调的"常规"所压制，使青少年在 COSPLAY 的世界中，自由地相遇、交往、交流，找到真实世界中无法找到的真实感。因此，在青少年的成长教育过程中，合宜、适量的 COSPLAY 活动将会为其心灵提供一种保护性的发展机制，通过调整青少年的生活步调，发现与展现自我，使其更乐观、积极、向上，有助于增强青少年的自信和自我认同感，对青少年的健康成长起着重要的作用。

二 杭州动漫 COSPLAY 文化发展现状

（一）杭州动漫 COSPLAY 文化活动

杭州的 COSPLAY 萌芽于 2000 年，起初为少数 COSPLAY 爱好者的私下聚会活动。杭州武林路银泰店曾是早期 COSER 的集聚点。2001 年 COSPLAY 社团走出小群体，开始面向大众展示 COSPLAY 新文化，但其表现形式多是小范围的营销活动。杭州一直致力于打造文化创意产业，建设动漫之都，而动漫产业是文化创意产业的重要组成部分。2005 年，杭州开始举办中国国际动漫节，通过省、市的共同努力，杭州成为动漫节的永久举办地。随着国家及杭州地方政府对动漫产业的高度重视和大力扶持，近十年来，杭州动漫产业发展迅猛，动漫作品质量与经济效益连续提升，截至 2013 年末，全市已有动漫游戏企业 315 个，从业人员近 2 万人。全年生产原创动画片近 2 万分钟；全市动漫游戏企业实现营业收入 43.1 亿元，在国内处于领先水平。依托杭州动漫产业的强劲发展态势和中国国际动漫节的连续成功主办，杭州 COSPLAY 文化活动也逐渐活跃。在历届中国国际动漫节上，COSPLAY 超级盛典永远是极具人气的重要活动项目之一，截至 2013 年，中国国际动漫节 COSPLAY 超级盛典设立了 20 个全国分赛区和 7 个海外分赛区，参赛社团达 600 多个，直接参与人数近 40000 人。中国 COSPLAY 超级盛典已经成为全国乃至全球 COSPLAY 赛事水平最高、参赛地域最广、参与人数最多的代表性活动之一，国际影响力巨大。凭借中国国际动漫节等动漫展会的品牌影响力，杭州的COSPLAY文化受到了极大关注，并得到迅速发展。目前杭州已有300多个COSPLAY动漫社团和数万名粉丝。出现了如小小白、押切、扶苏、小骨、十二厘、血猫、落雨等国内知名COSER。随着爱好者越来越多，其影响力也越来越大，为延续杭州COSPLAY文化品牌，应进一步发展COSPLAY文化和扩大其影响力。2012年下半年，杭州举办了首届COSPLAY文化节，9个城市的COSPLAY代言人和嘉宾首次聚首杭州。文化节包含杭州COSPLAY文化历程展、优秀COSPLAY摄影作品展、动漫同人展和第九届"中国COSPLAY超级盛典"杭州赛区代言人选拔等多个精彩活动，有超过5000名爱好者参与展会，微博转发超1000次，覆盖人群数万人。与此同时，各种COSPLAY动漫服装设计与COSPLAY产品以酷卖街的形式与产业对接，极大地拓展了COSPLAY的经济商业形态，产生直接或间接经济效益2亿元。此外，各类比较专业的COSPLAY联赛如高校COSPLAY联赛、杭州市中学生社团文化节COSPLAY大赛、杭州COMIC MECOSPLAY比赛、杭州COMIC ME同人展等也相继在杭州热烈举行。这些赛事活动进一步促进了杭州本地COSPLAY爱好者之间的交流与互动，扩大了杭州COSPLAY文化的影响力。得益于杭州COSPLAY活动的知名度和广泛影响力，2014年5月，美国、丹麦、荷兰等七个国家的COSPLAY活动组织机构代表相聚杭城。他们在白马湖动漫广场共同参加"世界COSPLAY联盟"战略合作签约仪式，现场签署《世界COSPLAY联盟成立杭州议定书》。这将为杭州COSPLAY及整个动漫产业的发展起到较好的促进作用。

总体来看，COSPLAY在杭州已经从一种动漫爱好者玩票式的兴趣爱好和小众文化，演变成一种较具规模的COSPLAY动漫经济文化现象。

(二) 杭州COSPLAY动漫社团组织及商业形态

动漫COSPLAY社团是杭州COSPLAY活动的主体，目前，杭州的COSPLAY团体大致可以分为专业型和业余型两种。其中业余型COSPLAY团体占大多数。业余型COSPLAY团体由爱好者自发组织，成员一般是由各行各业的动漫或者COSPLAY团体爱好者所组成的，也包括很多学生跨学校参与组成的动漫社团，他们中的大多数成员年龄为17～28岁。他们多利用周末或者节假日在一起聚会，排练COSPLAY团体演出，以及和同城其他动漫社团、COSPLAY团体交流技艺、摄影、探讨心得。专业型COSPLAY团体是杭州COSPLAY文化活动的核心与行业标杆。这些团体一般拥有固定的成员、排练场所和工作日程，其成立有一定的商业赢利目的。专业型COSPLAY团体成员一般属于职业表演者，称为职业COSER。每一位成员都有着自己鲜明的特征和气质，通过化妆和服饰的装扮，可以很好地诠释动漫作品中的正派或者反派人物形象。团队中的指挥即演出的教练，往往拥有舞台表演的经验与基础，且经历过专业的COSPLAY培训。这些社团的业务范围除参加一些比赛、演出外，一般也会为本地或者外地的动漫公司服务，代言动漫产品，参加各地举办的动漫和娱乐会展表演。如杭州在国内较有影响力的COSPLAY社团"304动漫社团"、"99度动漫社"、风火组合社团等，这些专业型动漫社团绝大部分成立于21世纪初，至今已参加了杭州乃至全国的大大小小的漫展活动和 COSPLAY 活动，在国内影响较大。其团队商业形态主要有以下三种。

1. 动漫会展赛事

这是 COSPLAY 社团的主要活动形式，在全国各地的动漫节展会、电子游戏交易会以及各类动漫同人展等赛事上，为对各类动漫游戏产品进行宣传，同时也为吸引人气、增加会展影响力，会展主办方会邀请来自全国各地知名的 COSPLAY 社团进行 COSPLAY 表演。杭州一些知名度较高的 COSPLAY 社团及 COSER 本人经常奔波于全国各地参加各类商业演出及动漫舞台剧表演。

2. COSER 经纪

经过大大小小的各类比赛，同时借助各类媒体的宣传，一些专业社团中表现优异的 COSER 便脱颖而出，并拥有相当数量的追随者与粉丝，从而成为 COSPLAY 界的"明星"，由此形成了类似于影视圈的 COSER 经纪商业现象。这些知名的 COSPLAY 社团及 COSER 明星，有的受邀请奔波各地担当各类 COSPLAY、动漫游戏赛事的嘉宾或评委，有的通过发行个人专辑、个人作品平面出版物、影像制品来进行商业赢利，有的甚至涉足模特行业与电影电视行业。

3. 衍生产品市场

COSPLAY 是一项成本较高的娱乐休闲活动，参与一项 COSPLAY 比赛，会涉及服装制作、道具制作、化妆与摄影等专业知识的学习与较大资金的投入。在杭州，由于喜爱 COSPLAY 活动的人员众多，由此也就形成了 COSPLAY 服装道具制作与租赁市场，专业 COSPLAY 社团凭借丰富的经验与多种资源成为游戏规则的制定者，引领着 COSPLAY 产品市场的发展。大大小小的 COSPLAY 学生社团及爱好者通过如淘宝网、杭州 19 楼集市等电子商务平台进行动漫服饰、表演道具等相关交流与交易活动。

（三）杭州动漫 COSPLAY 文化发展特点

1. 依托动漫节展会，在国内具有一定的品牌优势和辐射效应

杭州的 COSPLAY 文化活动是随着中国国际动漫节在杭的连续举办而逐渐走向繁荣的，以 COSPLAY 超级盛典、COSPLAY 文化节、动漫同人大赛等形式为代表的 COSPLAY 展演、动漫比赛活动使 COSPLAY 文化得到了广泛的传播，让杭州在较短的时间内聚集了较多的 COSPLAY 热爱者和社团，伴随着国内其他城市近年来各类动漫大赛的轮番上演，主办方经常邀请以杭州为代表的动漫社团积极参与交流与互动，这使得一些具有较高素养的 COSPLAY 社团及个人在各类赛事中脱颖而出，逐渐形成了一批在国内具有较高知名度的专业型 COSPLAY 社团和 COSER，这种名人效应与动漫节展会的相互映衬使得杭州 COSPLAY 文化在全国具有广泛的辐射效应和影响力。

2. COSPLAY 的整体质量比较高

与国内其他地区相比，杭州 COSPLAY 文化整体水平较高，在表演道具的精美程度、舞台的表演与音响效果、角色装扮的视觉形态等方面都处于比较领先的水平。在杭州，考虑到商业上的运营和产品推广，一些具有产业优势的动漫龙头企业也会

组建专业化的动漫 COSPLAY 社团与文化联盟，如杭州玄机科技有限公司，其旗下知名动漫品牌作品《秦时明月》就有专门的 COSPLAY 表演与营销团队。专业化的运营与管理，使其在全国乃至东南亚各类动漫 COSPLAY 赛事上屡有斩获。此外，以中国美术学院、杭州师范大学美术学院、浙江传媒大学等专业艺术院校动漫社团为代表的 COSPLAY 团队，在近几年的动漫节展会上也频频涌现，这些来自艺术专业的学生基于自身的专业训练，其表演不仅能做到对动漫游中人物造型与动作神形兼备地模仿，有的还可以编排出原创的剧情和动作。在服装道具与舞台气氛上，能做到神形兼备、活灵活现，在表演内容上不断开拓新的艺术品种，从而在整体上拉高杭州动漫 COSPLAY 的艺术水准。

3. COSER 群体广泛

据统计，2012 年参加杭州首届 COSPLAY 文化节的参赛团队有 150 多个，COSPLAY 文化节两天客流超万人，年龄最小的观众 2 岁，最大的 69 岁，累计参与人数 5000 余人，其中高中、职业院校及大学的 COSPLAY 社团有 88 个，社会参赛社团有 25 个。2013 年第二届杭州 COSPLAY 文化节的规模扩大了将近一倍，参赛团队上升到 200 多个，其中高中、职业院校及大学的 COSPLAY 社团有 160 个，社会参赛团队有 40 多个，进入决赛的 22 支队伍有 20 支队伍来自校园团体，涵盖本科、技校、职高、大中专、高中等不同层次（见图 1）。在杭州，COSPLAY 爱好者及直接参与者大多集中在 30 岁以下的学生群体里，且数量正在逐步增加。目前在杭的大多数高校都有自己的动漫社团，如浙江工业大学动漫社、浙江传媒大学纳兰之候动漫社、浙江工商大学顶点动漫社、杭州师范大学动漫社等；高中的动漫社团也非常多，如杭州十四中火影动漫社、杭州翠苑中学 SOS 动漫社等。校园动漫社团得到所在院校的大力支持，COSPLAY 活动中所需的服装、道具、音响设备、演出场地和参赛等费用支出，一般由各自学校、学院、专业（系）给予一定的资金赞助或者由学生会自行筹措。在丰富学生的课余生活、培养学生的独立个性与创新能力方面起着非常重要的作用。

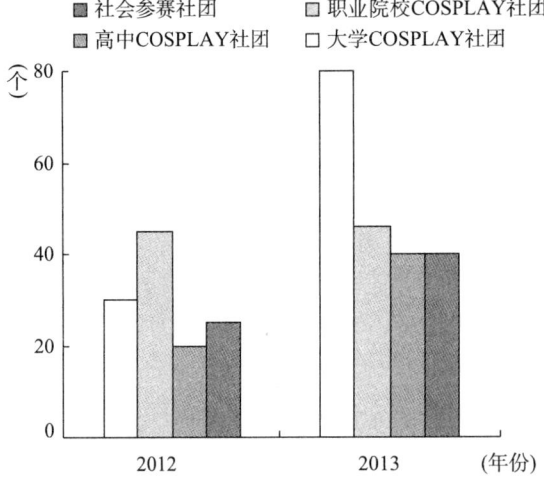

图 1 2012～2013 年杭州 COSPLAY 文化节参赛动漫团体构成

三 杭州 COSPLAY 动漫文化活动发展中的问题

作为一种新兴的动漫附属产业文化现象，杭州 COSPLAY 文化活动在快速发展过程中也逐渐暴露出诸多问题。

（一）产业发展无序，缺乏有效的组织与保障机制

COSPLAY 活动的主体——COSPLAY 社团的兴起带有自发性，社团成员中在校学生占绝对比例。在杭州，许多动漫 COSPLAY 社团都是兴趣爱好支撑下的松散团体，缺乏严格的管理和运营机制，更缺乏长远规划。一般 COSPLAY 活动都需要社团成员自费购买道具、服装等。此外，还要到各地赶场、参加活动。活动之前的化妆、穿戴过程以及编排、拍照、表演、后期制作等，都需要大量时间和精力。而目前在国内通过参加各种比赛、活动所获得的奖金或者酬金非常微薄，对于维持社团常规活动来说往往是杯水车薪。这些现实的困境与回报反差大大降低了一些 COSPLAY 动漫爱好者的积极性，在经过一段时间的狂热与冲动之后，许多 COSPLAY 社团发展犹如昙花一现，参加几场比赛活动后便销声匿迹，COSPLAY 社团解散与成员退出的现象屡见不鲜。在近年来的动漫 COSPLAY 大赛活动上，COSPLAY 质量出现了下滑倾向，表演的节目雷同、内容低俗、COSPLAY 社团之间相互恶搞等现象屡见不鲜。这与行业内竞争无序、缺少规范化的管理与运作机制、动漫 COSPLAY 社团特色不鲜明、缺少保障性措施等因素密不可分。

（二）原创动漫文化不足，本土特色不明显

当前，在杭州乃至全国的一些展会与比赛中的 COSPLAY 表演，虽然形式新颖、气氛活跃，但大多数动漫社团的作品取材于国外的动漫作品，在创作源头上受制于外来文化，导致动漫产业链的下游环节都是在售卖国外动漫衍生产品。以 2013 年杭州第二届 COSPLAY 文化节比赛为例，在近 200 支 COSPLAY 团体代表队参赛的 210 件作品中，有一半以上作品取材于日本动漫或中国台湾游戏作品，表演内地国产动漫如《封神演义》《秦时明月之晓梦》《吕氏春秋》《肥羊请入锅》等，其中《秦时明月》作为浙江优势节目获得大赛一等奖。但类似于这种浙江本土原创的动漫 COSPLAY 作品并不多见。中国国际动漫节组委会统计数据显示，近年来，日本、美国、韩国的动漫作品在 COSPLAY 比赛中占绝对比例，其中以日本最为突出（见图2）。中国 COSPLAY 圈内著名的 COSER、杭州国际动漫节形象代言人岚陵萧萧声曾 COS 了多个日本动漫角色。她曾对采访活动的记者坦言："我也想 COS 中国自己的动漫，可是产品太少，而且没有思想。"这道出了许多 COSER 的心声。进入 21 世纪以来，本土动画虽有一些具有探索性的作品问世，但鲜有反应强烈之作，且国内动漫作品说教严重，面向的观众群体过于低龄化，角色选择非常少，从而将 COSPLAY 的大片天空拱手让给了国外。这不能不说是一种令人痛心的现象。

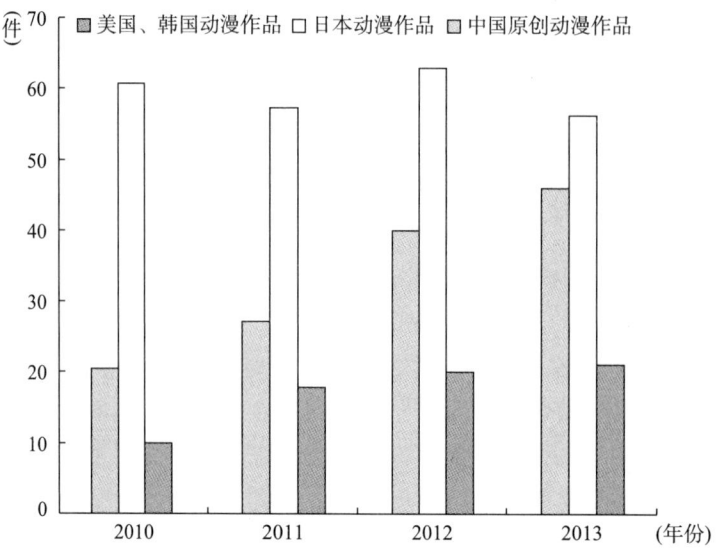

图2 2010~2013年中国国际动漫节COSPLAY超级盛典杭州参赛动漫作品构成

（三）市场发展不成熟，产业链不够健全

目前，在杭的大部分COSPLAY社团以学生为主体，其成立社团更多的是源于兴趣与个人爱好，带有自发性。他们以参与各类动漫COSPLAY比赛活动，并取得优异的成绩为目标，很少涉及商业领域。仅有少数专业型COSPLAY社团及知名COSER个人会涉及COSER经纪、COSPLAY服装与道具设计制作、模特与影视表演等领域（见图3）。从总体上来看，目前，杭州COSPLAY活动的商业活动主要集中在COSPLAY比赛与极少数的商业演出层面。许多动漫企业仅把COSPLAY作为一种营销手段和暖场活动，其商业模式较为单一，没有形成多样化的COSPLAY文化产业市场。而在COSPLAY文化最为发达的日本，COSPLAY本身就是一个非常庞大的经济产业链，COSPLAY社团的业务类别涉及影视表演、服装设计制作、产品与道具、摄影、舞台剧等多个领域，如COSPLAY咖啡馆、COSPLAY儿童乐园等，商业形态多种多

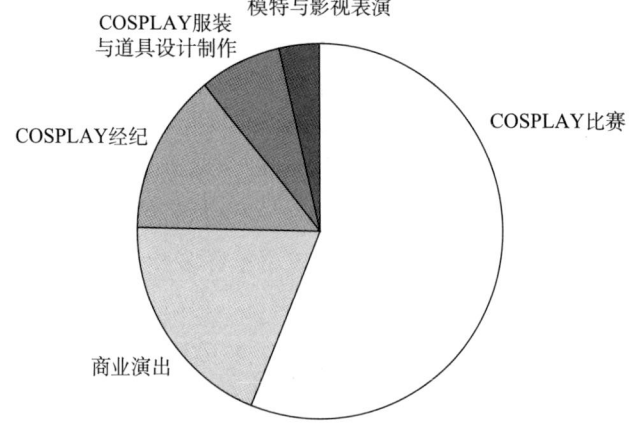

图3 杭州COSPLAY文化活动商业形态构成

样,专业化程度非常高,在日本国民经济中占有较大的比重。这与当前杭州 COSPLAY 业界的商业形态与产业模式形成鲜明对比,也反映出两者之间的差距,COSPLAY 丰富的商业形态与巨大的产业价值并没有得到有效的开发和利用。

四 促进杭州动漫 COSPLAY 文化市场发展的对策

(一) 正确认识,规范引导与管理

COSPLAY 文化作为一种新兴文化现象,在青少年群体里颇为流行,但在成年人的视野里,它具有边缘性与非主流的特征。社会上许多人认为 COSPLAY 活动是小孩子的游戏,是青少年群体的一种盲目追星的文化现象,是不务正业的表现。此外,产业界对这一领域的理论性研究一直处于边缘化状态,普遍认为 COSPLAY 文化属于动漫产业的附属文化,忽略甚至无视 COSPLAY 自身的发展规律,对其自商业形态与产业价值没有正确了解和认知。这与方兴未艾的 COSPLAY 文化经济现象是不相匹配的。当前,政府部门应当给予 COSPLAY 文化更多的关注和支持,一方面,要进一步加强动漫文化的教育与普及,办好各类 COSPLAY 动漫赛事,发挥 COSPLAY 国际化赛事的示范效应,结合媒体的宣传与引导,逐步转变社会对动漫 COSPLAY 文化的认知;另一方面,要对 COSPLAY 文化进行规范引导,COSPLAY 是舶来品,扮演的很多相关角色来源于日本、韩国及欧美国家,其中宣扬的一些内容和主流价值观与我国的国情是不相吻合的。各地政府要对活动的形式与内容加以管理,通过发挥行业协会的作用规范社会与学校动漫社团活动,从宏观上把握价值导向,宣传正确的世界观,弘扬正能量,传播真善美,引导 COSPLAY 动漫文化活动积极、健康发展。

(二) 注重原创动漫作品的品牌建设,推动 COSPLAY 文化的本土化

当前,需要加强自主动漫品牌的建设,注重地方原创性动漫文化的创作。近年来,由于国产动漫中精品作品的缺失,杭州乃至国内其他地区的 COSPLAY 文化活动中的国外动漫作品内容泛滥,这种现象对我国动漫产业的发展极为不利,不仅导致下游动漫衍生产业开发资金的外流,还对青少年价值观的形成以及我国传统文化的传承与发展带来不利影响。培育原创动漫文化品牌,依托杭州地方原创优秀动漫作品,杭州动漫社团的 COSPLAY 不仅能形成地方动漫 COSPLAY 文化特色,更重要的是可以让动漫 COSPLAY 更好地承载、传播杭州乃至浙江的文化。因此,一方面,政府要大力鼓励动漫原创企业,充分挖掘杭州以及浙江传统文化资源,结合市场化动漫创作机制进行改编创作,逐步打造特色动漫作品;另一方面,要注重原创动漫市场品牌的建设,加强动漫作品的营销和推广,同时要注重动漫产业链的建设,全面把握动漫产业各环节的内在联系,构建相互支撑的动漫产业链系统,为本土 COSPLAY 文化的发展奠定良好的基础。

(三) 发挥杭州动漫与传统产业优势,打造国际动漫 COSPLAY 文化与商业中心

发展动漫 COSPLAY,社会效益和经济效益要两手抓。动漫产业作为杭州市的新

兴产业，已经具备了一定的产业基础和发展优势，基本形成了集约化、规模化发展的良好格局，并在全国确立了领先地位。以杭州中国国际动漫节COSPLAY超级盛典为代表的各类高规格动漫COSPLAY赛事让杭州具备成为国际化动漫COSPLAY文化中心的基础。此外，杭州具有传统优势的服装产业，在COSPLAY动漫服饰的设计与制作上，能够高效迅速地满足COSPLAY文化活动的需要。国际旅游城市的产业优势以及动漫旅游的快速发展，也为杭州COSPLAY文化的商业运作提供了良好的外在宣传与示范平台。当前，要充分发挥杭州动漫与传统产业优势，从两方面着手逐步打造国际动漫COSPLAY文化与商业中心。首先，应当进一步拓展中国国际动漫节COSPLAY超级盛典的规模与影响力，强化动漫赛事管理与运营，加强世界COSPLAY联盟的管理与交流，通过高端、国际化的动漫COSPLAY赛事与各类文化活动，扩大杭州COSPLAY文化的国际影响力，形成国际化的COSPLAY文化交流中心。其次，政府部门要在产业的政策上、项目的扶持上和后期的补助上予以扶持。通过充分发挥杭州服装、旅游、影视、休闲等传统产业优势，拓展COSPLAY文化的新型商业业态，并努力打造动漫服装品牌与COSPLAY产业链，完善COSPLAY实体与电子交易平台，逐步形成COSPLAY动漫服饰与商业交流交易中心和示范中心。

（四）加强动漫COSPLAY社团的专业化与品牌化建设

专业型COSPLAY社团在COSPLAY文化活动中起着主导与引领行业发展的作用。目前虽然杭州COSPLAY社团数量众多，但具有较高知名度与专业化水平的COSPLAY社团与COSER明星却屈指可数，且缺乏有效的管理。当前，需要着力加强COSPLAY社团的专业化与品牌化建设。首先，要发挥政府的引导作用，在政府的政策支持下，制定行业细则，扶持优势动漫COSPLAY文化社团，鼓励有实力的动漫企业参与COSPLAY社团的统一策划、运营与管理，通过专业化的舞台或编导进行系统化的包装和宣传，同时不断拓展COSPLAY的多种商业形态，使动漫COSPLAY社团进入专业化、商业化的运作。通过重点培养一批具有国际影响力的COSPLAY社团企业，强化杭州COSPLAY的文化品牌。其次，建立健全COSER经纪人制度，邀请明星经纪人进行包装，打造产业关键环节。要借助COSER明星的个人魅力与职业素养，并通过COSER明星与影视、公益、慈善等活动的媒体营销推广，充分发挥COSER明星的品牌效应，从而进一步扩大COSPLAY文化的影响力与品牌知名度。

（五）强化专业人才培养，注重COSPLAY文化的理论性研究

人才的缺乏尤其是高素质复合型人才的匮乏是当前制约动漫产业乃至整个文化创意产业的瓶颈问题。COSPLAY是一种新兴的文化经济现象，对专业化人才的渴求尤为强烈。现阶段，一方面，应进一步改革高校动漫课程培养体系，细分培养目录，设立COSPLAY产业研究方向，鼓励和发展学校的产学研合作项目，鼓励企业带项目走进校园，以提高动漫专业人才的实践创新能力；动漫人才培养院校应当加强不同学科之间的项目合作，通过多学科的互动强化复合型动漫专业人才的培养。另一方面，鼓励和支持学校COSPLAY社团的发展，在中小学普及动漫以及COSPLAY文

化知识，注重发挥COSPLAY文化的教育功能，在规范化引导和管理的基础上强化学生综合能力的培养。此外，相关的学者与研究人员也应当重视COSPLAY文化现象的理论研究，从理论的高度关注COSPLAY文化，关心COSER的情感诉求，并对COSPLAY文化活动进行系统指导，科学布局，以发挥其最大的经济与文化价值。

参考文献

刘胜枝：《冲突与共荣——COSPLAY活动的商业性与文化性解析》，《中国青年研究》2006年第3期。

陈雪：《假面真我——COSPLAY风潮的心理解析》，《大众心理学》2011年第11期。

马翌：《浅析我国原创COSPLAY现状及发展》，《艺术科技》2013年第6期。

陈鹏、向娟：《安徽动漫COSPLAY的现状与发展对策》，《当代电影》2011年第5期。

（责任编辑　方晨光）

杭州市企业自主创新能力现状及提升对策*

◎ 陈 娟 沈晓栋

提 要：在知识经济和经济全球化背景下，企业自主创新已成为区域创新体系建设的核心。面对经济社会发展的"新常态"，加快提升企业自主创新能力是杭州全面实施创新强市发展战略、打造科技创新高地的必然要求。本文通过统计数据分析、企业问卷调查的形式，深入剖析了杭州市企业自主创新现状以及存在的问题，提出了进一步提升杭州市企业自主创新能力的对策建议。

关键词：企业 自主创新 发展能力 杭州

作者陈娟，浙江工商大学统计与数学学院副教授（邮政编码 310018）；沈晓栋，浙江省经济信息中心经济监测预测处副处长、高级经济师（邮政编码 310006）。

创新是推动经济社会发展的不竭动力，自主创新是企业兴旺发达的不竭源泉。当今社会，科技竞争成为世界各国竞争的焦点，谁在自主创新上占据主动，谁就能在经济社会发展中占领先机。党的十八大明确要求，全面实施创新驱动发展战略，加快建设国家创新体系，着力构建以企业为主体、以市场为导向、产学研相结合的技术创新体系。浙江省委十三届三次全会提出以企业为主体、市场为导向、平台为载体、人才为根本的创新体系，并提出了"八倍增""两提高"的宏伟目标。

---

* 本文为2013年度杭州市哲学社会科学规划课题（B13GL01）。

当前，杭州已率先进入从以规模扩张型、投资驱动型为主向以质量效益型、创新驱动型为主转变，在从两位数的高速增长向个位数的中高速增长转变过程中，传统发展模式的内生动力正在逐步消退，人才等资源要素价格刚性上涨和市场竞争加剧已是企业生产经营的"新常态"。如何从世情、国情、省情、市情出发，充分发挥企业在自主创新和经济转型升级中的作用，是率先走出具有杭州特色、依靠创新驱动加快发展的新路，是打造科技创新高地的必然要求，也是全面建成小康社会、开启率先基本实现现代化新征程，以及打造东方品质之城、建设幸福和谐杭州的迫切需要。

近年来，杭州先后出台了推进创新型城市建设、构建企业自主创新体系等一系列政策措施，并取得了明显成效，打造了杭州高新技术产业开发区、青山湖科技城、未来科技城等一批创新平台，涌现了阿里巴巴、华三通信、海康威视、万向集团等一批自主创新龙头示范企业。但我们也应当认识到，投入产出不匹配、产学研结合不紧密、考核评价标准不科学、企业创新能力不足等问题，制约了企业创新能力的提升。这其中既有政策环境、制度机制等企业外部的原因，也有企业内部管理、动力机制的内部问题。所以，认清杭州市企业自主创新的现状，研究如何推动企业自主创新，对增强企业的竞争力、推动国家创新型城市建设具有十分重要的意义。

一 杭州市企业自主创新能力的现状

（一）企业自主创新基础条件持续改善

1. 研发机构加快培育

2013年，杭州市规模以上工业企业中拥有研发机构的企业达到1273家，占浙江省总数的15.4%；科研机构设置率（有研发机构企业数与规模以上企业总数之比）为21.2%。其中，拥有浙江省级重点企业研究院27家，占全省的28%；国家"千人计划"入选者69名、浙江省"千人计划"入选者202名，均占全省总数的1/5左右。

2. 大企业自主创新"领头羊"作用凸显

杭州统计局调查数据显示，2013年全市148家大集团（年末资产总计和年营业收入均超过10亿元）用于研究开发的费用为143.45亿元，分别比2010年、2011年和2012年增长47.1%、25.2%和10.4%，占全社会研发费用支出的57.6%。2013年末研发人员达到3.8万人，比2010年末增加0.9万人。截至2013年末，杭州市大集团发明专利申请量达到5529件，授权量为4975件，分别占杭州市企业专利申请量和授权量的16.8%、19.7%。2013年杭州市大集团新产品销售收入达2053.83亿元，占营业总收入的7.2%，比2010年增长了49.5%。

3. 政策环境不断优化

近年来，杭州市委、市政府根据中央及浙江省委、省政府的决策部署，围绕国家创新型城市建设,从产学研协同创新、知识产权保护、科技金融、创新平台建设等方面相继出台了一系列政策,其中杭州市委十一届二次全体(扩大)会议出台的《关于实施创新强市战略完善区域创新体系　发展创新型经济的若干意见》(以下简称"杭州科技创新30条")较为全面,从实施效果看,企业反映良好。监测企业认为"强化企业创新税收和奖励扶持"(58.9%)、"强化财政科技资金统筹"(42.1%)、"完善创新型中小企业信用担保体系"(37.4%)、"建立全市科技创新综合服务平台"(32.8%)、"支持企业开放创新"(35.1%)、"加快培育创新型企业"(31.5%)等政策受益程度较大。

(二) 自主创新投入不断加大

1. 研发经费投入持续增长

2013年,杭州市R&D经费支出248.73亿元,较2010年增长49.2%,占GDP比重为2.98%,较2010年提高0.18个百分点(见图1),达到创新型国家研发投入水平,有望提前一年实现"十二五"规划R&D经费占比超过3%的目标。从横向比较看,2013年杭州市R&D经费支出占GDP比重分别高于全国、全省0.9个和0.8个百分点,仅低于北京(6.08%)、深圳(4.0%)和上海(3.6%)三个城市,居全国大中城市第4位。2013年规模以上工业技术开发费支出249.1亿元,比上年增长16.1%,增幅高于主营业务收入16.9个百分点,占主营业务收入的比重为2.06%,较2010年提高0.47个百分点。

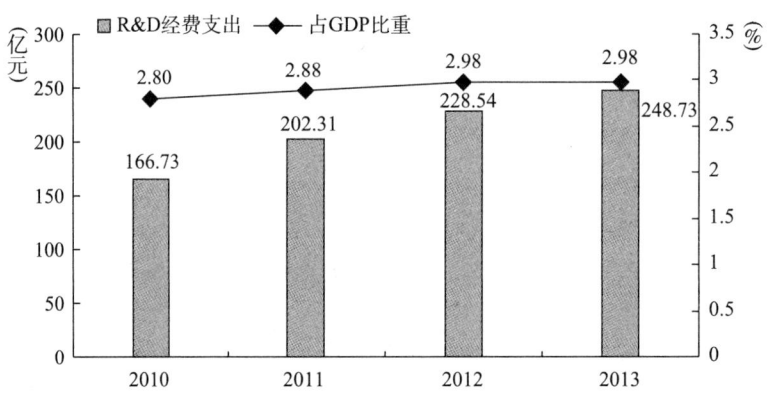

图1　2010~2013年杭州市R&D经费支出及其占GDP比重

2. 研发人员保障持续增强

2013年,杭州市规模以上工业企业研发人员为6.88万人,较上年增长12.4%,呈逐年增加态势,增幅高于主营业务收入13.2个百分点。与之相对应的是,企业从业人员数持续下降,2013年杭州市规模以上工业企业从业人员为119.6万人,较上年下降2.5%,持续三年下降,研发人员占从业人员比重由2010年的3.1%提升至2013年的5.8%(见表1),这充分说明创新人才向企业集聚的态势正在加快形成。

表1　2010~2013年杭州市规模以上工业企业研发人员投入情况

年份	研发人员 数量（万人）	研发人员 增速（%）	从业人员 数量（万人）	从业人员 增速（%）	研发人员占从业人员比重（%）
2010	4.27	—	139.6	9.4	3.1
2011	5.45	27.6	124.6	-10.7	4.4
2012	6.12	12.3	122.7	-1.5	5.0
2013	6.88	12.4	119.6	-2.5	5.8

（三）创新绩效产出持续提高

1. 产品更新换代步伐加快

2013年，杭州市实现规模以上工业新产品产值3836.33亿元，较上年增长20.3%，增速高于规模以上工业总产值增速15.8个百分点；新产品产值率由上年的24.6%提高至28.2%，创历史新高（见图2）。全年实现高新技术产业增加值785.37亿元，增长8.9%，增速快于规模以上工业增加值0.9个百分点，占规模以上工业增加值的比重为31.1%，高于全省5.5个百分点。

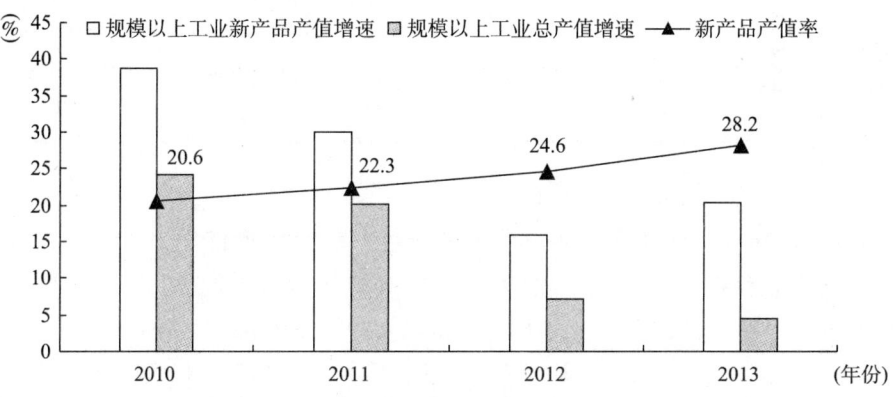

图2　2010~2013年杭州市规模以上工业新产品产值和面上工业比较

2. 专利事业迅速发展

2013年，杭州市专利申请量为58279件，占浙江省的19.8%，授权量为41518件，占浙江省的20.5%；2011~2013年，杭州市专利申请量和授权量分别年均增长25.2%和16.1%，专利申请量和授权量均居全国省会城市第1位、副省级城市第2位。

3. 企业创新活动不断增强

2013年，杭州市新认定国家重点扶持高新技术企业223家、省级研发中心41家；新认定8家国家级、17家省级和65家市级企业技术中心。截至目前，杭州市已拥有1656家国家级高新技术企业、3143家市级高新技术企业。同时，通过深入实施"雏鹰计划""青蓝计划"，积极培育科技型中小微企业。截至2014年上半年，杭州市已认定科技型中小企业3189家、国家级孵化器17家、省级孵化器28家，在孵企业总数达4250家。

二 杭州市企业自主创新存在的问题

近年来,在杭州市委、市政府的正确引导下,全市企业自主创新能力不断提升,自主创新"领头雁"作用进一步凸显。但是与发达国家和地区相比,杭州企业的自主创新能力仍有较大差距,也不可避免地存在一些问题。

(一)产出水平有待进一步提升

1. 全社会劳动生产率水平不高

尽管杭州 R&D 经费支出占比已达到创新型国家水平,但 2013 年全市全社会劳动生产率仅为 12.8 万元/人,仅为上海的 60%、北京的 74.1%,大大低于发达国家人均 40 万~50 万元的水平。需要关注的是,与 R&D 经费支出占比低于杭州的大中城市相比,也存在不小的差距(见表2),这反映了投入与产出的不匹配。

表 2 2013 年全国主要大中城市 R&D 经费支出占比与全社会劳动生产率比较

指标	杭州	南京	无锡	青岛	天津	苏州	武汉	成都
全社会劳动生产率(万元/人)	12.8	16.6	20.7	14.0	16.9	21.4	16.8	11.4
R&D 经费支出占比(%)	2.98	2.95	2.70	2.61	2.80	2.50	2.60	2.10

2. 高新技术产业区域竞争力不强

2013 年,杭州高新技术产业产值占工业总产值的比重仅为 28.9%,低于深圳(70%)、苏州(49.7%)、成都(49.1%)、武汉(44.6%)、南京(42.8%)、无锡(37.5%)、广州(36.5%)和青岛(31.1%)[1]。此外,尽管杭州规模以上工业企业新产品产值率很高,但并没有带来"超额利润",2013 年规模以上工业主营业务利润率仅为 6.2%,低于全国 0.5 个百分点;规模以上工业增加值率仅为 21.5%,较 2010 年下降了 1.9 个百分点。

3. 自主研发能力不足

目前,杭州市企业自主研发能力不强,引进技术与消化吸收再创新衔接不够紧密。监测显示,企业开展的主要创新活动以引进新产品、新项目为主,占 49.61%,拓展新行业领域占 20.8%;采用新工艺占 54%;采用新的质量控制手段占 26.33%,引进新技术占 40.83%;采用新管理占 28.62%。2013 年全市发明专利申请量占专利申请总量的比重为 24.1%,仅为全国平均水平的 75% 左右,发明专利申请量所占比重偏低影响企业的发展后劲。

(二)自主创新环境有待进一步优化

1. 创新平台建设滞后

创新平台是集聚各类创新要素的重要载体,是重大创新活动的主阵地。目前,在全国 106 个国家级高新区中,杭州只有滨江开发区一个,2012 年其业务收入规模为2412.3亿元,仅为中关村的9.64%、张江的29.37%、西安的45.7%、武汉东湖的48.2%、深圳的51.6%、天津的52.42%、成都的59%、长春的59.2%、南京的68.3%、无锡的79.2%。

2. 政策有待细化

监测显示,"杭州科技创新30条"的出台产生了积极的效果,但企业仍反映部分政策不够明确或不容易理解。监测企业反映的需要进一步出台细则的政策主要集中在"强化企业创新税收和奖励扶持"(49.2%)、"强化财政科技资金统筹"(40.9%)等方面,比例相对较高,均在40%以上。另外,"完善创新型中小企业信用担保体系"(36.2%)、"构建多层次的科技投融资体系"(30.2%)、"建立创新成果应用评估机制"(28.5%)等政策,也是企业较为关注的。

3. 大企业大集团实力相对不足

从"2013年中国企业500强"排名的情况看,杭州市进入500强的大企业大集团有25家,总营业收入为14511亿元,均居副省级城市之首,但平均收入仅为580.45亿元,列15个副省级城市第11位(见表3)。大企业平均收入提升缓慢,一方面凸显其创新能力不足,未体现出强者更强的发展态势;另一方面也暴露出杭州研发投入的高增长在很大程度上依赖于中小型工业企业。

表3 副省级城市"2013年中国企业500强"排名

城市	入围企业		营业收入		平均收入	
	数量(家)	排名	金额(亿元)	排名	金额(亿元)	排名
杭州	25	1	14511.22	1	580.45	11
广州	18	2	13575.23	2	754.18	6
深圳	12	3	12600.30	3	1050.03	3
武汉	5	9	7641.09	4	1528.22	2
南京	9	4	6016.42	5	668.49	8
济南	6	8	4999.78	6	833.30	5
长春	3	13	4721.54	7	1573.85	1
西安	5	10	4432.70	8	886.54	4
青岛	7	7	3857.74	9	551.11	12
大连	5	11	3643.08	10	728.62	7
成都	9	5	3634.30	11	403.81	14
宁波	9	6	2811.67	12	312.41	15
哈尔滨	4	12	2064.57	13	516.14	13
厦门	3	14	1914.28	14	638.09	9
沈阳	2	15	1268.73	15	634.37	10

(三)要素支撑有待进一步强化

1. 企业创新面临多因素制约

在政府的鼓励和支持下,企业自主创新的意愿不断增强,但仍面临多方制约。

监测显示，高端创新人才缺乏（61.45%）、市场风险较大（47.70%）、缺乏创新平台支撑（38.35%）为影响企业自主创新的"三大拦路虎"（见图3）。

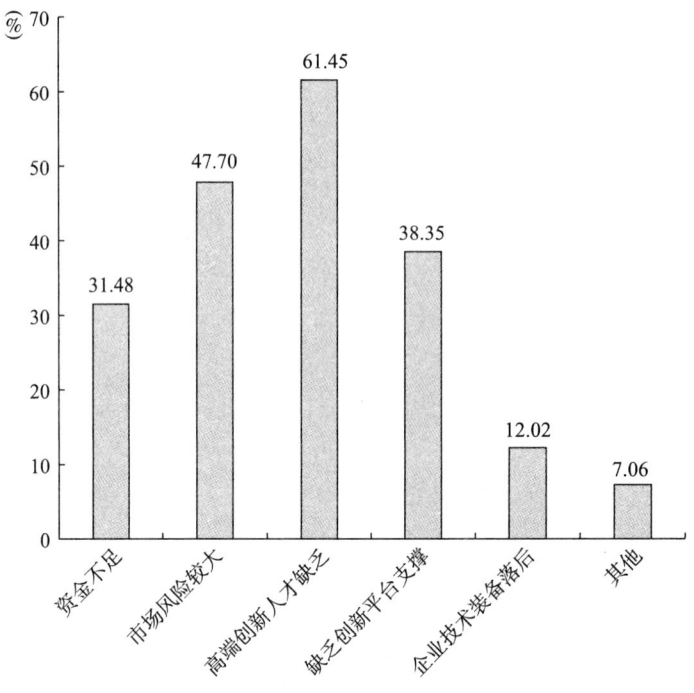

图3　企业认为创新难的原因

2. 投入要素保障水平不高

在研发投入方面，监测显示，研发经费支出占比在3%以下的企业占到51.89%，3%~5%的企业占到26.90%，10%以上的企业仅占8.58%（见图4）。在人才投入方面，33.77%的企业研发人员的占比在5%以下，28.24%的企业研发人员的占比为5%~10%，而仅有6.89%的企业研发人员的占比在30%以上。企业创新要素保障水平不高，这在一定程度上制约了企业获取和掌控核心技术、关键技术、自主知识产权等的能力。

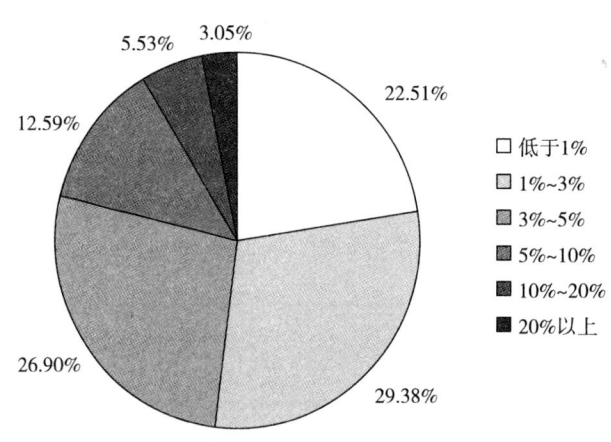

图4　企业研发经费支出占比情况

3. 产学研用结合不紧密

产学研没能真正形成"利益共同体",高校和科研机构的研发难以适应企业需求。调研显示,有80.5%的企业开展产学研合作,但只有12.8%的企业实现了产品和技术改进;有48.5%的企业反映产学研合作难以达到预期的技术要求。

三 提升企业自主创新能力的对策建议

提升企业自主创新能力,是增强企业核心竞争力的重要要求,对于企业在未来激烈的市场竞争中掌握主动权具有重要意义。下阶段应以创建国家自主创新示范区为载体,多管齐下,不断提高企业自主创新能力。

(一)发挥激励导向机制,强化企业技术创新地位

进一步强化政策措施,推动企业成为技术创新决策、研发投入、科研组织和成果转化应用的主体。运用多种传媒,加大对中央、省、市各项政策的宣传力度,帮助企业了解和掌握各项扶持企业创新的政策,扩大政策的影响力和受惠面。贯彻《杭州市科学技术进步条例》和"杭州科技创新30条",推进省技术创新工程杭州试点。落实《杭州市工业和科技统筹资金使用管理办法》,加大对重点产业、项目和企业的科技投入力度。

鼓励支持各类科技人员带科技成果创办科技型企业,引导企业创造、吸纳、承接和转化科技成果,改善科技型企业融资条件,创新商业模式,培育一批成长性好、发展潜力大的科技型企业。采取针对性政策,鼓励领军大企业加大核心技术和关键技术攻关力度,加快形成自主知识产权和核心竞争力。鼓励有条件的企业加大研发投入,建立高水平研发机构,推进重点产业技术创新联盟建设,争取成为国家级高新技术企业和科技型上市企业。始终坚持以创业促创新,充分发挥民营经济优势,引导创业投资机构和社会资本投资科技型中小企业,推动科技型中小企业发展成为高新技术企业。对符合条件的初创期科技型中小企业,鼓励申请国家和省科技型中小企业创新基金。

(二)整合优化创新平台,着力拓展创新发展空间

发挥高新区(滨江)的创新引领作用,争创国家自主创新示范区。推动杭州经济技术开发区、大江东产业集聚区、青山湖科技城、未来科技城、钱江经济开发区等产业平台创新发展。深化与浙江大学、中国美术学院的战略合作,开展与中国工程院、北京大学的合作,促进企业与在杭高校协同创新和进行产学研平台建设。大力发展企业孵化器、大学科技园、大学生创业基地、留学人员创业园等创新创业载体,完善创业服务体系,强化创业辅导功能,促进科技企业孵化培育和科技成果产业化。推广"创新服务券",深化"雏鹰计划""青蓝计划""蒲公英计划"等。

(三)完善自主创新体制机制,大力推进协同创新

强化企业作为科技投入、研究开发、风险承担、应用受益主体的技术创新机制

建设。鼓励和推动高校、科研院所与企业形成创新利益共同体。积极探索以"企业出题、政府立题、协同解题"的产学研合作创新之路，推进以产权为纽带、以项目为依托，形成各方优势互补、共同发展、利益共享、风险共担的协同创新机制。支持高校、科研院所将非经营性国有资产转为经营性国有资产，用于科技成果研发和产业化。鼓励高等院校和科研院所采用市场化方式，向企业开放各类科技资源，鼓励社会公益类科研院所为企业提供检测、测试等服务。

（四）完善人才引进机制和培育机制，提升企业自主创新的人才支撑

营造人才引进和培育政策环境，完善高层次人才引进政策。建立政府、社会和企业奖励相结合的奖励制度。重视企业家队伍建设，制定实施"创新人才推进三年行动计划"，建立产业紧缺人才预测预警机制，加强高技术和高技能人才引进培养。加强创新团队建设，形成多层次的创新人才队伍。围绕提高自主创新能力、建设创新型城市，以高层次创新型科技人才为重点，以政策激励为依托，努力造就一批世界水平的科学家、科技领军人才、工程师和高水平创新团队，注重培养一线创新人才和青年科技人才，建设宏大的创新型科技人才队伍。支持领军人才在承担重大科研项目和重大工程建设、自主选题立项中创新创业。鼓励高新技术企业采用技术入股、管理入股、员工持股和股票期权等多种分配奖励形式。

（五）促进科技与金融结合，强化市场运作力

充分发挥市场配置资源的决定性作用，为自主创新型企业提供融资机会，引导企业资源向研发环节倾斜。继续做大做强创业投资引导基金，完善市与区联动的创业投资引导基金体系，强化支持企业创新和科研成果产业化的金融扶持政策。扩大"联合风险池"合作对象，构建市与区县（市）、开发区、科技园联动的政策性科技担保体系，对市场前景好且还贷有保障的科技投入项目或企业可发放无担保信用贷款。形成国际国内合作、涵盖国内外的服务体系，设立美国硅谷天使投资母基金，加强推动"人才+资本"创新战略。

（六）深入实施知识产权战略，保护企业自主创新成果

实施知识产权战略，完善知识产权法律制度，加强知识产权的创造、运用、保护和管理，加大知识产权执法力度。开展国家知识产权示范市（区、县）创建活动，加大规模以上工业企业专利清零和知识产权贯标工作。制定以网络市场为重点的知识产权保护政策，建立知识产权（专利）侵权投诉奖励制度，健全市、区两级知识产权纠纷行政调解体系，提升国家知识产权杭州维权服务中心和杭州专利代理处服务市场、服务企业的能力。进一步完善知识产权信息公共服务平台，为企业单位提供及时、准确、便捷的知识产权信息公共服务。

（七）健全自主创新机制，优化企业自主创新环境

政府各部门要建立条块结合、上下联动的工作推进机制，要乐于、勤于、善于为市县和企业、高校、科研部门服务，想方设法为各类人才创业创新创造条件。要健全目标责任考核机制，进一步修改完善科技进步与人才工作目标责任制考核办法，

修改完善产业集聚区、高新技术开发区等园区绩效考核办法，建立健全各类统计、例会、通报、总结和年度考核机制，定期或不定期地开展督查指导，研究制定赏罚分明的奖惩办法，该罚的毫不手软，该奖的加大力度，切实推动创新任务的落实。杭州市有关部门特别是与创新工作直接相关的部门，要整理出一批重点行业、重点企业，建立健全工作联系制度，积极引导、督促、服务企业创新，真正在实干中推动企业自主创新能力的提升。

注　释

[1] 杭州市统计局：《坚持质量与速度并进　提升杭州经济竞争力——我市与全国8个GDP 8000亿元以上城市比较分析》。由于不同城市的高新产业统计制度不同，此处对统计口径进行统一调整，以增强横向可比性。广州、深圳、青岛、无锡、成都、武汉为2012年数据。

参考文献

袭著燕、张颖：《鲁粤苏浙企业自主创新能力比较分析》，《科学与管理》2012年第4期。
梁志刚、赵娟：《加快提升企业自主创新能力的对策思考》，《决策参考》2010年第6期。
郭瑞东：《提升河北省企业自主创新能力的路径选择》，《科技管理研究》2012年第7期。
陈伟：《提高中小企业的创新能力》，《宏观经济管理》2012年第1期。

（责任编辑　方晨光）

杭州环境污染损失及其外溢效应研究[*]

◎ 殷宝庆 肖 文

提 要：环境污染损失的测算，对杭州制定、调整环境政策，实现经济与环境的协调发展具有较大的参考价值与现实意义。本文通过测算杭州2002~2012年污染损失的变动轨迹，联系长三角其他城市，从劳动生产率的影响和空间外溢效应方面对杭州环境污染损失的外溢效应进行实证检验。结果显示，杭州环境污染与全员劳动生产率之间呈现显著的倒"U"形；人均环境污染损失不仅受所在区域城市产业结构与技术进步的影响，还受相邻区域城市经济规模、产业结构、技术进步与外贸依存度的影响。在此基础上，本文从建设美丽杭州的视角提出了从加快产业结构调整与产业布局优化、构建绿色技术进步的支撑和保障机制、搭建长三角城市环境污染联防联控平台三个方面降低环境污染损失的对策建议。

关键词：环境污染损失 外溢效应 绿色技术进步 杭州

作者殷宝庆，浙江经济职业技术学院副教授、经济学博士；肖文，浙江大学经济学院教授、博士生导师（310018）。

杭州近30年来经济快速发展的背后，环境污染问题令人担忧。根据《2012年杭州市环境状况公报》的消息，杭州面临的水污染、大气污染形势严峻[1]。以2012

---

[*] 本文为2014年度杭州市哲学社会科学规划课题（B14YJ15Q）；国家社会科学基金重大招标项目"深入贯彻落实科学发展观 加快经济发展方式转变"阶段性成果（10ZD&003）。

年为例,全市废水中化学需氧量排放量为10.48万吨,氨氮排放量为1.38万吨,二氧化硫排放量为8.69万吨,氮氧化物排放量为11.69万吨。全市酸雨污染仍处于严重水平,其中富阳市属于轻度酸雨区,临安市属于中度酸雨区,杭州市区、桐庐县、建德市、淳安县属于重度酸雨区。全市出现雾霾天数,2011年为159天,2012年为157天,2013年已经达到210天[2]。在这种背景下,关于杭州的环境污染损失到底有多大、是否具有外溢效应,触发了政府及学界的广泛关注。

一 杭州环境污染损失的测算及与长三角其他城市的比较

(一)国内外对环境污染损失的研究

1. 环境污染损失测算研究

环境污染损失测算有非货币评价和货币评价两种模式。非货币评价模式主要通过构建一个多维、多层次的指标体系对资源环境状况进行测评,较具代表性的成果如中国科学院可持续发展战略研究组(2011)提出的资源环境综合绩效指数。而在关于环境污染损失的货币评价模式中,测算方法主要有污染损失法、机会成本法、治理成本法,较具代表性的成果如过孝民、张慧勤(1990),夏光、赵毅红(1995),郑易生等(1997)分别就我国20世纪80年代初至90年代中后期的环境污染损失进行了测算。

2. 环境污染损失的成因研究

肖士恩、雷家骕(2011)认为,经济增长是我国环境污染程度居高不下的基础性成因,我国经济对高耗能、高污染行业的过度依赖,以煤为主的消费结构,以及较为落后的技术结构是造成环境污染加剧的结构性成因。崔日明、王磊(2013)认为,长期以来,中国出口增长虽快但效益低下,巨额贸易顺差背后蕴藏的生态环境逆差问题日益凸显,突出表现为贸易隐含碳、内涵能源对外净输出,并直接导致生态资源贫瘠化。

3. 环境污染损失的效应研究

渠涛(2006)通过对中国西部河谷城市的社会调查,就城市环境污染对城市居民和企业造成的影响进行了初步探讨;杨俊、盛鹏飞(2012)从污染对生产的影响和对劳动支付决策的影响两个渠道探讨了污染对劳动生产率的影响;舒元、黄亮雄(2012)分析了我国省区间人均环境污染资源损失的区域分布特征并实证检验了其外溢效应的大小。

从研究对象看,已有研究主要集中于宏观环境规制问题,专门针对环境污染损失及其外溢效应的研究相对较少,准确评估环境污染损失及其外溢效应对提升生态环境质量至关重要,值得对其做深入和细致的研究。从研究内容看,已有对环境污染损失的研究多关注其现状、问题与完善建议,尚停留在数据描述和宏观论述层面,并未系统地对环境污染成因及其外溢效应进行理论分析,这无助于对生态文明建设做有效分析。从研究地域看,已有研究主要对全国性的环境污染损失或经济社会效应进行分析，而缺乏针对杭州环境污染损失及其外溢效应的系统研究。

环境污染损失的测算是衡量城市环境经济体健康发展的重要一环。度量经济、环境与资源三者之间的关系，即研究经济增长带来了多少环境污染损失、损耗了多少资源，也就是准确测算城市环境污染带来的损失及资源损耗程度，对政府制定有效的资源环境政策、实现城市可持续发展具有重要意义。更进一步，环境污染对劳动生产率是否有影响？如果将环境损失看作城市环境政策的体现，那么相邻城市间的政策举措是否相互影响？它们之间是相互独立、相互模仿，还是相互对立？要回答这些问题，就需要探讨区域城市间环境损失的外溢效应。科学验证外溢效应的存在性并辨别其方向，有助于妥善处理跨区域城市之间的相互关系，并促进跨区域城市协调可持续发展。

（二）环境污染损失的测算方法

本文在参考 Hamilton、Clemens（1999）和舒元、黄亮雄（2012）方法的基础上，主要借鉴世界银行2011年对环境污染资源损失程度的测算思路，将环境污染损失看作由 CO_2 排放的破坏和对环境破坏的治理投入两部分组成，具体计算公式为：

$$DAM = \sum CD + GE \quad (1)$$

其中，DAM 表示环境污染损失，CD 表示 CO_2 排放造成的破坏，GE 表示对环境破坏进行的治理投入。与其他相对庞杂的评价体系相比，该方法的可操作性更强、适用性更广，且易于拓展到城市层面的计算。CO_2 排放的破坏，按照 Frankhauser（1994）和舒元、黄亮雄（2012）的方法进行测算，即 CO_2 排放的破坏（CD）= 排放量（吨）×20美元（以2005年为基年折算成人民币为163.83元）。考虑到城市碳排放主要由工业部门原煤、洗精煤、焦炭、汽油、煤油、柴油、燃料油、液化石油气以及天然气等传统能源产生，设定碳排放公式为：

$$E_{city} = \sum C_i \cdot EF_i \quad (2)$$

其中，E_{city} 为城市工业主要能源消耗产生的 CO_2 排放，C、EF 分别表示不同种类能源的消耗量与 CO_2 排放因子。主要能源类型的 CO_2 排放因子根据 IPPC 推荐的方法计算得到，具体结果见表1。式（2）中的能源消费数据来源于各城市统计年鉴。

表1 主要能源类别 CO_2 排放系数

能源类别	原煤	洗精煤	焦炭	汽油	煤油	柴油	燃料油	液化石油气	天然气
碳含量系数（kg/GJ）	25.8	25.8	29.2	20.2	19.5	20.2	21.1	17.2	15.3
氧化碳率	1	1	1	1	1	1	1	1	1
净发热值（TJ/Gg 或 Kg/m³）	20.9	26.3	28.2	43	44.1	43	40.4	47.3	38931
CO_2 排放系数（t/t 或 t/10⁴m³）	1.98	2.49	3.02	3.18	3.15	3.18	3.13	2.98	21.84

注：根据 IPCC 推荐的方法计算得到。

对环境破坏进行的治理投入 GE 等于废水治理设施运行费用、污水处理运行费用、废气排放及处理运行费用和工业污染治理项目投资四项之和，这四项数据主要来源于各期《中国环境年鉴》[3]。

（三）杭州环境污染损失的变动轨迹及与长三角其他城市的比较

本文测算出杭州 2002~2012 年的环境污染损失[4]，并与长三角其他城市进行比较。测算结果如下。

在环境污染损失总量上，杭州与南京大体相当，远低于宁波、苏州、上海三市。2002~2012 年，杭州年均环境污染损失为 39.55 亿元，自 2005 年达到最高值 45.99 亿元后，近年来一直处于缓慢下降通道中。2002~2012 年，杭州环境污染损失规模下降了 27.87%，而同期工业总产值取得了翻一番的增长业绩。2002 年，杭州环境污染损失为 41.56 亿元，在长三角 13 个城市中排在第 5 位，仅次于排在前面的宁波（100.73 亿元）、上海（66.45 亿元）、苏州（52.01 亿元）、无锡（45.41 亿元），比排在第 6 位的江苏省会城市南京高出约 1.08 亿元。在浙江省内 6 个城市中，杭州环境污染损失总量仅次于宁波，大大高于绍兴（26.23 亿元）、嘉兴（18.86 亿元）、湖州（16.90 亿元）、舟山（3.02 亿元）。2012 年，杭州环境污染损失约为 29.96 亿元，在长三角 13 个城市中排在第 6 位，居于苏州（110.63 亿元）、宁波（101.87 亿元）、上海（49.72 亿元）、无锡（48.28 亿元）、南京（42.62 亿元）之后。虽然在浙江省内 6 个城市中的排名并未发生变化，但杭州环境污染损失总量已经与嘉兴（25.58 亿元）、绍兴（18.03 亿元）两市较为接近。从环境污染损失的构成来看，2002~2012 年，工业碳排放造成的损失约占环境污染损失的 75%，同期对工业污染破坏的治理投入相当于环境污染损失的 25%。从变动趋势来看，尽管近年来工业排放损失的占比有所下降（从 2002 年的 84.1% 下降为 2012 年的 62.8%），污染破坏的治理投入有所上升（从 2002 年的 15.94% 上升到 2012 的 37.2%），但工业排放造成的污染损失仍然是杭州环境污染损失的主要原因。

从人均环境污染损失来看，杭州的环境质量正在逐步得到改善（见表 2）。2002~2012 年，杭州人均环境污染损失为 587 元，自 2005 年达到最高值 701 元后，逐渐呈现下降趋势。2002 年，杭州人均环境污染损失为 657 元，在长三角 13 个城市中排在第 7 位，污染损失排在杭州之前的城市依次为宁波（1849 元）、镇江（1147 元）、无锡（1039 元）、苏州（893 元）、南京（713 元）、湖州（658 元）。在浙江省内 6 个城市中，杭州人均环境污染损失位列宁波、湖州之后，高于绍兴（605 元）、嘉兴（568 元）、舟山（308 元）。2012 年，杭州人均环境污染损失为 342 元，在长三角 13 个城市中排在第 12 位，仅高于上海（210 元）。在浙江省内 6 个城市中，杭州的人均环境污染损失也是最小的，按损失金额从小到大排列，除杭州外，依次是绍兴（409 元）、湖州（479 元）、舟山（580 元）、嘉兴（744 元）、宁波（1765 元）。虽然近年来杭州的环境质量有所改善，但杭州的人均环境污染损失仍然远高于上海，在 2006 年以后的多数年份也高于南京。这也凸显了当前实施节能减排与环境污染治理任务的紧迫性与艰巨性。

表2 2002~2012年长三角主要城市人均环境污染损失（单位：元）

城市	2002年	2003年	2004年	2005年	2006年	2007年	2008年	2009年	2010年	2011年	2012年
上海	393	359	349	344	320	291	259	246	217	241	210
南京	713	706	736	709	688	573	434	391	497	593	524
无锡	1039	1198	1327	1436	1305	1393	976	879	820	807	749
常州	613	696	838	751	848	873	649	630	582	597	562
苏州	893	1007	1347	1457	1835	1961	1225	1205	1121	1019	1050
南通	308	318	339	375	361	320	340	297	379	399	365
镇江	1147	1187	1227	1102	1122	1005	828	804	769	797	814
杭州	657	660	685	701	684	654	566	544	498	468	342
宁波	1849	1879	2055	2022	2327	2235	1939	1918	1935	1945	1765
嘉兴	568	605	795	920	1029	903	859	789	699	709	744
湖州	658	774	756	819	831	755	661	603	498	434	479
绍兴	605	612	736	763	739	661	569	533	481	438	409
舟山	308	326	543	362	392	329	336	342	344	665	580

从泰尔指数[5]反映的长三角城市人均环境污染损失的区域差异情况来看，2002~2010年的大多数年份（除2004年、2007年之外），长三角13个城市的泰尔指数基本在18到19之间进行窄幅震荡，只是在2011年和2012年出现一定程度的偏离。也就是说，2002~2010年，长三角13个城市人均环境污染损失的区域差异基本稳定，但在2011年和2012年，这种区域差异有所扩大。这主要是由于各城市人均环境污染损失基数不同，以及近年来人均环境污染损失削减与增加的幅度难以相互抵消。

为了比较长三角城市人均环境污染损失的区域分布，我们按照人均环境污染损失为400元以下、400~800元、800元以上的标准，将长三角13个城市分为三组。从表2可以看出，2002年，处于第一集团的城市有上海、南通和舟山（人均环境污染损失小于400元），处于第二集团的城市有南京、常州、杭州、嘉兴、湖州和绍兴（人均环境污染损失为400~800元），处于第三集团的城市有无锡、苏州、镇江和宁波（人均环境污染损失高于800元）。与2002年相比，2012年城市间的集团变化较少，特别是原来处于第二、第三集团的城市基本没有发生变动，仅杭州由2002年的第二集团上升到2012年的第一集团，无锡由2002年的第三集团上升为2012年的第二集团，舟山由2002年的第一集团下降到2012年的第二集团。如此的区域分布与城市要素禀赋和产业结构具有较强的关联。以上海为例，其产业结构呈现"工业增长低速、服务经济趋稳"态势，汽车、烟草等高附加值行业增长较快，钢铁、建材等高耗能行业增速持续下降，石化、有色等行业增速明显放缓，工业结构向"低能耗、低污染、低排放"的方向进一步优化，这也是上海市人均环境污染损失一直位列第一集团的原因。而对于宁波、镇江来说，炼油、化学、电力、钢铁、冶金等产业在制造业结构中所占的比重过大，并且这种"高能耗、高污染、高排放"的工业结构难以在短期内彻底改观，导致两市的人均环境污染损失一直在高位运行。苏州的人均环境污染损失较高，主要是由于重工业发展迅速、经济的外向程度较高、消耗了大量的石化燃料。而杭州之所以能从人均环境污染损失的第二集团挤入第一集团，是因为杭州的产业结构调整与节能减排举措已初见成效。"十二五"时期杭州在建设"美丽中国"先行区的进程中，提出了"以人为本，富民惠民；生态优先，绿色发展；系统谋划，重点突破；注重品质，彰显特色；党政推动，全民参与"五大基本原则，制定了以医药港、信息港为核心，大力发展电子信息、生物医药等高新技术产业的"两港五区"战略。在调整产业结构方面，杭州把"高新技术产业基地和国际重要的旅游休闲中心、全国文化创意中心、电子商务中心、区域性金融服务中心"作为功能定位，大力发展以文化创意、旅游休闲、金融服务、先进装备制造、电子商务、信息软件、物联网、生物医药、节能环保、新能源"十大产业"为主体的战略性新兴产业和现代服务业，推动产业结构优化升级，加快经济发展方式转型[6]。

二　杭州环境污染损失的外溢效应分析

（一）对劳动生产率的影响

已有的相关研究表明，环境污染能够导致劳动者健康水平下降，并且较低的健康水平会对劳动供给与劳动生产率产生显著而复杂的影响。Bruvoll 等（1999）考察了挪威的实际经济发展情况，并基于一般均衡模型的研究认为，环境污染通过影响劳动者健康水平和消耗自然资源来对劳动生产率产生作用；Hanna 等（2011）基于墨西哥一家石油精炼厂关闭前后周边区域劳动供给数据与污染数据进行的实证研究表明，环境质量改善对劳动力供给水平具有显著的提升作用；Graff 等（2011）采用美国加利福尼亚州农场工人的劳动生产率数据与当地的环境污染数据进行研究的结果表明，环境质量改善对劳动生产率产生显著的正向效应，10ppb 臭氧浓度的下降可以提升劳动生产率约 4.2 个百分点。

为了验证杭州环境污染对劳动生产率的影响，我们参考杨俊、盛鹏飞（2012）对污染影响劳动生产率渠道和效应的理论分析框架，构建如下计量模型：

$$LP = c + \alpha_1 CP_t + \alpha_2 CP_t^2 + \alpha_3 TI_t + \alpha_4 RD_t + \alpha_5 WE_t \tag{3}$$

其中，LP 为全员劳动生产率；CP 为环境污染指标，用每平方公里工业二氧化碳排放量（吨/平方公里）表示；TI 为对外贸易依存度，用进出口总额占 GDP 的比重表示；RD 为研发投入，用工业企业科技活动人员数表示；WE 表示第二产业占 GDP 的比重。上述数据时间段为 1998~2012 年，来源于相应年份的《杭州统计年鉴》。运用 Stata 13.0 及 OLS 法，通过逐步回归我们得到如下结果：

$$LP = -237739.1 + 212.64CP_t - 0.05CP_t^2 - 31722.93TI_t + 2.67RD_t + 2244.103WE_t$$

$$t = (-0.829) \times 2.042 \times (-1.911) \times (-0.574) \times 4.524 \times 0.418$$

$$R^2 = 0.968 \quad F = 48.844 \quad D.W. = 2.252$$

上述回归的结果比较理想，从中可以得出以下结论。①杭州环境污染与全员劳动生产率之间呈现显著的倒"U"形，即当每平方公里二氧化碳排放规模较小时，随着环境污染程度的加剧，劳动生产率有显著的增长趋势。当环境污染规模较大时，环境污染的变动对劳动生产率的增长效应将会下降，并且当环境污染规模达到一定程度时，其对劳动生产率的影响将会显著为负。这是因为日益严重的环境污染会对劳动者的健康水平和消费活动产生负向效应，显著降低劳动者劳动支付的收益，从而抑制其劳动支付意愿，并降低当期的劳动生产率。根据式（3）的回归结果，杭州环境污染损失对全员劳动生产率作用方向的拐点为每平方公里工业二氧化碳排放量2126.4吨。从2002~2012年环境污染的取值来看，大部分年份都在拐点的右端。这表明目前杭州环境污染水平已经接近劳动者忍耐的极限，在今后相当长一段时期内环境污染与全员劳动生产率的负向关系将成为主要趋势，由此也凸显杭州贯彻科学发展观、实现经济发展方式转变的紧迫性。②TI和WE对全员劳动生产率的影响并不显著。③研发投入对全员劳动生产率具有显著的正向影响，这表明研发投入引致的技术提升在推动经济发展的同时也可以显著提高劳动生产率。

（二）空间外溢效应

长三角城市人均环境污染损失的区域分布呈现一定的集聚状态，体现出地区经济地理行为间的空间依赖性。真实的空间依赖性反映了现实中存在的空间交互作用，如区域经济要素的流动、创新扩散以及技术溢出等。当观测个体存在空间上的相互依赖关系时，可以采用空间滞后模型（SAR）、空间误差模型（SEM）以及包含空间滞后内生变量和外生变量的空间杜宾模型（SDM）进行刻画。

本文选取2002~2012年长三角13个城市的面板数据，运用合适的空间计量模型进行参数估计，实证检验人均环境污染损失的影响因素，以及邻近城市之间的空间外溢效应。

因变量为人均环境污染损失DAM，自变量主要源于Grossman和Krueger（1993）的环境三效应模型，即规模效应、结构效应和技术效应。规模效应是指经济规模扩大影响环境污染损失，用各城市真实人均GDP（$PGDP$）及其平方表示；结构效应是指产业结构变化导致环境污染损失变化，用第二产业占GDP的比重WE表示；技术效应是指技术进步致使环境污染损失变化，用各城市工业企业技术活动人员数RD衡量。此外，采用对外贸易依存度TI来捕捉进出口贸易对环境污染的影响，采用人均真实收入水平来反映政府保护环境的努力程度ER[7]。以上所有数据均来源于各城市统计年鉴，空间加权矩阵W_k遵照空间距离规则求得。

我们依次进行了混合回归、面板SAR、面板SEM和面板SDM四种模型的实证检验，Moran's I检验和LR检验的结果支持选择SDM模型进行环境污染损失的分析是最适当的。因此，本文设定空间杜宾模型（SDM）的形式为：

$$DAM_{it} = \alpha + \mu_i + \lambda_t + \delta\sum_{j=1}^{13} w_{ij} \times DAM_{it} + \beta_1 PGDP_{it} + \beta_2 PGDP_{it}^2 + \beta_3 WE_{it} + \beta_4 RD_{it}$$
$$+ \beta_5 TI_{it} + \beta_6 ER_{it} + \theta_1\sum_{j=1}^{13} w_{ij} \times PGDP_{it} + \theta_2\sum_{j=1}^{13} w_{ij} \times PGDP_{it}^2 + \theta_3\sum_{j=1}^{13} w_{ij} \times WE_{it} + \theta_4\sum_{j=1}^{13} w_{ij} \times RD_{it}$$
$$+ \theta_5\sum_{j=1}^{13} w_{ij} \times TI_{it} + \theta_6\sum_{j=1}^{13} w_{ij} \times ER_{it}$$

长三角主要城市空间杜宾模型（SDM）的实证检验系数见表3，模型估计结果如下。①人均环境污染损失不仅受到所在区域城市产业结构与技术进步的影响，还受到相邻区域城市经济规模、产业结构、技术进步与外贸依存度的影响。在其他条件不变的情况下，所在区域城市的技术进步、相邻区域城市的经济规模扩大、第二产业占GDP的比重上升等都对该区域城市人均环境污染损失的削减具有积极作用；而所在区域城市第二产业占GDP的比重上升、相邻区域城市的外贸依存度增加则将加剧该区域城市的人均环境污染损失。②空间杜宾模型中的$\delta<0$，并在10%的显著性水平上通过检验，这表明城市人均环境污染损失存在负的外溢效应，此时跨区域城市间在一定程度上表现为差异化的政策互动或政策替代，即在区域分布上，人均环境污染损失相当的城市会表现出离散特征；在政策举措上，跨区域城市的行为恰好相反，如某一区域城市采用减少环境污染损失的措施，而其邻近区域的城市反而采用增大损失措施。有学者将这种现象称为转移效应。这种现象的出现可能与长三角各城市的产业定位与经济发展阶段存在差异有关，如一线中心城市上海2012年全市生产总值首次突破2万亿元，第三产业增加值占比首次达到60%，基本进入服务经济发展阶段，而杭州、南京、宁波、无锡等其他长三角城市还大多处于工业化后期或工业化中期向工业化后期的跨越阶段。同时，这种负的外部效应也表明各城市在环境污染治理上呈现一定程度的非合作状态。

表3 长三角13个城市空间杜宾模型的估计系数

	α	δ	β_1	β_2	β_3	β_4	β_5
估计系数	3392.8 (1892.6)	-0.510* (0.253)	0.0118 (0.027)	3.77E-07 (5.6E-07)	30.71*** (4.379)	-0.007*** (0.002)	144.2 (80.94)
	β_6	θ_1	θ_2	θ_3	θ_4	θ_5	θ_6
	-0.003 (0.007)	0.19 (0.118)	5.1E-06* (2.3E-06)	-118.9*** (25.32)	-0.015* (0.007)	1320.3*** (299.9)	0.012 (0.024)

注：①括号内数值为系数的标准差；②***、**和*分别表示在1%、5%和10%的显著性水平下通过检验。

三 美丽杭州视域下降低环境污染损失的对策建议

（一）加快产业结构调整与空间布局优化

产业结构调整、空间布局优化与经济发展之间有着内在规律，一般来说，城市对产业的适应性与容纳能力在很大程度上受制于其所处的发展阶段。目前杭州正处于工业化后期阶段向服务经济阶段跨越的关键时期，面临日益严峻的环境污染形势，亟待以低碳为目标进行产业结构调整，以环境为目标调整产业方向，以生态和谐为目标调整产业布局。

1. 要进一步加快现代服务业发展

服务业具有污染低、消耗少、附加值高的特点，对优化产业结构，促进第一、第二、第三产业协同发展起到重要推动作用。为了进一步加快杭州现代服务业的发展，当前需要做好以下几个方面的工作。①明确现代服务业各领域管理部门的"职权责利"，建立全市现代服务业统筹协调机构，统筹现代服务业各领域的发展。②组建现代服务业公共服务平台。由政府牵头，集中海关、税务、工商、交通、商业、贸易、金融、商检等相关部门的管理信息，依托市政府门户网站，建立主要面向各个服务业领域的专业性网站，提供相关的规划、政策法规、产业导向、统计数据、技术标准、审批立项等服务。③加强对传统服务业的现代化改造及其整合。传统服务业是现代服务业的基础，现代服务业是传统服务业的发展。信息技术的应用渗透程度是现代服务业与传统服务业的主要区别和标志，要通过信息网络技术的应用、文化品位的提升、服务模式的创新等，对传统服务业进行改造，使其转化为现代服务业，提高其服务的附加值，并逐步形成规模优势和品牌效应。

2. 改造提升高耗能、高污染、高排放的重化工业，培育发展战略性新兴产业

工业能源消费的产出弹性与工业内部结构、空间布局及能源有效利用率等因素密切相关，为此提出以下建议。①政府依据工业行业影响力系数与低碳影响力系数，结合区域已有的产业基础、布局规划等最终确定区域工业发展规划。与此同时，鼓励企业加大对造纸、印染、化工等重污染、高能耗部门的技术引进与技术改造，大力培育支持战略性新兴产业，从而在节能减排中推动工业结构转型升级。②发展和推进生态工业园区建设。杭州可从本地实际情况出发，选择一批工业实力较雄厚、环境污染较严重、亮点较为突出的园区或企业作为生态工业试点单位进行统筹规划和开发，在不同的工业部门中建设生态工业园示范点，在不同工业企业内部树立清洁生产典型。通过以点带面、点面结合、整体推进的方式，逐步构建起生态工业体系，形成可持续发展的循环经济模式。③积极引导低碳产业集群的形成。低碳产业集群是影响工业低碳国际竞争力的一个重要因素，有关部门和机构要因地制宜，尽可能创造条件来提升区域内高级生产要素与专业生产要素的结构及水平，以促进相关低碳产业在一定区域内集聚。

3. 深入贯彻落实科学发展观，以智能、低碳引领城市发展模式转型

要努力避免城市规模无序蔓延扩张、空气质量下降、水资源污染与供应短缺、环境治理设施落后和环境资源损失等一系列问题，在生态文明建设框架下稳步推进杭州城市化与工业化的协调发展。

（二）构建绿色技术进步的支撑和保障机制

绿色技术也称为环境友好型技术，指的是与环境保护相关的技术。国家知识产权局认为绿色技术是能减少污染、降低消耗和改善生态的技术体系。与之相对应，有学者将造成环境污染和生态破坏的传统技术称为"黑色技术"。绿色技术进步能够节约资源和能源，避免、消除或减轻环境污染，提高生产效率。当前杭州制造企业受自身技术实力与技术转换成本的制约，加之绿色创新"双重外部性"问题的存在，使得其主动由能源偏向型技术进步向偏向能源节约和清洁生产的绿色技术进步方向转变的动力不足。

作为一种环境友好型技术，绿色技术进步具有较强的正外部性，为了有效弥补"市场失灵"和"政府失灵"，激励企业进行绿色技术创新与绿色技术扩散，建议从以下三个方面构建促进绿色技术进步的支撑和保障机制。

1. 制度激励

绿色技术创新的私人收益远远低于社会收益，加之发展绿色技术的不确定性与高风险特征，使得以追求利润最大化为目标的企业不愿主动进行绿色技术创新。而制度创新激励能够搭建起创新主体与创新成果之间最直接的经济联系，并使得创新主体的私人收益率不断逼近社会收益率。具体来说：①通过进一步明晰自然资源与环境资源的产权制度，让自然资源与环境资源的稀缺性能够在市场价格中得以体现，从而诱导企业为实现利润最大化竞相进行绿色环保节能减排技术的研发与扩散；②通过适当延伸生产者责任制度，让生产者不仅对产品生产制造与产品使用过程中的环境保护负责，而且还对产品生命周期内产品使用与报废后的环境保护承担一定责任，从而激励企业优先采用清洁生产技术，积极推广清洁生产模式；③完善绿色专利保护制度，切实维护创新行为主体的创新成果及其收益分配，激发企业的创新动力，并努力使绿色技术创新成果实现经济效益、生态效益与社会效益三者协调统一的最佳平衡点。

2. 经济激励

政府及相关部门可通过政府采购、绿色技术专项资金、财政补贴与绿色税收优惠等经济激励措施，促使绿色技术创新的外部性得以内部化；完善促进绿色技术研发应用的投融资政策，为绿色技术的研发、应用、发展及其产业化提供多渠道的投融资支持；鼓励企业通过技术引进、设备更新改造以及进一步加强产学研合作等方式，不断促进企业绿色技术进步。

3. 适度加大环境规制力度，倡导灵活多样的环境规制形式

环境规制对绿色技术创新的影响不仅与环境规制强度、形式有关，而且受绿色技术创新类型、绿色技术创新不同阶段以及不同地区、行业、企业特征等因素的影响。针对目前杭州日益严峻的雾霾形势，环保及相关执法部门一方面要切实加大对企业环境污染行为执法和惩罚的力度，遏制非绿色技术的发展；另一方面要灵活采用排放标准、排污收费、排污许可证及补贴等多种环境规制形式，引导企业按照自

身发展情况合理选择技术进步方向，进而实现由能源偏向型技术进步向绿色技术进步的逐渐过渡。

（三）搭建长三角城市环境污染联防联控平台

现阶段长三角城市环境污染呈现较强的区域性、复合型特征，如空气中的总悬浮颗粒物、SO_2 等环境污染物是流动的，不再局限于单个城市内，而且相邻城市间环境污染变化过程具有一定的同步性。这时依靠原有单一行政区划各自为政的治理模式已经难以适应新形势下杭州环境污染治理的需要，亟待搭建一个区域环境污染联防联控平台，实现多项污染物协同减排。

1. 科学规划，兼顾区域间的发展不平衡问题

要将长三角城市作为一个整体，在科学分析该区域环境污染损失大小及分布特征、不同污染物排放总量的时空变化以及城市间污染物流动规律和环境污染损失外溢效应的基础上，制定针对性的环境污染防控措施。要以2013年《长三角地区跨界环境污染事件应急联动工作方案》的出台和2014年长三角区域大气污染防治协作机制的启动为契机，由区域内城市共同出资设立长三角城市环境污染联防联控专项行动经费，主要定向用于环境污染损失严重城市的产业结构调整、绿色技术引进以及污染治理等，以尽可能减少城市间经济发展水平不均衡导致区域污染治理非合作的可能。

2. 推动区域环境信息共享，逐步建立长三角城市环境污染预警体系

环境信息共享是建立环境污染预警体系的基础。区域环境信息共享意味着城市间环境污染防治进展与环境质量状况得以交互沟通，便于协调解决长三角城市共同面临的突出环境污染问题，进而在产业准入和淘汰、污染排放、节能减排等环境标准方面实现区域内的有效对接与统一。环境污染预警体系一般由可视化会商、监测数据共享与综合观测应用、排放清单管理、预报预警、区域预报信息服务等子系统构成，能够从明确警情、寻找警源、分析警兆、划分警限及预报警度等环节对城市环境污染损失的程度进行预警分析。准确、及时、高效的环境污染预警体系有利于长三角城市整体提高污染预防治理的效率与效益，从源头上降低跨界环境污染隐患可能造成的危害，同时也便于各城市根据自身污染情形启动应急预案，最大限度地降低污染损失。

3. 集中力量，协同攻关多种污染物治理问题

国外相关研究表明，实行低碳策略可以有效降低 SO_2、氮氧化物与细微悬浮颗粒物的排放水平而不会带来额外成本的增加，CO_2 排放水平每降低1%可以使细微悬浮颗粒物对健康的影响下降一个百分点[8]。因此，可以借鉴一些发达国家的做法，尝试将环境污染治理、能源消费与温室气体排放控制三者的政策进行整合，厘清它们之间的关联效应，进而以较小的成本实现更多的共同利益。与此同时，针对长三角地区复杂多变的雾霾问题，建议组织相关领域的专家与技术团队分工协作，集中力量联合开展长三角城市空气污染成因、溯源、防治政策和标准等重大问题联合攻关。

注　释

[1]《2012 年杭州市环境状况公报》，http://ads-hzrb.hangzhou.com.cn/system/2013/06/04/012464022.shtml。

[2] 数据来源于杭州环保局的统计，http://hangzhou.tianqi.com/news/21106.html。

[3] 限于数据的可得性，本文主要选取了长三角的上海、南京、无锡、常州、苏州、南通、镇江、杭州、宁波、嘉兴、湖州、绍兴、舟山 13 个城市，对个别城市个别年份出现的指标数据缺失情况，我们采用插值法近似处理得到。

[4] 所有数据都使用 GDP 缩减指数进行平减，以 2000 年为基期。

[5] 泰尔指数 $Teil = \sum\{(g_i/G) \cdot \log[(g_i)/(p_i/G/p)]\}$，其中 g_i 为 i 城市的人均环境污染损失，p_i 为 i 城市的人口，G 为长三角城市整体人均环境污染损失，P 为长三角城市总人口。

[6]《取经杭州　从经济转型谈建设美丽中国》，http://news.hexun.com/2013-10-09/158577228.html。

[7] 人均收入水平等于城镇居民人均可支配收入与农村居民家庭人均收入的平均值。张崇辉等（2013）的研究认为，人均收入表示的环境规制强度与基于"双向分层嵌套数据综合评价问题"（CHME）理论构建的环境规制综合指数测算结果最为近似，而污染物排放量的替代效果最差。

[8] Amann M., Bertok I., Borken J, et al., "Gains-Asia: A Tool to Combat Air Pollution and Climate Change Simultaneously", International Institute for Applied Systems Analysis (IIASA), Laxenburg, 2008.

参考文献

中国科学院可持续发展战略研究组：《中国可持续发展报告》，科学出版社，2011。
过孝民、张慧勤：《公元 2000 年中国环境预测与对策研究》，清华大学出版社，1990。
夏光、赵毅红：《中国环境污染损失的经济计量与研究》，《管理世界》1995 年第 6 期。
郑易生等：《中国环境污染损失估算：1993 年》，《生态经济》1997 年第 6 期。
肖士恩、雷家骕：《中国环境污染损失测算及成因探析》，《中国人口·资源与环境》2011 年第 12 期。
崔日明、王磊：《中国能源消耗国际转移的实证研究》，《经济理论与经济管理》2013 年第 4 期。
梁涛：《中国西部河谷型城市环境污染的经济效应与社会效应研究》，兰州大学硕士学位论文，2006。
杨俊、盛鹏飞：《环境污染对劳动生产率的影响研究》，《中国人口科学》2012 年第 5 期。
舒元、黄亮雄：《我国省区环境污染资源损失及其外溢效应研究》，《审计与经济研究》2012 年第 5 期。
Bruvoll, Annegrete, Solveig Glomsrød, and Haakon Vennemo, "Environmental Drag: Evidence from Norway", *Ecological Economics*, 1999 (30).
Frankhauser Samuel, "The Economic Costs of Global Warming Damage: A Survey", *Global Environmental Change*, 1994 (4).
Graff Zivin Joshua and Neidell Matthew J., "Tempreature and the Allocation of Time: Implications for Climate Chance", NBER Working Paper, 2011.
Grossman G. M., Krueger A. B., *Environmental Impacts of A North American Free Trade Agreement*, Cambridge: The MIT Press, 1993.
Hamilton Kirk and Michael Clemens, "Genuine Savings Rates in Developing Countries", *The World Bank Economic Review*, 1999 (13).
Hanna Rema and Oliva Paulina, "The Effect of Pollution on Labor Supply: Evidence from A Natural Expeneriment in Mexico City", NBER Working Paper, 2011.
World Bank, "The Changing Wealth of Nations", 2011.

（责任编辑　王立嘉）

杭州出租车运营管理改革的思考

◎ 羊芳芳

提　要：城市客运出租汽车是城市交通的重要组成部分，其管理水平、发展程度在很大程度上反映了一个城市的文明程度和服务水平。杭州城市国际化的推进，对出租车行业提出了更新、更高的要求。本文通过借鉴上海、南京、苏州、青岛四城市的经验，对杭州出租车运营管理改革进行了初步探讨，提出了相应建议。

关键词：出租车　运营管理　改革建议　杭州

作者羊芳芳，杭州市公共政策研究中心研究实习员（邮政编码　310026）。

近年来，出租车行业面临的矛盾、问题越来越多，乘客埋怨"打车难"，司机埋怨收入低，出租车公司抱怨经营难，由此引发的不稳定因素不断出现。各方面呼吁进行出租车运营管理改革的声音层出不穷。全国政协委员、吉利集团董事长李书福在"两会"上撰写提案力争为"黑车"正名，建议放开出租车准入，允许合标"黑车"上路。"滴滴""快的"等叫车软件的大规模应用给出租车运营管理带来了诸如安全、规范等新的问题，同时也引发了人们关于改进出租车服务方式的思考。杭州作为国际旅游城市，出租车的服务水平体现了城市的管理水平，城市国际化的推进对出租车行业提出了更新、更高的要求。为加快出租车运营管理改革，促进杭州市出租车行业稳定健康发展，本文分析了当前杭州出租车行业存在的主要问题，通过借鉴上海、南京、苏州、青岛四城市出租车运营管理方面的经验，提出杭州出租车运营管理改革的相关建议。

一 杭州出租车行业基本情况及主要问题

从1995年开始,杭州通过竞投方式对客运出租汽车经营权实行有偿使用。在管理体制上,政府对出租车实行特许经营制度,对出租车运价、数量进行调控,对经营者的经营行为进行监管。在运行模式上,实行多元化经营模式,既有企业经营也有个体经营。按照经营权、产权的不同,分为公车公营、买断经营、挂靠经营等形式。采取单车承包方式运营的,承包者每月上缴固定额度的承包费用(含养路费、税金、管理费等),自己承担修理费、汽油费,结余部分归承包者所有。目前,杭州市区共有出租汽车9323辆,分别由76家企业(8278辆)和978家个体户(1045辆)经营,其中最大的出租汽车企业是杭州一运出租汽车有限公司,拥有524辆出租汽车。总体上看,杭州城市客运出租汽车行业经过20多年的发展取得了一定的成就,在很大程度上保障了城市公共交通营运,促进了城市经济、社会健康发展,缓解了群众出行难、乘车难的问题,赢得了广大群众的较好口碑,但与城市发展规模及文明城市、宜居城市、广大群众的要求还有很大差距,出租车行业的管理和服务水平还有待提升。从目前情况看,杭州出租车行业存在以下几个突出的问题。

(一)经营模式过于多样

全市出租汽车共有6种经营模式,包括:企业自营占10.40%(970辆),承包经营占36.42%(3395辆),有限承包经营占5.82%(543辆),买断经营占25.53%(2380辆),挂靠经营占10.62%(990辆),个体经营占11.21%(1045辆)。这种多元化的经营模式使出租汽车经营业户呈现多、小、散、弱的特点,企业总体实力不强。同时,也给行业管理带来很多问题。

(二)历史遗留问题凸显

由于杭州出租车行业发展的历史原因,不同时期经营权有偿使用金、使用期限存在差别,影响了行业的有序发展。目前杭州市出租汽车行业缺乏有效的退出机制,尤其是经营权没有实行到期收回,导致出现权属关系不清(出租车经营权和车辆所有权分离)和经营模式不规范(挂靠运营、层层转包)等问题。

(三)劳动关系认定困难

出租车行业从业人员签订劳动合同情况,因企业经营模式不同而存在很大差异。除少数公车公营企业签订劳动合同外,其他经营模式下普遍不签订劳动合同,大部分是订立承包经营合同、协议。司机与出租车企业、车主的劳动关系难以认定,出租车司机的合法权益难以保障。由此带来的另一个突出问题是社会保障难以落实。杭州2008年出台规定,出租车驾驶员有服务资格证、在岗三个月以上就可以个人身份缴纳社会保险。但从实际数字看,出租车司机参保人数并不理想。从调研情况看,上海、南京、江苏、青岛四城市在这方面都做得比较规范,尤其是上海,还为出租车驾驶员缴纳"五险一金"。

（四）驾驶员休息权益未得到有效保障

杭州出租车运营大多实行单车双人24小时不停运，基本没有节假日，出租车驾驶员长年处在超时工作状态。而上海等四城市都规定驾驶员一周休息一天，从而更好地保障了驾驶员的权益。

（五）驾驶员外地化现象严重

目前，市区出租汽车在岗驾驶员共有21818人，其中外省籍驾驶员有17660人，占80.94%，主要来自河南、安徽、江西、黑龙江等地。其中，河南籍驾驶员有6760人，占30.98%；杭州本地驾驶员有4158人，仅占19.06%。而上海等四城市均以鼓励本地用工为主，本地驾驶员所占比例一般在70%以上。驾驶员"同业集聚、同乡集聚"现象也给社会管理带来一定的风险，可能会导致发生大规模停运事件，如2011年杭州发生了出租汽车大规模停运事件。

（六）出租车信息化程度不高

杭州虽然早在2003年就有28811111电召服务热线，但是由于这个热线比较难打通，司机"抢标"的积极性也不高，出租车司机宁愿在马路上扫活儿，也不愿接电召的活儿。无论是叫车电话数量还是成功率，都比较低，目前日均出租车预约次数仅为5000笔左右，而苏州的电召服务平台日均预约次数为2.1万笔。

二 国内其他城市出租车运营管理主要做法的借鉴

（一）坚持公司化经营理念

长期以来，上海出租车行业主要采用承包制运营模式——驾驶员每月缴付份子钱，企业为驾驶员支付"五险一金"。由于承包制模式在上海普遍采用，外省市纷纷仿效，被业内称为"上海模式"。公司化经营模式的核心内容包括：一是明晰经营权和车辆所有权；二是依法理顺劳动用工关系；三是依法缴纳社会保险费用；四是规范经营收费行为。此外，南京、苏州、青岛均提出以公司化作为出租车运营管理的方向。苏州更是于2004年向全国放开了出租车运营市场，上海大众、强生两大出租车公司进入苏州。

（二）鼓励规模化经营

实践证明，以国有资本为主进行本土化经营的骨干企业在贯彻行业重要政策、保证服务质量、抵御经营风险、维护队伍稳定等方面起到了重要作用。目前，多数城市鼓励规模经营，通过推进公司化、集约化、品牌化经营，提升行业竞争力。以上海为例，出租汽车企业数量从1995年的596家（共36991辆车）缩减到2014年的113家，已形成大众、强生、锦江和海博四大企业。青岛则采取对兼并重组企业给予适当运力的方式，以实现规模化、集约化管理。

（三）严格规范出租车运营管理

1. 加强质量信誉考核

一是采用质量招投标方式。南京、苏州均以服务质量作为出租车经营权招投标的重要依据。2009年以来，经江苏省政府批准，南京市两次采用服务质量招投标方式出让市域经营权1850辆。苏州出租车经营权实施定价出让结合服务质量招标，根据十大类23个指标进行考核排名，并以考核情况确定新出租车投放时的经营资格。定价出让经营权的特点在于不是"价高者得"，而是"质高者得"。而青岛则实行特许经营与企业承诺制相结合的经营模式，对新增运力全部按考核和改革创新奖励，出租企业和出租车从业人员加强自我约束管理，向社会公开承诺服务标准。经营期限不超过8年。二是加强对客运出租汽车企业的定期考核。苏州坚持定期对出租车企业进行考核，及时公布考核结果并建立预警预告机制。同时，对出租汽车行业进行星级考核评定，以此营造规范管理、诚信经营、优质服务、安全运行的客运出租市场环境。此外，加强日常路面检查，尤其是车站、码头等集聚地区。"乘客上车前，司机不得有询问乘客目的地等择客行为"，"运营前和运营过程中忌食有异味的食物"，"乘客对出租车的投诉，出租车公司要在24小时内处理"。

2. 制定行业自律性约定

在劳动用工方面南京做出如下规定。①明确婚、丧、病假有关制度。企业必须保障驾驶员按照规定享受婚、丧假的权利，减免婚、丧、病假期间的劳动定额。病假期间给予不低于本市最低生活费标准的生活费。因病无法继续履行合同的，免除其提前终止合同的违约责任。②建立代班制度。驾驶员因病住院的或确因其他事宜暂不能正常开车的，经驾驶员申请可以安排代班驾驶员顶班。③建立定期体检制度。要求企业关注驾驶员的身体健康，每两年免费为驾驶员提供不少于1次的常规体检。在交通事故处理方面规定，在营运中发生交通事故时，企业必须及时派员到场处理，负责办理保险理赔、索赔等事宜。对非责任交通事故造成车辆停运的，自车辆进场维修之日起，减免停运期间驾驶员的劳动定额。

3. 营造良好的运营环境

大力开展市场稽查和行政执法，严查服务违章，有效规范市场秩序。从严查处非法营运行为。青岛对主体责任不落实、违章率高、投诉率高、安全事故率高的出租企业，视其情节轻重依法给予处罚，直至取消其特许经营权。同时，建立违法违章驾驶员"黑名单"监管制度，对其依法给予行政处罚，并记入服务质量信誉"黑名单"。

（四）引入出租车经营权退出机制

上海拟推行无偿有期限经营。制定出租汽车经营权管理规定，将企业经营资质与车辆经营权相分离，建立企业经营权考核和营运车辆额度无偿有期限经营制度。按照"存增兼顾，平稳过渡"的原则，对已投放的有期限营运车辆额度和新增的营运车辆额度设定经营期限，到期办理延续手续。将质量信誉考核、保障驾驶员合法权益等管理要求作为企业年度经营权考核的主要内容，对考核不合格且经整改后仍不符合要求的企业，收回部分营运车辆额度直至注销企业经营权。苏州规定，新一轮客运出租汽车经营权到期的出租汽车经营者，需为上一个经营期内考核合格的经营者。企业服务质量考核不合格的，企业所属车辆经营权到期由政府收回并重新确定经营者。苏州出租车经营权限使用期为5年，每年1.2万元。青岛则规定出租车经营期限不超过8年。

（五）保障驾驶员的合法权益

1. 为驾驶员缴纳社保

上海等四城市均强制要求出租车公司为驾驶员缴纳社保。上海已按照社保规定为驾驶员统一缴纳城保和公积金。南京要求企业必须与驾驶员依法签订劳动用工合同和承包经营合同，同时，企业必须为驾驶员建立养老、失业、医疗、工伤、生育等社会保险，并按规定足额缴纳相应费用。苏州保障出租车驾驶员的福利，为其缴纳"五险"，同时规定每周休息一天。青岛则引导企业和车主双方自愿实行委托经营管理模式。在现行经营体制下，车主将车辆委托所属出租企业管理经营，出租企业按照市场化管理模式招聘驾驶员，为其缴纳"五险一金"，并签订劳动合同，参照公车公营管理模式经营，维护各方合法权益。

2. 促进和保障出租汽车驾驶员的收入增长

通过出台指导价标准、建立油运价联动机制、及时足额发放国家财政补贴、切实减轻驾驶员负担等方式促进和保障出租车驾驶员的收入增长。一是下调营运收费价格。上海规定市区出租汽车双班车承包指标为8200元／（月·车）。南京规定出租汽车企业向驾驶员收取的营运收费定额双班收费标准为7000元／（月·车）、单班收费标准为6700元／（月·车）。二是建立油运价联动机制。南京于2007年建立了出租汽车油运价联动机制，并于2009年予以完善，即当油价突破燃油附加费启动点（5.53元/升、6.64元/升、7.75元/升、8.86元/升，依此类推）时，出租汽车可通过收取燃油附加费消化燃料增支的成本，稳定驾驶员的收入水平。目前，南京出租汽车在价外可收取燃油附加费2元，对应的燃油附加费启动点为6.64元/升。三是规范企业收费。南京还在全国率先推行"一费清"制度。2007年，协调和指导南京出租汽车行业协会出台了《关于出租汽车企业管理的若干意见》，在全国率先建立了出租汽车企业向驾驶员收费的"一费清"制度，即企业在收取营运收费定额后，不得再向驾驶员收取任何费用。随后该项制度被纳入南京油运价联动机制，正式作为行业管理的有效手段，从而杜绝了企业乱收费现象。

（六）坚持以本土用工为主的方针

从调研情况看，上海等四城市驾驶员多为本市常住人员。他们熟悉街道情况、风土人情、乘客需求等，有着比较强的服务意识，从而使出租汽车行业始终保持在较高的服务水平上。苏州将出租车行业定位为公益性行业，鼓励出租车公司雇用本地驾驶员。南京的出租车驾驶员有70%左右是本地人。

（七）推进智能化营运和管理

在节能减排形势严峻、交通拥堵状况日益加剧的形势下，推进智能化营运和管理成为一种趋势，也是上海等四城市共同提出的下一步的发展方向。上海提出要由单一扬招向扬招、预约和站点候客相结合的运营方式转变。青岛提出将建设集调度、安防、信息采集和传递、行业和企业管理于一体的出租汽车信息化系统，统一调度，试点约租车经营，采取定点停靠、电话预约等方式提供优先安排的约租车模式。最大限度地满足市民的用车需求，减少空驶率。南京于2014年4月推出官方电召软件。而推进智能化营运和管理的苏州经验尤其值得借鉴。正是苏州强大的电召平台，让"快的""滴滴"两款打车软件在苏州却完全"吃不开"。苏州出租车电话调度中心成立于2004年，是苏州市区出租车行业统一的调度平台，实行7×24小时对外服务，通过67776777电话号码，向乘客提供电话叫车服务，为出租车驾驶员提供调度用车信息，还承担预约业务、出租车GPS报警转警协助110指挥中心处警、为驾驶员提供GPS人工导航、受理司机投诉乘客失约、发布行业公益信息等职能。2012年8月，苏州创新推出的全国首批120辆电调出租车正式投运，起步价为15元/3公里，车公里单价为3元。此后，又增加了180辆电调出租车投运。2013年，中心规模为48个席位和72名话务员，可调车辆数为4303辆，其中电调专用出租车为300辆，实行全天候24小时不间断对外服务，支持210路电话排队、120路外呼和30路导航呼入。2013年出租车电召业务总量（含电调出租车）为768万笔，电召成功数量为464.8万笔，日均受理电召业务和日均电召成功业务分别为2.10万笔和1.27万笔，电召成功率为61%。电召业务占出租车总营运业务的比例达7.6%。同时，苏州也建立了打车软件准入机制，符合相关条件才能够获得相应的数据信息，并与客管部门的电召平台连接，有效地避免了打车软件恶性竞争及驾驶员择客现象的发生。

三 杭州出租车运营管理改革的思考

杭州的出租车管理要适应城市发展的需要，加大改革力度，正确处理好政府—公司—出租车司机—乘客这一利益链条之间的关系，提升服务水平，使出租车服务成为杭州的又一张"金名片"。

（一）对出租车进行科学定位

要解决出租车运营管理中存在的问题，首先应该对出租车行业有一个明确的定位，即出租车服务是公共服务产品还是市场化的服务产品。由此而采取不同的管理方式。但关于定位问题，至今没有明确说法。比较一致的说法是"满足特殊人群的一般需求和一般人群的特殊需求"。在国务院审议通过的《关于实施城市公共交通优先发展战略的指导意见》中，出租车既未被纳入公共交通，也未被列入公共交通的补充。从近年来的发展实际和各地情况来看，笔者认为，出租车行业是以满足社会公众个性化的需求而定位的，其市场化的性质应当大于公共性。这种服务是一种点对点的个性化服务，相对于公共交通来说是一种高端的交通服务方式，所以收费也应该是高的。

(二) 清理规范经营模式

应该看到，在杭州出租车行业存在的诸多问题中，最根源的是经营模式问题，杭州出租车行业经历了从行政审批到高价竞拍再到限价服务质量招标的发展历程，存在出租车经营权权属多样、有偿使用金高低悬殊等客观原因，从而导致陷入经营模式不规范、管理难的局面。同时，由于经营模式改革涉及行业利益调整，有可能会导致出现群体性事件。但是，如果经营模式不清理、不规范，杭州出租车行业存在的问题就无法得到根本的解决。因此，要下大决心对出租汽车经营模式进行清理，明确经营权到期收回，建立退出机制。可以说，这是杭州出租车运营局面得以改善的基础。

(三) 加快出租车市场化步伐

适当放开出租车市场，由政府管制向市场竞争过渡。秉持"宽进严管"的理念，释放经营权，避免使出租车行业成为一种特殊的垄断行业。政府职能部门主要制定最基本的准入条件，如车型、排气量、车体色调、使用年限等。运营权不应以"价"来衡量，而要让"质高者得"，实施质量信誉考核，并以此作为运营资质审核的重要标准。同时，以向社会公开承诺服务标准等形式，加强出租企业和出租车从业人员的自我约束管理。要通过降低份子钱、提高油价补贴等形式，使出租车司机有钱可赚。

(四) 加大监督管理力度

要建立完善的退出机制，实行优胜劣汰。做到用制度管事、管人。要健全完善管理体系，成立专门管理机构，具体负责出租车行业发展规划制定、日常管理和投诉受理等工作，同时要成立出租车协会或工会，充分发挥协会或工会组织在权益维护、技术培训、利益均衡、行业自律等方面的作用，提高从业队伍的整体素质，促进行业健康发展。

(五) 推进和谐劳动关系创建

由于经营模式、就业环境等各方面原因，杭州出租车行业从业吸引力不够，驾驶员外地化现象严重，由此又带来用工不规范、社会保障难以落实等问题。而从调研情况看，和谐的劳动关系创建对于促进出租车行业稳定健康发展有非常大的作用。因此，要努力创造良好的营运条件，促进和保障出租车驾驶员收入增长，提升从业自豪感。关心关爱出租车驾驶员，推进用工单位与驾驶员签订劳动合同，落实驾驶员社会保障，督促企业为驾驶员缴纳"五险一金"。保障驾驶员的休息休假权，建立"歇人歇车、带薪休假"的休息制度，减免休息日份子钱，或按每周至少休息一天的要求，配备必要的替班驾驶员；建立轮休制度，为驾驶员休息提供制度保障和长效机制。

(六) 核定份子钱标准，减轻司机负担

份子钱高是出租车司机负担重的主要原因之一。应测算汽车运营成本，规范份子钱标准，减轻出租车司机的负担。上海在这方面进行了有效的改革。2012年，上海在历年审计调查的基础上，正式实施出租车行业企业成本规范制度。企业于每年4月底前填报统一的数据表。上报数据主要分为两大类：一类为收入项目，包括承包金收入等；另一类为成本项目，包括车辆费用、驾驶员费用等九部分。根据企业上报的数据，形成出租车行业收入成本项目规范表。通过成本规范，有助于提高企业成本核算的科学性、合理性，保障驾驶员的利益，规范企业的合理利润。同时，积极推动工资集体协商制度的实施。由出租车行业协会和行业工会协商，或者由行业工会和出租企业协商，合理测算确定份钱，使驾驶员在合理工作时间内、正常市场情况下，完成工作量并有合理收入。

（七）推进出租车信息化，扩大出租车约租服务

杭州出租车信息化起步较早，但是发展比较慢。出租车信息化对于缓解"打的难"与交通拥堵都有很积极的意义。一是要加强信息化管理基础工程建设，建立全市统一的出租车管理信息化平台。在这方面，苏州的电召平台建设非常值得学习。2013年5月，苏州客管部门就已把所有准入苏州出租车市场的"打车神器"都纳入了出租车招车平台——客管部门的监管平台"司机端"，不允许出租车司机私自安装打车软件。乘客用打车软件招车的时候，软件不直接跟司机发生关联，而是由出租车招车平台统一处理发布，出租车司机应答后，才能再跟乘客打电话确定具体的上车地点。二是要推广约租车服务。根据经营范围不同，可分为出租车市场和约租车市场，前者可以从事街道巡游、站点候客和预约租车服务，后者只能从事预约租车服务。约租车可以根据不同群体的需要，推进不同价位的约租车服务。要改进出租车服务的基础设施条件，设立约租车专用泊位，仅允许约租车在专用泊位上客，或者采取电话招车约定地点上客，引导约租车按序停泊、乘客按规范上车。

（责任编辑　方晨光）

职业教育助推杭州特色产业发展探析[*]

◎ 杨 强

提　要：本文从职业教育与特色产业互动发展的内在关联出发，梳理了教育促进产业发展、产业带动教育发展的互动关系。通过经济指标和问卷数据的分析，论证了杭州特色产业发展现状及人才培养方面存在的问题，进而从政府、高职院校和企业三方面，提出相应的对策建议。

关键词：职业教育　特色产业　互动发展　杭州

作者杨强，杭州职业技术学院金都管理学院副院长、副教授（邮政编码 310018）。

经济理论的研究结果和世界各国经济发展的历史都表明，特色产业作为一个区域竞争力显现的经济增长点，标志着其产业优势所在，代表着区域产业未来的发展方向。2011年，杭州市委、市政府制定出台了《杭州十大产业发展规划》，将文化创意、旅游休闲、金融服务、电子商务、信息软件、先进装备制造、物联网、生物医药、节能环保、新能源作为"十二五"时期的特色产业，力争使这十大产业成为杭州转变经济增长方式、推进产业转型升级的主导力量。杭州特色产业的发展需要动力，人才支撑是不可或缺的重要因素。高职教育提供的"特色"人才有利于支撑

---

[*] 本文为2014年度杭州市哲学社会科学规划课题基地项目"职业教育助推杭州特色主导产业发展的动力机制分析"（2014JD48）。

区域产业结构的调整和优化,进而全面提高产业素质。本文从特色技能型人才供给和特色职业教育开发角度出发,研究其内在的关联,分析存在的问题,并对杭州的职业教育如何助推特色产业发展提出相应的对策建议。

一 职业教育与特色产业发展的内在关联

职业教育自诞生以来,就承担着为区域产业和社会经济发展提供人才支撑的重要职责。杭州职业技术学院于2014年6月成立了由高职教育研究学者、教学管理人员、专业负责人以及企业界人士组成的课题组,对杭州市职业教育与特色产业发展的互动关系进行调研。课题组获得了2009~2013年杭州十大特色产业实现增加值情况和杭州市高职院校在校生人数情况(见图1)。

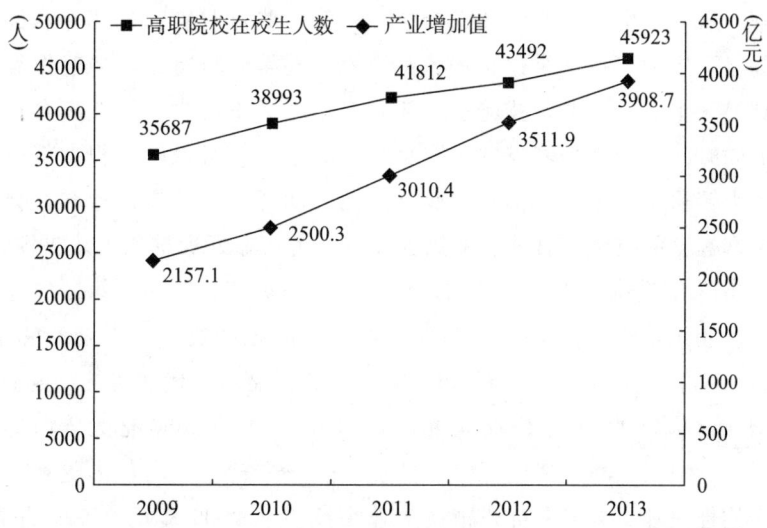

图1　2009~2013年杭州市十大特色产业增加值与高职院校在校生人数关系[1]

数据显示,在2009~2013年的5年间,杭州市高职院校在校生人数从35687人上升到45923人,增长29%;与此同时,杭州十大特色产业增加值连年创新高,从2009年的2157.1亿元增长到2013年的3908.7亿元,增长81%。职业教育的发展、招生规模的扩大以及在校生人数的增加,从一个侧面说明了人才资源增长的同时,特色产业也随之蓬勃发展。两者呈正比例相关关系。

在数据分析的基础上,对职业教育与特色产业发展的内在关联性做了进一步的梳理,发现两者存在相互促进、互惠互利乃至共生共荣的关系。

(一)职业教育促进特色产业发展

职业教育对特色产业发展的贡献和促进作用,主要表现在以下几方面。

1. 通过提高劳动生产率来促进产业发展

特色产业发展中,最重要的影响因素是掌握特殊技能的劳动力。杭州市每年的科技成果约有70%不能转化为现实生产力,一个重要的原因就是劳动力的技能素质较低,或与产业技术的发展不相适应。职业教育通过"零距离"的岗位培训,可以减少适应岗位的时间,尽快让劳动者掌握新工种、新技术,节约企业培训成本。同时,可以大大降低工伤事故的发生率,从而提高劳动者的职业素质和技术水平,最终提高劳动者的劳动生产率,促进特色产业发展。如杭州职业技术学院与下沙经济技术开发区联合组建了产学研发展学院,负责开发区企业员工的岗前培训、技能提升、新工种新技术培训等,短短两年时间就初见成效。经过培训的员工,劳动生产率提升20%以上,岗位胜任时间缩短50%以上,工伤事故发生率减少30%,大大促进了区域特色产业的发展。

2. 通过增加就业来保证产业发展

职业教育的本质就是就业教育。随着杭州市产业结构的不断升级,资源不断地由传统产业向特色产业转移,从低附加值、低技术含量产业向高附加值、高技术含量产业转移,从而衍生出新职业和新岗位,淘汰一些过时陈旧的职业和岗位。这对就业结构提出了挑战。在这个过程中,大量的工人需要转岗,许多工作需要从一个产业转移到另一个产业,劳动技能的更新和再学习必不可少。职业教育在承担社会培训重任的同时,也为劳动者搭建了终身学习的平台。可以随时根据就业需求调整和减少劳动力转移中出现的结构性失业,促使劳动者不断适应产业和社会的发展需要,使他们掌握新的技术和技能,提高就业率,为产业发展提供人才支撑。

2009~2013年是杭州市产业结构转型不平凡的五年,第一、第二产业比重逐年降低,第三产业比重逐年上升。2012年,杭州市第三产业(服务业)占GDP比重达到50.2%,首次超过第二产业的46.5%[2]。数据显示,代表传统产业的规模以上工业企业增加值从2009年的1792亿元增长到2013年的2664亿元,而特色产业则从2157.1亿元增长到3908.7亿元[3]。然而,产业的转型、岗位的更替,并没有带来明显的结构性失业,5年来杭州市的失业率反而从2009年的2.99%下降到2013年的1.85%[4],其中一个重要的原因就是职业教育投入的增长。仅中职教育,杭州市职业教育生均经费支出就从2010年的1.54万元增长到2013年的2.74万元[5],增长了近一倍。

3. 通过提高人力资本来推动产业发展

职业教育对产业发展的作用体现在通过将知识形态的生产力不断传递,提高现有和未来劳动者素质,推动劳动生产力提高和产业增长。一方面,职业教育增强了劳动者的岗位意识和职业道德观念,从整体上提高了国民的综合素质;另一方面,人力资源的职业开发能提高公民的生活水平,有效增加公民整体上的幸福感和满足感,从而促进产业发展。此外,职业教育为各级技术岗位提供合格的技术人员,使之更加合理地利用各种资源,采用新工艺、新方法,减少生产过程中的浪费现象。例如,杭州职业技术学院每年都开办针对企业员工再教育的"双元制"培训。许多有一定实践经验但文化素质较低、工艺革新能力较弱的员工重新走进课堂,通过提高学历,提升专业技能,员工的价值得到提升。课题组曾对经过"双元制"培训的员工人力资本做绩效评价，发现其生产效率提高5%，技术创新能力提升20%，离职率降低10%，工作满意度上升30%，团队自豪感增加30%，经营者满意度提高20%。可见，职业教育提高人力资本的功效非常明显。

4. 通过推动技术进步来创新产业发展

技术进步是特色产业发展的一个基本要素，但技术进步又依赖于专业化劳动力资源的推动。因此，专业化劳动力在特色产业转型升级中有着重要作用。职业教育的职业性恰好强调了专业化的特点，其专业设置、人才培养目标定位、发展规模、发展速度以及教学内容的选择，都充分体现了产业技术进步的要求。职业教育在让学生掌握基本文化知识的同时，通过校企合作，让学生学会操作先进的生产设备和工艺流程，在更大范围和程度上扩散新技术，加速技术向现实生产力的转化进程，进而促进特色产业更快地发展。近年来，杭州市高职院校肩负起推动产业工艺创新和技术进步的重任，专业教师及其带领的学生，服务企业、帮助企业完成技术改造和科技攻关的能力大大提高。以杭州职业技术学院为例，一方面，企业将技术研发机构、员工培训基地建在学校（如达利集团、友嘉集团、西子电梯集团），依托学校教师的智力优势开展企业技术革新项目；另一方面，紧密的企校合作也为师生搭建了服务企业的平台。每年学校完成的技术开发与服务项目达数十项，横向课题金额达100万元以上，学生自主研发并申请专利项目达数十项，扩散新技术的能力大大提高，不少学生毕业后就走上了企业技术员岗位。

（二）特色产业带动职业教育发展

特色产业的发展，给高技能应用型人才的发展带来了极大的机遇。新的岗位、新的职业，跨学科、跨领域的人才培养模式，必将给职业教育的发展带来生机，主要表现在以下几个方面。

1. 通过产业结构调整目标来设置专业

特色产业结构调整的目标，引导着职业教育专业的设置与优势品牌专业的打造。一方面，特色经济的发展目标、特色产业的发展规划以及产业结构和市场未来的趋势，确定了职业院校专业设置的基本框架，改变了以往专业设置的盲目性和短视性；另一方面，根据特色行业和企业发展所对应的职业岗位（群）需求的变化，职业院校积极推进专业建设，不断拓展专业方向，提升适应人才市场变化的能力，努力打造特色品牌专业和优势专业。因为只有这样，才能确保专业发展接地气、可持续、有生机，从而实现职业教育的长足发展。近年来，杭州职业技术学院根据特色产业结构调整的目标规划专业设置，将原有的34个专业调整为28个，聘请行业和企业有实践经验的专家参与专业建设，每年都召开人才培养方案论证会和工作任务分析会，紧密围绕特色行业和企业的职业岗位（群）的需求来培养人才。这项措施增强了学生的岗位适应力和就业竞争力，奠定了杭州职业技术学院成为100所国家骨干高职院校之一的基础，保证了学校的可持续发展。

2. 通过企校合作来创新人才培养模式

当前，职业教育面临激烈的竞争，探索创新富有自身特点的人才培养模式十分重要。特色产业的发展，为企校合作搭建了十分广阔的平台。特色产业、企业与职业院校合作，可以将课程实践、专业实训、职业岗位实习、就业推荐渠道等有机地贯穿于专业人才培养方案和课程教学体系中，使课程内容及时融入专业领域的新知识、新技术、新工艺和新方法。同时，改变课堂教学方法，引入企业真实项目和工作任务教学，做到"学做合一"，有效提升学生的职业技能和岗位适应能力。这是提高人才培养质量和职业院校竞争实力的重要一环。目前，杭州市属的公办、民办高职院校以及中职学校，其下属的各个专业均有 5~20 家合作企业，不少企业居于行业领先地位，为职业教育的人才培养模式指明了方向。例如，杭州科技职业技术学院机电工程学院与东风裕隆汽车有限公司建立了良好的企校合作关系，企业为学校的专业定位、课程体系构建、实训基地建设、师资培养等均提供了有益的指导和帮助，为其打造省市优势专业奠定了基础。

3. 通过产教对接来整合职教资源

资源瓶颈向来是阻碍职业教育长足发展的重要因素之一。特色产业的发展以及地方政府的扶持，使得职业教育能够以学校和企业共生的共同愿望为基础，以人才、技术、效应为结合点，以环境与资源优势互补为前提，整合职教资源，实现责任共担、成果共享、专业共建、师资共育的"特色化"办学形式。一方面，职业教育通过"产教对接"，创办生产性实习基地，建立教学、生产、技术服务、科技推广和社会培训相结合的教学体制，直接参加特色产业商品生产与交换；另一方面，在商业利益的驱动下，以企业为首的社会力量能在经济上给予职业教育最大化的支持，通过联合培养、委托培养、定向培养、承接现有职工的技术培训等渠道，实现市场化运作和教育收益，使得职业教育实现围绕特色产业发展需求的目标，并且与企业同步发展。2014 年，杭州市政府为鼓励特色产业与职业教育对接，下拨专项资金扶持建设特需专业 15 个，技能名师工作室 30 个（企业能工巧匠领衔），示范性职工培训中心 10 个（企业为主体），示范性实习、实训基地 20 个（企业为主体），校企共建校内实训基地 20 个。这些措施有力地推动了产业、企业对职业教育的投入和资源的共享，极大地改善了学校的资源困境，促进了职业教育的进一步发展。

二 杭州特色产业发展现状及人才培养方面存在的问题

（一）杭州特色产业的发展现状

1. 规模扩大，稳步增长

在实现区域经济转型升级的过程中，杭州市率先扶持富有地域特色的文化创意、旅游休闲、金融服务、电子商务、信息软件、先进装备制造、物联网、生物医药、节能环保、新能源十大特色优势产业。2011~2013 年，分别实现增加值（不含重复交叉）3010.39 亿元、3511.85 亿元、3908.74 亿元，占杭州市 GDP 的 42.93%、45.00%、46.85%。其中现代服务业快速发展，2013 年属于现代服务业范畴的五大产业实现增加值 3849.46 亿元，增长 18.8%，高于杭州市服务业增加值增速 9.8 个百分点。从投资增速看，物联网、电子商务、信息软件的增幅分别达到 85.4%、68.3% 和 50.4%[6]，已成为推动产业结构战略性调整、加快地方经济发展的重要力量。

2. 重点布局，核心凸显

"十二五"期间，杭州通过突出十大产业发展重点，形成"核心、优势、潜力"的产业发展梯度。杭州市不断调整产业结构，重点布局，已形成文化创意产业是"排头兵"、金融服务产业是"争先点"、先进装备制造业是"奠基石"的十大产业前三强。2013 年，文化创意产业增加值位列十大产业之首，高达 1359.51 亿元，占杭州市 GDP 的比重达 16.3%，文化创意综合竞争力在全国排名第四；金融服务产业实现增加值 879.33 亿元，增长 10.0%，占杭州市 GDP 的比重达 10.5%，金融总量和金融综合竞争力位居全国前列；先进装备制造业实现增加值 969.93 亿元，增长 8.8%，占杭州市 GDP 的比重达 11.6%[7]。建设长三角重要的先进装备制造业基地已初见成效。三大核心产业顺势而为，必将带动十大产业的总体增长。

3. 特色鲜明，潜力极大

杭州因地制宜，加快建设作为优势产业的电子商务、信息软件、旅游休闲产业，三大优势产业趁势而起，已在全国具备一定的领先地位和产业特色。2013 年，电子商务产业实现增加值 393.80 亿元，分别是 2012 年、2011 年的 1.7 倍、3.1 倍，规模呈几何级数增长态势；信息软件产业实现利润总额 408.74 亿元，增长 57.7%，成为十大产业中名副其实的"倍增器"；旅游休闲产业实现增加值 538.10 亿元，增长 11.3%[8]，初步形成旅游观光、休闲保健、文化体验、商务会展"四位一体"的产业发展模式。

（二）存在的问题

尽管十大特色产业发展迅猛，但也存在不少问题，如产业政策重点不突出，多数产业平台规模偏小、发展空间有限，中长期定位缺乏统筹，"过得硬、打得响"的龙头企业和拳头产品还不多，土地、资金、人才、科研等资源要素缺乏优化配置，等等。造成这些问题的原因，与特色人才培养的缺失和滞后有莫大关系，尤其是与当前特色职业教育投入、开发的力度尚不够有很大关系。针对与特色产业相适应的职业教育滞后问题，课题组设计了问卷，进行杭州十大特色产业发展与职业教育契合度的问卷调查，发现以下问题。

1. 不少企业和学校均没有认识到职业教育助推特色产业发展的重要作用，没有形成"产业发展，人才先行"的理念

课题组比较了企业和高职院校对职业教育助推特色产业发展作用的看法发现，47.8% 的学校持肯定态度，认为非常重要或重要；但也有 52.2% 的学校持不同意见。认为职业教育有助推特色产业发展作用的企业相对更少一些，占 44.9%。运用 RIDIT 检验方法得出的检验结果，也反映出校企对这一问题的认识均不到位

(见表1)。

表1 学校和企业对"职业教育助推特色产业发展的重要性"的看法

项目	非常重要	重要	一般	不重要	合计
学校	19	24	25	22	90
企业	11	20	20	18	69

注：①RIDIT 检验，U 检验。统计量 $u = 0.544919$，$P = 0.078284$。
②$U < 1.96$，认为学校和企业认识无差异。

2. 在职业教育紧扣特色产业发展，做好特色人才培养工作和专业建设工作方面，企业和学校均认为目前的做法还不到位

问卷显示，有 59.3% 的教师和 80.0% 的企业人士认为，当前职业教育"特色化"不明显，产教对接力度欠缺，校企合作共育人才的各项工作落实不到位；缺少紧扣特色产业发展的专业，缺乏紧扣岗位需求的"真实情境"课程和师资。从 RIDIT 检验结果同样可以看出"特色化"教育的特征不明显（见表2）。

表2 学校和企业对"紧扣产业需求，做好'特色'人才培养和专业建设工作"的看法

项目	很好	比较好	一般	不太好	合计
学校	1	10	11	5	27
企业	1	3	14	2	20

注：①RIDIT 检验，U 检验。统计量 $u = 0.674998$，$P = 0.070241$。
②$U < 1.96$，认为学校和企业认识无差异。

3. 在促进职业教育助推特色产业发展的优惠措施方面，企业和学校均认为政府缺乏有效的"特色化"扶持制度

问卷显示，只有 40.7% 的学校和 60.0% 的企业认为政府有部分基于"职教助推特色产业发展"的特色制度，政府在这方面的扶持、宣传的力度还不够。从 RIDIT 检验结果可以看出企业和学校对这一问题持相同观点（见表3）。

表3 学校和企业对"政府是否建立基于'职教助推特色产业发展'的特色制度"的看法

项目	有规范的	较规范的	有部分	没有	合计
学校	3	4	11	9	27
企业	0	1	12	7	20

注：①RIDIT 检验，U 检验。统计量 $u = 0.996403$，$P = 0.071683$。
②$U < 1.96$，认为学校和企业认识无差异。

4. 造成职业教育助推特色产业发展乏力的主要原因，企业和学校均认为在于校企联动不够、人才需求特征不明确、人才培养赶不上产业发展速度等

问卷显示，38.5% 的学校和 25.0% 的企业认为人才需求特征不明确是制约职业教育助推力的主要原因；但有 26.9% 的学校认为职教资源有限也是主要原因，对于

这一点，仅有5.0%的企业能够认识到；有26.9%的学校和65.0%的企业认为人才培养赶不上产业发展速度是主要原因。从RIDIT检验结果中也可以发现企业和学校对这一问题的看法存在差异（见表4）。

表4　学校和企业对"职业教育助推产业乏力的主要原因"的看法

项目	职教资源	人才需求特征不明确	人才培养赶不上产业发展速度	对职业教育效果缺乏监督	合计
学校	7	10	7	2	26
企业	1	5	13	1	20

注：①RIDIT检验，U检验。统计量 $u = 2.246533$，$P = 0.074758$。
②$U < 1.96$，认为学校和企业认识有差异。

5. 在教学准备工作方面，学校和企业均认可"学做合一"课程教师必须有企业、岗位工作经验，但也有部分学校未对师资提出要求

43.3%的学校和36.5%的企业认为应由有企业工作经验的教师教授"学做合一"课程，但仅有10.0%的学校赞成用技术骨干，16.7%的学校甚至对教师没有职业经历方面的要求，这说明大家对师资队伍建设的认识还不足。从RIDIT检验结果也可以看出学校和企业对这一问题的一致性意见（见表5）。

表5　学校和企业对"教授'学做合一'课程的教师所具备技能"的看法

项目	双师型	工作经验	技术骨干	没有要求	合计
学校	18	26	6	10	60
企业	19	19	9	5	52

注：①RIDIT检验，U检验。统计量 $u = 0.062968$，$P = 0.07081$。
②$U < 1.96$，认为学校和企业认识无差异。

另外，有80%的教师和企业人士认为，杭州市属高职院校专业的"特色化"特征仍然不够明显，紧扣特色产业岗位需求的课程体系还有待梳理，教师的"特色化"转型有待进一步提高，职业的"特色化"准入标准尚未拟订，还缺乏系统的"特色化"课程设计、教学标准和教学内容等。

总之，"特色化"职业教育的缺失，已经成为影响特色产业后续发展的一大制约因素。特色技能型人才的培养，依赖于区域职业教育"特色化"水平的不断进步。政府、学校和相关企业都应各具职责，在"特色化"职业教育中发挥各自的作用，这是特色产业持续发展的重要保障。

三　职业教育助推杭州特色产业发展的对策建议

（一）发挥政府的引导作用，尽快建立人才培养保障机制

在供给和储备特色产业的人才资源方面，政府应发挥引导作用。政府应本着开

放、多元的原则，引导与特色产业发展密切相关的"特色教育"内容的安排、教育机会的配置和评价体系的确立。

1. 引导职业教育办学体制的"特色"创新

仅仅依靠公立院校承接特色产业人才培养，或多或少地存在人才的质量、规格与企业需求、岗位契合度不佳的问题。市场在人才供给与需求平衡的选择上面，也存在单纯的逐利和短视行为。政府应根据特色产业未来发展的人力资源规划，解放思想，因地制宜、因势利导，鼓励社会资本投入特色职业教育，营造更加宽松的办学环境，搭建更为通畅的制度平台。例如，可以选择条件成熟的特色产业尝试"混合所有制"办学，允许社会力量以资本、知识、技术、管理等要素参与办学并享有相应权利，努力在多元投入、多边合作、多方治理、多样发展方面闯出一条特色发展道路。

2. 引导特色产业教育项目的举办与资助

引导特色产业教育项目的举办与资助，是培育特色产业人才的重要抓手。杭州政府可以从市属高职院校和企业两个主体的角度，给予资金上的特殊鼓励和支持，促进特色产业教育项目的开展并落到实处。

对于高职院校，政府及其职能部门可以在预测特色产业发展趋势和人才需求的基础上，制定并实施五年规划，以项目为抓手，继续择优扶持建设数个特需专业，支持校企共建实习、实训基地，扶持建设技能名师工作室，扶持建设校企共建的示范性职工培训中心，实施优秀中青年教师进企服务工程等。

对于企业，政府及其职能部门可以在企业、产业园区内扶持建设特色示范性实习、实训基地，给予接受实习生并提供就业机会的企业以税收优惠和奖励，资助建设技能名师工作室，为企业员工提供各项教育资助资金，包括学位教育或技能、职业教育资金以及特需产业工人奖学金等。

应以项目为载体，通过杭州市财政局、教育局、经信委、人力社保局等多部门合作，明确分工，将特色职业教育落到实处。

3. 引导企校合作创新特色教育内容的选择

政府应成为特色企业和学校沟通的桥梁，鼓励杭州市特色产业的骨干企业与高职院校紧密合作，探索"骨干企业－学校""行业－学校""园区－学校""区域产业链－学校"等产学对接模式，建立特色产业发展与人才培养的"立交桥"。一方面，政府应引导高职院校转变发展理念，紧紧围绕十大产业发展的需要，积极调整专业结构，创新人才培养模式和教学模式，推动学校根据产业需求梳理教学内容，重构课程体系，改革课堂教学形态，创新学生考评机制和方法，深化专业建设，并以此作为学校人才培养质量的考评标准；另一方面，政府应引导企业积极参与职业教育，在企业职教项目用地、师资培育、实训基地建设、教学设施设备供给等方面给予优惠政策，最终实现企校通力合作、创新特色教育、共育特色人才的目标。

4. 引导特色人才保障措施和评价机制的建立

落实人才培养的保障措施并建立评价机制，是推进项目建设取得成效的重要保证。政府应引导建立高职院校与合作企业、行业对接的机制，明确合作事项和任务分工，并以协议、条款的形式落实下来。政府还应根据职责分工和企业与学校各自拟订的人才培养任务书，对学校、特色企业、行业、园区育人工作的成效定期进行检查，建立专项资金使用监督评价制度，并通过第三方机构对资金使用绩效进行评价。应通过保障措施的落实，鼓励先进，鞭策后进，树立优秀典型，鼓励企业担当社会责任，营造产学对接的良好社会氛围。

（二）确立职业院校的主体地位，深入开展特色专业建设

高职院校是培养"适销对路"产业人才的主体和载体。专业发展与特色产业发展的融合状况，是衡量学校人才培养质量和服务地方经济水平的重要指标。从专业设置和建设的角度，强调杭州市属高职院校专业建设的岗位技术针对性、特色性和应用性十分必要。为此，要做好以下几方面的工作。

1. 密切关注特色产业发展态势，做好专业特色规划

首先，专业设置工作必须科学规范。应从人才需求的市场调研入手，通过分析行业规模、职业与岗位的工作能力要求、专业技术状况、毕业生就业范围与工作范围等，撰写专业设置的调研报告，包括对原有专业或方向的调整建议，以及拟新开设的专业名称、专业方向和办学规模的设想。调研报告须经行业协会、企业专家、技术能手、专业教学工作指导委员会论证、研讨并提出指导性意见后，反复修改成文，作为专业设置的依据。

其次，高职教育专业结构的调整与提升必须从特色产业结构调整、发展的规划出发，关注经济社会发展衍生出来的新领域、新工种、新岗位，做好专业规划。各校应依托已有的教学资源优势和办学特色，优先发展杭州特色产业建设急需的现代服务类、高新技术类、新能源新材料开发类专业。在优化专业结构的同时，重点发展与特色经济建设紧密结合的品牌专业，并以职业岗位群的实际需要为出发点，制订品牌专业人才的培养方案，创新课程体系，突出实践教学，改革教学手段和考核方法等，努力打造品牌特色专业。

2. 明确人才培养定位，构建特色课程体系

科学制定特色专业人才培养的规格与目标，是专业建设与产业经济互动发展的前提。特色人才培养方向的确定，应建立在对产业与行业的深入调研和区域内同类专业高职院校、专业毕业生调研的基础上。例如，数控技术专业有钳工、铣工、车工、磨工、数控车工、数控铣工、数控机床维修工等多个工种。杭州职业技术学院在深入调研的基础上，结合特色产业优势，确定数控机床维修与调试的专业培养定位和方向，以适应先进装备制造业对高技能特色人才的需要。

在人才培养定位的基础上，相适应的特色课程体系是保证人才培养质量的载体。应重新解读特色专业所要求的职业标准，进一步明确职业岗位与职业标准的关系，并在此基础上进行课程体系的重构与教学内容的改革。同时，不少特色产业因为发展时间短、创新性强，个性化特征明显，往往还缺乏详细规范的职业标准，需要职

业教育研究者会同行业专家共同拟订。因此，重新解读职业标准，构建特色课程体系，以特色鲜明的教学文件固化特色核心课程，是高职专业建设努力的方向。

3. 理清生源现状，倡导特色教学改革

目前，高职院校招收的学生在学习习惯、行为规范、理想信念等方面都与本科生存在一定差距。不少学生缺乏吃苦耐劳、勤奋奉献的抱负以及克服困难的毅力，学习兴趣不高，敏感冲动，自控能力不强。要使这样的学生将来承担杭州特色产业建设的重任，必须帮助其树立职业目标，培养职业兴趣，塑造职业素养；还应采用"学做合一""工学结合""理实一体"的教学方式，通过任务引领、项目驱动等课堂教学改革，让师生双方边教、边学、边做，全程构建素质和技能培养框架，丰富课堂教学和实践教学环节，进而实现学生职业素养的全面提高。

4. 深化校企合作，打造特色教学团队

高职院校应依托校企合作体制机制优势，进一步深化与特色产业、企业的合作，搭建校企师资互动平台。一方面，重视在校教师的培养，通过下企业锻炼，为企业完成技术难题和提供科技服务，重点培养名专业带头人、教学名师、名师工作室等特色人才培养项目，推进教师队伍"双师"素质的逐步提升；另一方面，实施"校企共推引才计划"，通过引进具有较强技术研发能力、在技术服务中起领衔作用的技术专家（技术带头人）、兼职专业负责人、技术能手、职场模范等，构建校企人才共享、教师-师傅角色互换平台，促进师资结构优化，打造一支师德高尚、业务精深、校企互通、结构优良、具有较强竞争力的高水平"双师型"专业教师队伍。

5. 利用资源互补，建设特色实训基地

紧贴市场需要、卓有成效的实训基地建设，应由企业主导开展。校企共建富有特色的校内外实训基地，积极探索"厂中校""校中厂"建设模式，可以进一步完善校内外实训基地的功能，同时有效利用学校在场地、资金方面，企业在人力、功能、基地使用成效方面的特色和优势，优化资源配置，增强综合实训能力，提高设施设备利用率，有效提升学生的专业技能水平和职业素养。

6. 拓展社会功能，提供特色产业服务

社会服务功能始终是高职院校应当肩负的社会责任。一方面，学校要在制度建设、平台搭建上创造条件，鼓励教师深入企业，依托扎实的理论知识和实践经验，钻研技术方面的薄弱环节，帮助企业开展新产品研发、技术攻关和员工技能培训，解决特色产业生产经营中出现的问题，从而增进教师服务产业的能力，不断拓展职业教育的"特色服务"功能；另一方面，有条件的高职院校应当逐步向社会开放校内资源（如图书馆、运动场、实训基地及设备设施等），提供优质师资，建设社区学院，为成人（含下岗工人、失地农民、转业军人等）的职业教育和技能提升服务，使社区学院成为区域劳动力终身受教育和不断进步的场所，从而促进特色产业教育、文化、经济等协调发展。

（三）倡导企业参与职业教育，搭建产教对接平台

自职业教育诞生之日起，企业与学校便是彼此需要的共同体。当前，杭州市的

企业参与职业教育的总体水平还比较低。要使企业成为特色产业人才培养的重要一极，发挥企业的助力作用，必须运用政策杠杆，在发挥地方政府引导作用的同时，鼓励企业参与特色教育。

1. 出台法律法规，确保企业参与职业教育的法律地位

根据国务院《关于大力发展职业教育的决定》的精神，在条件成熟时，地方政府应出台具备刚性约束作用的法律法规，如《企校合作促进法》《小微型企业招用高校毕业生社保补贴规定》等，采取切实有效的鼓励政策，形成企业参与职业教育的利益驱动与补偿机制，依据谁参与、谁受益和多参与、多受益的原则，明确骨干特色企业在参与职业教育中的责任、义务与权利，确保企业参与职业教育的法律地位。

2. 配套干预政策，构建企业履行职业教育责任状况的评价体系

在享受政府的税收减免、资金支持等优惠政策的同时，应构建企业履行职业教育责任状况的评价体系，将"特色"教育投入落到实处，使之真正产生效益。政府应引导相关机构制定企业承担职业教育责任的标准，设置规范的评价程序，对企业开展校企合作的情况、对职业教育的投入（含固定资产、无形资产投入）、员工教育时效等进行定期而全面的检查与评估，及时帮助企业修正参与职业教育过程中的短视行为和过于看重经济利益的行为，以此作为企业等级评定和其他各类考核评奖的依据。同时，通过评价结果的公开发布，让企业育人行为接受公众的监督。对有突出贡献的企业，可以实行多种形式的激励政策，激发广大企业参与职业教育的热情，形成舆论的正面促进力量。

3. 依靠行业协会，搭建产教对接的服务平台

杭州特色产业的发展，必须充分依靠和发挥行业协会的作用和自我管理功能，使其成为产教对接服务与监管体系的核心力量。

首先，政府应赋予特色产业协会一定的监管权利，让协会自主建立起完善的教育活动监管程序与制度，有效行使微观层面的管理与服务性职能，提升产教对接的监管水平。

其次，政府应赋予特色产业协会某些审批、评价、查验和定价的权利，引导协会全面参与产教对接管理制度以及相关配套政策的制定。例如，制定企业参与职业教育的培训发展规划及实施课程与教学改革等管理工作，参与制定本行业所有工种的职业资格标准，拟订培训机构资质标准和从业人员资格标准等，实现协会的责、权、利相统一。

最后，协会要逐步建立与企业、学校、政府密切联系的特色信息管理系统，及时为企业提供宏观环境信息、职业教育信息、产业市场信息及技术信息等；开展多层次的调研与咨询服务，对特色人才需求进行预测，形成有价值的研究报告，为企业生产和参与职业教育提供有针对性的建议；通过定期举行产教对接论坛、新闻发布会等，搭建企业与职业院校、企业与政府、企业与企业之间交流的平台，为企业

参与职业教育提供决策依据。

综上所述,明确政府、职业院校、企业在职业教育助推特色产业发展中的地位、职责与权利,构建三足鼎立的动力系统,是推动杭州地区由人口资源优势向人力资源优势转变、解决日益凸显的特色技能人才短缺问题、促进特色产业健康发展的有效路径。

注　释

[1]《杭州市国民经济和社会发展统计公报》(2009~2013年)、《杭州市统计年鉴》(2009~2013年)。2009年、2010年十大特色产业实现增加值数据缺失,以当年杭州市工业增加值替代。

[2] 中商情报网,http://www.askci.com/news/201301/28/2810331757946.shtml,2013年1月。

[3]《杭州市统计年鉴》(2009~2013年)。

[4]《杭州市国民经济和社会发展统计公报》(2009~2013年)。

[5]《杭州市教育年鉴》(2009~2013年)。

[6]《杭州市十大产业发展现状及对策建议》,浙江统计信息网,2014年7月。

[7]《杭州市十大产业发展现状及对策建议》,浙江统计信息网,2014年7月。

[8]《杭州市十大产业发展现状及对策建议》,浙江统计信息网,2014年7月。

参考文献

诸大建、鄢妮:《大学对所在城市和地方经济发展的关联作用研究》,《同济大学学报》(社会科学版) 2008年第4期。

盛世豪、郑燕伟:《"浙江现象":产业集群与区域经济发展》,清华大学出版社,2009。

杨少华、田玉梅:《试论地方高校专业设置与服务地方经济的关系》,《宁波大学学报》(教育科学版) 2010年第4期。

杨冬梅、徐开金:《试析经济发展方式转变中的动力均衡》,《湖北社会科学》2010年第2期。

詹先明:《高职院校专业建设内涵及其策略》,《教育与职业》2010年第4期。

逄锦聚:《经济发展方式转变与经济结构调整》,《财会研究》2010年第5期。

姜鸿:《高校推动地方经济发展的供需动力模型》,《教育与职业》2011年第17期。

邓志革、雷久相:《高职院校内部建设与服务区域经济良性互动探析》,《职业技术教育》2012年第17期。

(责任编辑　王立嘉)

"西湖传说"的文化内涵与当代应用探析
——基于浙江价值观的视角

◎ 陶 琳 吴一舟

提 要："西湖传说"与浙江价值观有着密切的文化渊源关系，体现了历代浙江民众思想感情和道德精神方面的文化内涵，发挥了情感培育、品德教养、价值判断等社会功能，在弘扬新时代浙江精神的今天，"西湖传说"仍然具有一定的现实价值和当代意义。

关键词："西湖传说" 文化内涵 社会功能 当代应用 浙江价值观

作者陶琳，杭州图书馆副研究馆员；吴一舟，杭州图书馆文献编辑与出版部主任、研究馆员（邮政编码 310016）。

"西湖传说"是历代流传在浙江杭州西湖一带的各类民间故事的统称。它在吴越文化的土壤里产生，在唐、宋以来雅俗文化的交融中发展，是一种生活形态的口头文学。2008年，"西湖传说"被列入国家级非物质文化遗产名录。据多年来的采集辑录，现存的"西湖传说"有4000余篇，内容丰富多彩，生动地记录和反映了浙江地区（杭州、西湖周边）的社会历史和现实生活状况，是地方历史的见证和地区民间文化的重要载体，蕴含着历代浙江民众特有的思维方式、文化意识、道德规范和价值心理。全国政协社会和法制委员会副主任顾伯平指出，文化虽然属于精神范畴，但它可以依附于语言和其他文化载体，形成一种社会文化环境，对生活于其中的人们产生同化作用，为他们的价值观、审美观、是非观、善恶观涂上基本相同的"底色"[1]。因此，可以这样说，"西湖传说"为浙江价值观提供了特定的时空环境，是浙江价值观的重要来源。

一 "西湖传说"的文化内涵

2012年2月以来，浙江省1000万人次积极参与开展"我们的价值观"大讨论，提炼出厚重的8个字——"务实、守信、崇学、向善"，作为当代浙江人共同的价值观，被写入当年召开的省第十三次党代会报告中[2]。价值观是社会群体在长期价值活动中逐步积淀形成的社会意识。浙江价值观是浙江人评价周围事物的是非、善恶及对自身价值认识的最基本观点，也是浙江人内在素质和外在形象的生动写照，更是当代浙江人的共同行为准则和人生追求。"西湖传说"与浙江价值观有着密切的文化渊源，许多故事不但传述了一定的历史事件、著名的历史人物，给人以历史知识和精神鼓舞，还真实地表现了历代民众的思想感情、道德情操和典范品质。当代浙江价值观所倡导的"务实、守信、崇学、向善"观念，在"西湖传说"中都能找到相匹配的故事内容，并能从中得到生动的印证。

（一）务实

从词义表达上来看，务实就是脚踏实地，埋头苦干，讲求实效，实事求是。这是"西湖传说"极力歌颂的美好德行。如《石人岭》[3]传说讲述了人们开凿石壁、寻找泉水的故事。面对同伴的中途离去，主人公水儿等四个小伙子，没有放弃，仍然埋头苦干，坚持开凿了整整一年，终于为杭州的老百姓找到了水源。尤其是主人公水儿，主动承担打下最后一锤的重任，最终被喷涌而出的石浆凝固成石人。又如《小渔夫救龙女得妻》讲述了小渔夫开挖花港的故事，其中还穿插了与龙女三公主的爱情传奇。小渔夫先是和父亲一起挖了十年，在父亲病逝后，独自又坚持苦干了三年，终于将河港开挖成功，造福后人。

（二）守信

从词义表达上来看，守信就是讲义守信，信守承诺，一诺千金，信誉至上。这是"西湖传说"一贯彰显的又一道德力量。在"西湖传说"中，诚实守信的好人都会得到好报。如《"船肚里"的故事》讲述了支、袁、陈、葛四个人到袁浦开荒定居的故事。四人原本商定天亮后一起分割涨成的沙丘，结果只有袁诚实守信地等到天亮。当时虽然只圈到了被挑剩的最差的沙地，但是不久后，在原沙滩旁又涨起了更大的沙滩。由于事先说好了，以后涨出来的都归袁一个人。所以，袁姓最后成了当地最大的家族。又如《三生石的传说》讲述了唐朝名士李源与洛阳惠林寺的圆泽和尚三世友好情谊的故事。圆泽死前与李源约定十二年后相见于杭州的下天竺。十二年后李源信守诺言，专程赴杭州践约，终于再见故友。

（三）崇学

从词义表达上来看，崇学就是崇文重学，崇尚文化，重视学习，善于创造。美好德行的养成,离不开虚心好学。"西湖传说"中有许多讴歌历代先贤的故事,依托文化名人可以加强教化世人的艺术力量。如《学士街》讲述了学士街的命名,就是为了纪念苏东坡在杭的功绩。对热爱学习的穷人家的孩子们,苏东坡爱护有加,不仅赠送纸张,还在蒙馆院子里划定"学字界",让穷人家的孩子们不被打扰,专心在沙地上练习写字。又如《神童拦考》讲述了明朝"连中三元"的奇才商辂童年时的故事。六岁的商辂一连对出三个工整的下联,文思才气赢得众人一致好评,并最终使主考官答应在严州开场考试。

(四) 向善

从词义表达上来看,向善就是人心向善,从善如流,饮水思源,乐善好施。这是中华民族美好的道德传统,在"西湖传说"中也有动人的表现。故事中的穷苦劳动人民,大多忠厚善良,扶危济困,并最终得到神灵的帮助。如《凤凰山》讲述了凤凰山的来历。故事中的春生和秋凤兄妹,在年三十收留了一个浑身是雪的叫花子婆,还把家里唯一的一碗稀饭给她吃。又如《棠公伯遇仙》讲述了棠公山的来历。故事中的孤老头棠公伯,勤劳善良,把被财主家恶狗咬伤的讨饭佬背回家,为其清洗伤口,敷药包扎,精心护理。讨饭佬屡次告辞,棠公伯都热情挽留,一直照顾了他整整二十七天。

习近平总书记在中共中央政治局第十三次集体学习时强调:"中华文化源远流长,积淀着中华民族最深层的精神追求,代表着中华民族独特的精神标识,为中华民族生生不息、发展壮大提供了丰厚滋养。"浙江历史源远流长,人文荟萃,孕育了优秀的区域文化,为中华民族精神的形成做出了突出贡献。"西湖传说"的世代传承不仅与浙江的历史相伴,而且与民众的生活相随。在漫长的历史过程中,浙江人民凝练了自己的观念、品行和志向,这些都在"西湖传说"中得到了形象生动的艺术体现。

二 "西湖传说"的社会功能

"西湖传说"保持着世代民众的共同记忆,寄托着底层民众的普通情感,与浙江价值观有价值指向的一致性。无论其中虚构了多少幻想的成分,也无论其中增添了多少传奇的色彩,归根结底,"西湖传说"透过其离奇的情节和幻想的外表,深藏着浓厚的生活底蕴。民众在这些传说里追求个性、崇尚自由、惩恶扬善、褒美贬丑,寄寓了美好的愿望与理想。同时,人们意识中的社会理想、人生意义、民族精神、传统道德在这些传说的浸渍下,也不断得到更新和发展。因此,作为民间文学的一种文化形态,"西湖传说"在社会功能上具有情感培育、品德教养以及价值判断等影响作用。

(一)"西湖传说"让人们了解社会历史,崇尚英雄人物

任何一种文学形式都与社会生活有着千丝万缕的联系。"民间传说是劳动人民

创作的与一定的历史人物、历史事件和地方古迹、自然风物、社会习俗有关的故事。"[4] "西湖传说"反映的就是杭州西湖周边人们的历史文化与社会生活。如《英灵长存大关桥》反映了南宋初年宋金之间的民族冲突。又如《方百花点将》反映了北宋末年的方腊起义这段真实历史。还有《馒头战》和《棋盘阵》反映的是太平天国军与清军在杭城的交战情况。从某种意义上来说，"任何传说都是有一定的历史意义的，因为它的产生都是有一定的历史现实作为依据的，就是说都脱离不了历史的条件，带有一定的历史性"[5]。

"西湖传说"中有相当一部分故事是关于历史人物的，如钱镠、白居易、苏东坡、岳飞、道济和尚、于谦等，把这些人物所主导、所经历的历史事件，通过人们在茶余饭后的渲染、夸张与想象，进行了重新塑造，使故事更加丰富多彩，人物更加充满神奇。如吴越王钱镠，据史载，他是五代时的政治家、吴越国的创始人。在位期间，钱镠拨重金修建塘堤，治理江潮水患。"钱塘江"之名正是为了纪念钱镠而来。而在《钱王射潮》中，吴越王钱镠勇猛无比、力大无穷，一脚就将山裂缝蹬成了一条宽宽的道路。他还英勇无畏，敢于向潮神宣战。为了对付兴风作浪、鼓起潮头作怪搞破坏的潮神，钱王调集一万名弓箭手，在一年中潮水最大的八月十八日，即潮神生日的这天，率领精兵，万箭齐发，射退潮神，顺利修好了海堤。很显然，这个故事将钱镠的作为人为地夸大，他已经不是一个普通的帝王，而是神话中的英雄人物了，其中寄托着人们的崇拜敬仰之情。又如道济和尚，据历史记载，他仅仅是一位有名的禅僧。但在《飞来峰》《火烧净慈寺》《运木古井》《济颠匿池》等"西湖传说"中，道济和尚既神圣奇异、法力无穷、主持正义，又癫狂诙谐、未卜先知、游戏风尘，把他由一位出家的高僧塑造成了济世的活佛，成为人们感情的寄托与希望的化身。

（二）"西湖传说"让人们体验社会现实，传承民俗民风

现实生活并不会自然地成为传说故事，需要生活在此地的人们以现实生活为素材，充分发挥想象力，进行代代相继的艺术再加工。因此，"西湖传说"所描述的有关人物、事件、时间、地点等都与现实生活有一定联系，但未必与事实完全吻合，而是具有很多传述者主观的夸张、渲染以及幻想的内容。如《西湖是面镜子》讲述了西湖的来历。传说天上的王母娘娘梳妆用的明镜被使镜玉女失手掉落，变成了明净可爱的西湖。同时掉落的两支金钗，变成了湖边的南高峰和北高峰。为守卫明镜和金钗，玉女来到人间化作了美人峰。故事借助神仙活动来描绘西湖山水的造化之奇，给前往游赏的人增添神妙的感觉。又如《白公堤》传说，"白公"就是唐代大诗人白居易。据史书记载，他任杭州刺史时大规模浚治西湖，并筑堤建闸，以利农田灌溉，西湖之名益彰于世，从而受到民众敬仰。于是，传闻就把连接断桥与孤山的湖堤说成是白居易所修，称为"白公堤"，让后人游湖时常常记得白公的功绩。还有《玉泉》《凤凰山》《呼猿洞》《保俶塔》《断桥的传说》《吴山城隍庙》等与西湖名胜古迹紧密相连的传说，都是人们乐意前往的胜景和爱听的故事。

"西湖传说"中还有大量关于地方物产和社会民俗的风物故事,其中诸如红烧肉(《东坡肉》)、油条(《油炸桧》)、西湖醋鱼(《宋嫂鱼》)、龙井茶(《茶祖宗》)、西湖绸伞(《鸡笼山竹》《鲁妹造伞》)、张小泉剪刀(《打乌蛇》)、丝绸(《蚕花娘子》)等土特产,至今依旧是普通老百姓餐桌上的家常菜肴和生活中的常用物品。至于那些"西湖传说"中提到的立夏吃乌米饭、端午赛龙舟、中秋赏月、重阳登高、冬至祭祖等传统节日风俗,更是得到社会广泛认同,大众乐意接受,仍然与百姓的日常生活息息相关,长盛不衰。

(三)"西湖传说"让人们接受传统教育,感悟善恶美丑

"西湖传说"经过了历代讲述人的加工锤炼,很多故事蕴藏和放射着英雄主义、爱国主义、献身精神等典范的人格与崇高的品质,为民众所熟知并乐于传扬。人民群众对真善美与假恶丑的爱憎情感,大多来源于这些传说故事的传播。如《捕鱼三郎斗恶龙》讲述了在钱塘江捕鱼的三兄弟大郎、二郎和三郎,为阻止海潮涌进杭城,勇斗东海龙王而英勇牺牲的故事。又如《马塍庙》讲述了南宋时杭州城五百余名百姓,在马胜和塍标的带领下,与金兵奋力拼杀壮烈牺牲的故事。再如《"琵琶街"的传说》讲述了一位乞丐见义勇为、为民除害,最终与毒蛇同归于尽的故事。

除了宣扬民族的传统美德,"西湖传说"还无情批判愚蠢、自私、贪婪、忘恩负义等恶行。如《宝石雨》讲述了金朝奉、王性刁和县太爷三人为独吞宝石,尔虞我诈,钩心斗角,最终落得同归于尽的下场。又如《小和山泥猫》里的老板,为了独吞十二只玉老鼠,独自带猫去六和塔里捉拿,结果玉老鼠全都被摔成碎片,猫也重伤而死,化成了泥猫。再如《孙钟种瓜》讲述了孙钟种了三亩瓜地,收得一个大瓜,送给一位白胡子老头吃,老头原是仙鹤所变,为报答一瓜之恩,打算让孙钟后人统一天下,但是孙钟闭眼只走了三分之一的瓜地,所以孙权只能与曹操、刘备三分天下。故事情节虽然荒诞不经,但却告诫人们不要弄虚作假、欺骗别人。这些传说,既是杭州民众善恶是非观念的真实反映,又让人从中得到教育启发,激发出憎恶扬善、弃恶从善的情感。

(四)"西湖传说"让人们明确价值取向,形成健康心理

人的价值观既不是天赋的,也不是自发产生的,而是在社会实践活动中逐步形成和发展起来的。文化既是时代的产物,又是时代的反映。"任何社会形态的文化……它不仅包含着这个社会'是什么'的价值支撑,而且也蕴含着这个社会'应如何'的价值判断。"[6]"西湖传说"内含着可以"做什么"、应该"怎样做"和"哪些不可以做""不应该那样做"的意蕴。它通过贴近民众的方式,将真诚、正义、公正等观念潜移默化地植入民众的心田。在"西湖传说"中,一般把人物分为善良勤劳的"好人"和贪婪邪恶的"坏人"。好人行善,得到尊重;坏人作恶,受到惩罚。如《金牛湖》的故事,传说西湖在古代又叫金牛湖。在湖底,住着一头金牛。它不仅有灵性,会帮助老百姓缓解旱情,还能惩治贪官污吏。于是,人们忘不了金牛,天天爬上城楼盼望金牛在湖中出现。如《鸡血石》讲述了锦鸡与黑射精搏

斗，红红的鸡血滴遍了山上山下，把这一带的岩石都染红了，因此，人们为了纪念它，称这些红色的岩石为"鸡血石"，为大家所珍藏。又如《断桥的传说》中的段姓夫妇，心地善良，手脚勤快，因而得到神仙赠送的酒药三颗，酿出名扬杭城的"段家猩红酒"，从此生意兴隆，过上了幸福的生活。再如《鸡笼山竹》中的裘宝"心肠恶毒"，因而遭到金鸡公主的惩罚，活活地被沙石埋死。

"西湖传说"通常都有着光明的结局，寄托了人们对生活的期待，让听讲者获得心灵的感动。如《六和塔》讲述了被钱塘江潮水夺去父母的六和，天天往江心丢石头，发誓要用石块填埋掉钱塘江，决不让潮水再危害人民。江中龙王吓坏了，只好低头求饶，把六和的父母送了回来，而且江潮也不再横冲直撞了。再如《吴山第一泉》讲述了为了抗击干旱，帮助杭州人民找到水源，传说中的"老头儿"祖孙三代，在吴山脚下挖井找水。为此，爷爷、阿爸先后被官府杀害。但是，孙子没有动摇，没有放弃，继续挖井。最后，孙子撞裂井底的岩石，用生命换来了泉水。故事通过褒扬"老头儿"祖孙三代勇于献身的精神，让人们从中得到诸多感悟。

三 "西湖传说"文化价值的当代应用

道德是社会关系的基石，是人际和谐的基础。实现党的十八大提出的"两个一百年"奋斗目标，实现中华民族伟大复兴的中国梦，既需要夯实雄厚的物质基础，又需要构筑强大的精神力量和有力的道德支持。处于转型时期的当代中国，经济社会的深刻变革和国内外政治社会环境的深刻变化，使不少传统文化形态的原有模式被逐渐打破，传统的伦理道德、行为规范的意义被重新估价，人们的思想观念、价值取向日益多元化。面对纷繁复杂的社会现象，有不少人茫然不知所措，追求真善美与道德行为失范相互交织，诚信缺失、价值观扭曲的问题较为突出，因此，加强道德建设、塑造民族精神的任务依然十分紧迫[7]。在这种形势下，进一步加强思想教育和道德建设，弘扬社会主义核心价值观是必要的应对之策，其中也不乏利用和借鉴类似"西湖传说"这样的优秀传统文化有益成果。"西湖传说"是浙江先民留下的一座文化矿藏和浙江人文精神传统的一个特殊载体，其诸多文化内涵和社会功能值得我们深入开掘和认识。与其他文化形态一样，"西湖传说"这一民间文化，作为浙江民众思想观念和行为方式的一种表达形式，它不仅以某种思想观念、行为方式渗透于社会生活中，而且通过这种渗透，推动和促进了人们的价值意识、价值标准、价值心理的变化，对社会发展发挥了凝聚和激励作用。因此，充分利用和借鉴"西湖传说"，对于坚持社会主义核心价值体系，弘扬新时代浙江精神，无疑具有十分重要的现实价值。

（一）加强"西湖传说"的宣传推广

恩格斯说过："民间故事书还有一个使命，这就是同圣经一样使他们有明确的道德感，使他们意识到自己的力量、自己的权利和自己的自由，激发他们的勇气并唤起他们对祖国的热爱。"[8]千百年来的实践证明,民间传说是人们开展道德、良知教育最普遍实用的口头教科书。"西湖传说"是历代民众依托西湖的自然景观和人文历史而创作形成的,因此其本质意义是浙江人民附加在浙江大地上的民间文化现象。这种地域文化形态的创造主体和审美主体都是浙江人民,因而最具民间视野,也最能体现浙江民众的自身精神与理想追求。然而随着岁月的流逝和时代的变迁,浙江大地的社会结构、文化活动和民众的意识都发生了巨大的变化,"西湖传说"的创作盛期也已经成为历史,现代文化尤其是都市文化和网络文化的发展,以及文化艺术活动的多样性也导致"西湖传说"审美主体纷纷转向。因此,加强"西湖传说"的宣传和推广是当务之急。我们可以在景区、社区、学校、图书馆、文化馆、企事业单位等场所,设立"西湖传说"故事讲述点,经常开展传统的群众性讲述和聆听活动。同时,搜集、记录、整理并出版"西湖传说"故事集,使其获得更为广大的读者群,实现更大范围的传播。这样既可以为"西湖传说"创造有利的传承环境和流传条件,又可以使大众多渠道地接触和感受"西湖传说"所蕴含的传统美德和伦理观念,从而提高人民的思想文化素养。

(二) 进行"西湖传说"的改编创作

"西湖传说"是浙江优秀传统文化瑰宝之一,千百年来,它曾经为众多文艺作品的创作提供了素材,成为文学、戏剧、影视、美术创作的丰富来源。当今,互联网已成为覆盖面广、影响力大、最具发展潜力的大众传媒。随着网络对大众思想观念与行为方式影响的深入,网络文化以一种全新的文化表达形态出现,而且日益呈现相对独立性。创作丰富多彩的网络文化产品是促进网络文化繁荣、满足民众精神文化诉求的重要途径。《中共中央关于深化文化体制改革的决定》明确指出,"实施网络内容建设工程,推动优秀传统文化瑰宝和当代文化精品网络传播"[9]。在当今新媒体时代,"西湖传说"仍然是文艺创作的有益源泉,对于打造浙江特色的网络文化精品力作和发挥品牌效应都有着不可忽视的利用价值。因此,我们应当积极引导和鼓励文化创意企业和文化工作者运用影视、动漫、戏曲、绘画、文学作品等多种文化形式,开展对传说故事的改编、再创作,逐步打造以"西湖传说"为中心的文化产业链。我们相信,通过重新整合演绎的"西湖传说"网络精品,以升华的主题思想、较高的艺术魅力示人,将更有效地发挥它的道德感化与调节功能,实现群体风尚的优化。

(三) 实现"西湖传说"的场景再现

非物质文化遗产的最大特点是扎根在民间,存活于民俗风情之中,其本质属于群众性民间文化。因此,将"西湖传说"有效融入民众的现实生活,使大众对"西湖传说"的了解,不再仅仅停留在故事的阅读与联想上,将更有利于发挥其潜移默化的大众教化和社会整合作用[10]。"西湖传说"中有很大一部分故事是描述城市景点的"来历"以及历史名人的功绩的。我们可以根据这些故事的内容,进行新景点的开发建设,制作各种具有丰富的历史内涵和清晰的文化指向的雕塑作品,再现

"西湖传说"中的人物和场景。这样既装饰和美化了城市景观,又让人有身临其境的感受,从而对故事的精神内涵有更为鲜明的领悟。"西湖传说"中还有不少是解释杭州特产的来历、特征、性质和制作方法的,如龙井茶、东坡肉、西湖绸伞、张小泉剪刀、天竺筷等,我们可以加强这些富含文化底蕴的物品的开发和销售,使之普及到人民的日常生活中。另外,"西湖传说"中还有不少是介绍杭州传统风俗习惯的,每个传统节日都有中华民族的美德深蕴其中,继续传承并弘扬这些传统节日的娱乐活动,使"西湖传说"的文字描述得以视觉化地呈现出来,从而更好地发挥其在道德教化方面潜移默化的作用,达到淳风化俗的目的。

综上所述,"西湖传说"是浙江(杭州)历史文化遗产的重要组成部分,蕴含着浙江民众特有的精神价值、思维方式、想象力和文化意识,反映了历代浙江人民传统的价值观念,对后世具有不可忽视的教育引导作用,并成为创造未来社会的精神文化财富。因此,"西湖传说"对于浙江当代人共同价值观的形成和认同,创造了浓厚的文化氛围,提供了不竭的思想源泉,对构建当代浙江人文精神、建设和谐文明的文化强省具有十分重要的作用。

注 释

[1] 顾伯平:《文化的作用》,《光明日报》2005年3月2日。
[2] 王婷:《熔铸共同的价值观——"务实、守信、崇学、向善"凝练纪实》,《浙江日报》2012年6月18日。
[3] 文中所引西湖传说的篇目参见杭州图书馆编《"西湖传说"故事集成》,杭州出版社,2013。
[4] 钟敬文主编《民间文学概论》,上海文艺出版社,1980,第183页。
[5] 田兆光等主编《民间文学概论》,华东师范大学出版社,2009,第65~66页。
[6] 顾伯平:《文化的作用》,《光明日报》2005年3月2日。
[7] 《习近平总书记系列讲话精神学习读本》,中共中央党校出版社,2013,第74~75页。
[8] 恩格斯:《德国民间故事书》,载《马克思恩格斯全集》(第二卷),人民出版社,2005,第84页。
[9] 中共浙江省委宣传部《文化强省热问:2012年党员读本》,浙江人民出版社,2012,第49~50页。
[10] 凌春辉:《论壮族民间传说的道德意蕴及其现代价值》,《广西右江民族师专学报》2005年第1期。

参考文献

杭州图书馆编《"西湖传说"故事集成》(名胜古迹卷·壹),杭州出版社,2013。
段宝林:《中国民间文学概要》,北京大学出版社,2009。
高有鹏:《中国民间文学史》,河南大学出版社,2001。
黄涛:《中国民间文学概论》,中国人民大学出版社,2010。
顾希佳:《浙江民间故事史》,杭州出版社,2008。

(责任编辑 方晨光)

《杭州研究》投稿须知

（一）基本要求

来稿字数，一般要求在 6000~15000 字范围内。文章标题下，按顺序分别为作者姓名、提要（200 字左右）、关键词（4~5 个），以及作者单位、职务（职称）和邮政编码。文后附通信地址、联系电话、电子信箱。

属杭州市规划课题或杭州市社会科学界联合会课题的文章，需注明项目全称及课题编号，并标注于文章首页下，前面加【基金项目】字样，标题右上角及页下说明均不加"*"。

（二）正文标题序号

一级标题用一二三……，二级标题用（一）（二）（三）……，三级标题用 1.2.3.……，四级标题用（1）（2）（3）……，一段文字内用① ② ③……。

（三）图表

一篇文章内，图表一般不超过 4 幅。能用文字表述的，尽量不用图表，尤其是图。制表要求：①左右开放（不加线封闭）。②上下线加粗。③表内数字个位数对齐；有小数点时，小数点对齐。

（四）著录项目与著录格式

文章注释一律为尾注。采用电脑 Word 文档自动生成之序号，路径为：插入—引用—脚注和尾注—尾注（编号格式为① ② ③……），然后选择"插入"。

注释和参考文献著录项目的排列。①专著的顺序。示例，朱宏达、朱磊：《苏东坡与西湖》，杭州出版社，2004，第 153 页。②连续出版物的顺序。示例，徐宝余：《论两宋词对杭州诗性文化形象的建构》，《浙江学刊》2006 年第 5 期。请严格按照示例要求标注。③国别和朝代加在作者前。国别用〔美〕；朝代用（唐）。④参考文献置于注释之后，不编序号。⑤相关专著著录项目、专著中的析出文献著录项目、连续出版物著录项目、电子文献著录项目及著录格式等，须标注引用页码。参见杭州社科网，http://www.hzsk.com。

凡年份之间及数量、数值范围的表示，一律用波浪号"~"。年份后一律加"年"字。

（五）投稿方式

文章一律通过电子邮件方式投稿。投稿后一个月内未见回复，可自行处理。

投稿信箱：hzyj85811580@163.com；hzyjbjb@sina.cn。QQ 群：95723407。

投稿网址：http://www.hzsk.com，路径：杭州社科网—杭州研究—投稿箱，按要求操作。

编辑部地址：浙江省杭州市延安路 472 号杭州市政府综合楼 3 号楼 920 室（电话：0571-85811580；邮政编码：310006）。

《杭州研究》编辑部
2015 年 1 月